ॐ

THE DHATUPATHA OF PANINI
An Elucidation

D1694654

Ashwini Kumar Aggarwal

जय गुरुदेव

Creative Commons Attribution 4.0 International 2016

This work is licensed under the Creative Commons Attribution 4.0 International License. To view a copy of this license, please visit https://creativecommons.org/

ISBN 978-1-329-81179-9

Title The Dhatupatha of Panini - An Elucidation

Navaratri Navami 21st Oct 2015, Saaraswati Puja and Rishi Homa Day
Vikrami Samvat 2072 Keelaka, Saka Era 1937 Manmatha

Devotees of
Sri Sri Ravi Shankar Ashram
147 Punjabi Bagh, Patiala 147001
Punjab, India

Website
advaita56.weebly.com

1st Edition January 2016

जय गुरुदेव

ॐ

Dedication

H H Sri Sri Ravi Shankar
    our Beloved Guruji for Inspiring this work

Mataji Swamini Brahmaprakasananda
    for Commitment to Excelling in Sanskrit

Pushpa Maa
    for continuous presence

Fellow Seekers
    for their gracious support

An offering at His Lotus feet

जय गुरुदेव

ॐ

The Team

Surekha ShambhuDas R_Yadav Charat Nalini
ShyamSunder Somnath Kamala G_Sugavanam
R_Chopra B_Bhaiya Satishji Ajay Manoj Prashant
Sameer Amol Rajan Neeraj Ardaman Jagjit Rupan
Sangeeta Dipanshu Mukund Maitreyee Krishanjeet
Sarvjit DevendraPal Surindar Ribhu Radhika Willey
Biji Laxmi Reena Khyati Shaveta Shalinder Kavita
Jothi Shiva Janaki Sharad Akshay Rajiv Tarun Teju
Kewal Lalima Suzi Darrell Eric Jason Vinod Rochak
Hemswaroop Ganesh Ashwini Pushpa Sowmya Lisa
Priyadarshini Venkataramana Aruna RIndran Fateh
Harpreet Tony Banka Preeti Uppi Puneet Valerie
Uma Falguni Jitubhai Paresh Halder Phool Kanta
Sathyavathi Raksha MuktaRani Rajubhai Bharati
Atul Nandita Abhay Kuldeep SVig ShankarRamA

Across cultures and continents, ashramas and statuses
Beauty begets the beginning, and the beginning springS

जय गुरुदेव

ॐ

Acknowledgements

The loyal band of Mumukshus and the Saintly followers of
Swami Dayananda Saraswati, a tour-de-force in the sphere of Vedanta,
for guidance at various levels.

Front Cover Photo Courtesy
Hemswaroop Vahelal, Ganges River at Kashi, Benaras.
Photo dated 28 December 2014.

Back Cover Painting Credits
Raghav Gupta, Panini, Pencil on Paper.
Painting dated 28 December 2015.

Blessings

जय गुरुदेव ।
प्रणाम ।
सुप्रभातम् । शुभदिनं ।
मैं आपका अपना हूँ ।
ॐ गुरुदेवाय विधमहे परब्रह्मणे धीमहि तन्नो गुरु प्रचोदयात् ।
आप को बहुत बहुत प्यार और आशीर्वाद ।

Rishi Vidhyadhar ji, International Faculty, The Art of Living
06:25am 17/12/2015

जय गुरुदेव

Friend's Word

Wednesday, Dec 16, 2015

Dearest Bhayia

JaiGuruDev
 When I first started romancing with BioMedical Engineering, not knowing that it will become my field of specialization, I encountered many a hurdles. The main was in understanding the tongue twisting medical terms like Nephrectomy. Some wise man suggested to break the terms in prefix, root and suffix. It was a matter of short time that I got acquainted to these terms having latin origin. **Though, Sanskrit** didn't directly influence **Latin**, but their similarities are not just coincidence. The two languages are members of the Indo-European family of languages, and share a common ancestor, now called Proto-Indo-European.
Sanskrit and **Latin** are descendants of Proto-Indo-European language.

It is a matter of privilege for me that my friend and buddy has put in such a great amount of effort to get into the systematic and scientific method of making Sanskrit understankable for the generations that were never exposed to our rich heritage. I sincerely pray to Almighty that these efforts by the Author bear fruit for SARBAT DA BHALLA (Well-Being for All)
ਸਰਬਤ ਦਾ ਭਲਾ

JaiGuruDev

Dr Mandeep Singh

जय गुरुदेव

ॐ

Foreword

By saying, Sanskrit is mother of all languages, one is not showing disrespect to other languages, rather highlighting brotherhood of man and to the one origin of whole creation, that Sanskrit stands for, as the timeless Pyramids.

Sanskrit is variously called the most scientific or the most logical language, usable even for computer programming. It is akin to musical notation, as its origin in sound lies in the tranquil dawn of civilisation in the lap of Sub Himalayan plains enriched by rivers from its snow laden peaks.

Temperature neither hitting killing cold nor burning hot extremes, winds, rains, thunder, bright sun, clouds, cool winters, springs and autumns liberating complete spectrum of emotions from the Soul in cycle of 4 seasons over eons, ground to perfection the sphere of existence, where it took birth. Naturally Sanskrit depicts with utmost simplicity and purity - the Eternal.

This book carries the Soul of Sanskrit.

Sarvjit Singh IAS
Finance Secretary, Chandigarh
25.12.2015

जय गुरुदेव

ॐ

Prologue

Wednesday, Dec 23, 2015

"Moving on the path of salvation is as difficult as walking over the razor's edge" says the Kathopanishad.

Ashwini, however, seems to be transcending on this path with incessant laughter, eternal joy and perpetual bliss. He spreads the same bliss among his fellow travellers too. His journey toward self discovery is about to culminate in his self actualization.

I am sure, the 3 years at the Sanskrit school, neigh Ashram, at Nagpur must have satiated his long craving for learning the gods' language from the enlightened masters. Obviously the outside-in process was so well assimilated that the inside-out result is this book.

I wish the readers receive from this wonderful book more than Ashwini has laboured to put in.

Tathaastu

Arun Roy

जय गुरुदेव

ॐ

Table of Contents

Topic		Page Number
Preface		10
Introduction		11
An Equation		12
The Mechanics		13
The 10 Conjugational Groups		16
Legend		17
Prayer		20
The DhatuPatha Elucidated	(1c to 10c) 2056 Dhatus	21
Short Dhatu IDentity 2056		215
English Meaning	1943 Dhatus	261
Chanting Dhatupatha		335
Alphabetical Index	2056 Dhatus	353

Appendices

The Adventurous Dhatus	385
The Devanagari Alphabet	386
Place & Effort of Enunciation	387
Various Characters in Use	388
Googling	389
References	390
Maheshwarani Sutrani	391
About the sage Panini	392
Epilogue	393

जय गुरुदेव

ॐ

Preface

Many people are awakening to the Sanskrit Language, and certainly most of the peoples in the world have read the major Sanskrit works, Ramayana, Mahabharata, THE BHAGAVAD GITA, either in their native language or in Sanskrit. Sanskrit is a language that flows from times immemorial, it originates in natural sounds and finds its way in many spoken languages today. The famous Vedic chantings, the RUDRA PUJA, the GAYATRI MANTRA, the primeval sound OM, all have Sanskrit as their basis. Sanskrit lends depth, grace, and culture to a society's fabric. It nourishes the neural activity in the brain and lends itself to strengthing a man's anatomy as well.

Just as the periodic table in Chemistry has 108 elements, or we say commonly that the words in English and French have Latin roots, so does Sanskrit have a set of elemental word forms. These are termed as Roots or Dhatus of the Sanskrit Language. Apart from धातु Dhatus, the other elemental forms in Sanskrit are named कृत् प्रत्यय Krit Affixes, तिङ् प्रत्यय Ting Affixes, उपसर्ग Upasarga, प्रत्यय Affix आगम Agama, आदेश Adesha, and निपात Nipata. These constitute the basic building blocks of the language.

This book presents the traditional Dhatupatha in a structured format, with a measure of elucidation, so that serious students shall enjoy learning and owning the Sanskrit Language. This book serves as an उपाय aid to delve into the magnificient intricacies of deriving Verbs and Nouns from Elemental Sounds. A catalyst in understanding from where all Names, Forms and Words of daily use have come into being.

Quote " The real name of India is *Bharat*. Even today, in Hindi and other Indian languages, India is called *Bharat*. *Bharat* means 'brilliant'. The word 'brilliance' comes from the Sanskrit root *bhā* which means the same. English is so close to Sanskrit, like 'rays' and 'radiance' come from *rashmee*, which means 'a ray of light'. *Bhā* means 'to shine'. 'Brightness' also comes from the same root *bhā* " Unquote   Bhagavad Gita (Chapter 1 to 6) by Sri Sri Ravi Shankar
1051. भा दीप्तौ (bhā = to shine, to be brilliant)

जय गुरुदेव

ॐ

Introduction

Let us meditate for a while and then open our eyes to feast on the Dhatupatha. Lo and Behold, our journey begins ! A Rishi in the land of Bharata, many thousands of years ago, sat down and wrote the world's first complete piece of software code. It was named the Ashtadhyayi. In precise mathematical detail, this piece of software unravelled the mystery of sounds and names and forms, viz all words. It was in fact a grammatical treatise on the spoken language. A crucial library containing necessary inputs to this piece of code was the Dhatupatha. This Dhatupatha contained 10 sections. Each section began with a specific element, and when these 10 elements were listed, the mystery of creation was explained, laid out threadbare so to say.

1. भू सत्तायाम्   To Be, To Exist. Truth Is. One is Truth. All is Truth. Birth.

1011. अद भक्षणे   To Eat. To be Nourished. After Birth, Feeding. Nourishment.

1083. हु दान-अदनयोः To Offer. To perform Yagna. After Nourishment, Sharing.
        Caring for the Environment.

1107. दिवु क्रीडा-विजि-गीषा-व्यवहार-द्युति-स्तुति-मोद-मद-स्वप्न-कान्ति-गतिषु
        To Play.   To Entertain. After Sharing, some Enjoyment.

1247. षुञ् अभिषवे   To extract nectar. After Playing, a Blissfulness.
        Ready again to Serve.

1281. तुद व्यथने   To strike. In Bliss, a moment of sharp outpouring.
        In Serving, a strong display of Will.

1438. रुधिर् आवरणे   To Surround. To Block. Nature's response to the Strike.
        Action and Reaction.

1463. तनु विस्तारे   To Proliferate. To Mushroom. To Unfold. After the response
        from Nature, one recoups to expand & enhance in every way.

1473. डुक्रीञ् द्रव्यविनिमये To engage. To Trade. And when one expands,
        One gets the desire to network and communicate and socialise.

1534. चुर स्तेये   To covet. To Steal. When all has been experienced, the
        Only thing remains is to steal oneself away from it all !
        So that one can resolve in the Self.

जय गुरुदेव

ॐ

An Equation

Each equation is composed of mixing or adding two or more elements. In our case, these elements are the dhatus from the Dhatupatha and the affixes from the Ashtadhyayi. The process of mixing is also given in the Ashtadhyayi.

Consider the verb 'is'
In sanskrit भवति = it is. Let us venture its derivation.
1. भू सत्तायाम् to be, to exist
    (the very first dhatu from the dhatupatha, a 1c P सेट् dhatu)

भू + Present Tense usage	भू + तिप्	
Since भू belongs to 1c	भू + शप् + तिप्	
Since a process called गुण happens	भव् + शप् + तिप्	
Since we drop the Tag letters	भव् + अ + ति	
We get the finished Verb	भवति	it is

Whew !

Then we might see that Lord Rama राम is from

853. रम् क्रीडायाम् + घञ् affix -> राम a noun stem + सुँप् affix -> रामः

जय गुरुदेव

ॐ

The Mechanics

This book preserves the original dhatu sutra text for an important reason. The dhatu sutras were designed to be chanted and memorised and passed on. The faculty of being able to memorise effortlessly and precisely is what our traditional science is all about. This book has some additional features, to aid in learning the language and getting a sound grasp on it. Just an elucidation of the traditional Dhatupatha.

SN	Original Dhatu Sutra in Sequence by Panini		Accent स्वर Dhatu Svara	Dhatu with Tag & Accent	P A U	सेट् अनि वेट्	धातु	लट् कर्त्त० iii/1 Verb Rupa	स० अ० द्वि०
Col 1	Col 2	Col 3	Col 4	5	6	Col 7	Col 8	Col 9	Col 10

Column 1 Gives the Serial No. It is from 1 to 1943. Some serial nos are more than once, to allow for extra dhatus mentioned in the sutras, thus total count is 2056.

The 1943 dhatus, given in various dhatupathas of yore, are in the traditional order of Panini. In 1c, भवादि गणः, dhatus समृ चल स्वन यम & लड are repeated twice. Also, dhatus दॄ नॄ श्रा छदिर् मदी ध्वन् & शम happen to be given both in 1c and elsewhere, these also do not belong to 1c. Thus the practical no of dhatus comes to 1943 – 13 = 1930. Note that Panini used the existing dhatupatha of his time, and suitably programmed it for his use, but did not change the number or sequence, so that the chanting tradition continued correctly. From the Ashtadhyayi Sutrapatha of Panini, the famous sutra 1.3.1 भूवादयः धातवः tells the entities भू , वा etc in the Dhatupatha are Named DHATU.

जय गुरुदेव

ॐ

Column 2 & 3 — Lists the exact dhatu sutra as in a traditional dhatupatha. Additional information is supplied, according to some dhatupathas. Rarely, a remark from the Ashtadhyayi is given.

Column 4 — Gives the accent स्वर for each dhatu.

उ = Udata, अ = Anudata ◌॒ , S = Svarita ◌॑

eg, उ/अ means that the accent on Root vowel is Udata and the accent on its Tag vowel is Anudata.

Column 5 — Lists the dhatus with accents स्वर. It also gives Nasalisation chandrabindu ◌ँ. A nasalised vowel is considered a Tag.

Column 6 — Gives the dhatu classification, viz P = Parasmayepadi, A = Atmanepadi, U = Ubhayepadi.

- Dhatu without Tag letter -> P for Parasmayepadi
- Dhatus with Svarita accent are U -> for Ubhayepadi,
- Dhatus with Final Tag vowel with Udata accent -> P for Parasmayepadi,
- Dhatus with Final Tag vowel with Anudata accent -> A for Atmanepadi
- Dhatus having Final Tag consonant ङ् -> A for Atmanepadi,
- Dhatus having Final Tag consonant ञ् -> U for Ubhayepadi

Column 7 — Gives the dhatu type, सेट् = सेट्, अनि = अनिट्, V = वेट्

- an asterix * means that the Dhatu behaves as सेट् or अनिट् in certain usages
- Dhatus with Anudata accent on root vowel are अनिट्
- Dhatus with Udata accent on root vowel are सेट्

जय गुरुदेव

ॐ

Column 8 Gives the dhatu as it is to be actually used in word formation, without the tag letters or the accents. However for the so called इदित् dhatus, ie those having a final nasalised इ॒ , the Ashtadhtati sutra 7.1.58 इदितो नुँम् धातोः adds a नुँम् augment to the dhatu ie the letter न् , and by the Ashtadhyayi sutra 8.3.24 नश्चापदान्तस्य झलि it becomes an anusvara, further by 8.4.58 अनुस्वारस्य ययि परसवर्णः it changes to a corresponding nasal.

Such इदित् dhatus are hence listed thus :
9. स्कुदि is listed as स्कुन्द् 87. अकि is listed as अङ्क् 203. गुजि is listed as गुञ्ज् 634. महि as मंह् , etc.

Some Dhatus in this column are in BOLD, these are the ones whose word forms are commonly encountered in literature. 662 is the total count of such roots.

Column 9 Gives a third_person_singular PresentTense ActiveVoice Verb. लट् कर्त्तरि प्रथम पुरुषः एकवचनं पदम् ie iii/1 rupa

Column 10 Lists if the root behaves as a Transitive = स० = सकर्मकः , or as an InTransitive = अ० = अकर्मकः Certain roots behave as both transitive and intransitive, ie द्वि० = द्विकर्मकः
Some other roots behave as transitive in particular usage and intransitive in other meanings.

जय गुरुदेव

ॐ

The 10 Conjugational Groups

The Dhatupatha contains ten principal conjugational groups. These are made since an entity known as the gana vikarna **गण विकर्ण** is common for each specific group, for the sarvadhatuka **सार्वधातुक** conjugational tenses and moods.

SN	Dhatu	Meaning	Gana Vikarna	Without Tag	Common name	na me
1	भू	सत्तायाम्	शप्	अ	भवादिगण	1c
1011	अद	भक्षणे	शप् – लुक्	-	अदादिगण	2c
1083	हु	दान-अदानयोः	शप् – श्लु	-	जुहोत्यादिगण	3c
1107	दिवु	क्रीडा०	श्यन्	य	दिवादिगण	4c
1247	षुञ्	अभिषवे	श्नु	नु	स्वादिगण	5c
1281	तुद	व्यथने	श	अ	तुदादिगण	6c
1438	रुधिर्	आवरणे	श्नम्	न	रुधादिगण	7c
1463	तनु	विस्तारे	उ	उ	तनादिगण	8c
1473	डुक्रीञ्	द्रव्य-विनिमये	श्ना	ना	क्र्यादिगण	9c
1534	चुर	स्तेये	णिच् + शप्	अय	चुरादिगण	10c

जय गुरुदेव

ॐ

Legend

There are many footnotes, clarifications, addendums in a traditional dhatupatha. A brief mention.

च AND	Used to connect a previous sutra or word to the current, or current to the next, as the case may be.
वा OR	
इत्येके इति एके THUS ONE (यण् sandhi has occurred here)	केचित् PERHAPS क्वचित् OR PERHAPS
इत्यन्ये इति अन्ये THUS ANOTHER	इत्यपि इति अपि THUS ALSO
इत्यपरे इति अपरे THUS OTHER ie SECOND	नाम्नो वा STEM ALSO. That dhatu can be used as a प्रातिपदिकम् pratipadika as well.
तृतीयान्तः ending with the 3rd of class consonant. Eg 1874. खेट has the remark तृतीयान्त इत्येके । This means that an alternate form ending in 3rd of class consonant also exists, ie ट ठ ड so खेड ।	

Parasmayepadi, Atmanepadi, Ubhayepadi

Parasmayepadi = परस्मैपदी ie परस्मै-पदी,
Performing an action for another person or thing's sake.

Atmanepadi = आत्मनेपदी ie आत्मने-पदी
Performing an action for one's own sake.
Eg

1. भू is listed as a Parasmayepadi. A Verb made from it, भवति applies for anyone's sake. Whereas the dhatu

2. एध is listed as an Atmanepadi. A Verb made from it, एधते applies specifically for Oneself. Such usage is not strictly followed in much of the available sanskrit literature. जय गुरुदेव

ॐ

Accent स्वरः Dhatu Svara

Pitch in enunciation. Pitch control adds functionality and precision. Serves to impregnate a Dhatu with specific attributes that help in word derivations. Accents are used only for vowels.

Lowest pitch अनुदात्तः Anudata ◌॒

Standard pitch उदात्तः Udata ◌

High pitch स्वरितः Svarita ◌॑

Prefix उपसर्गः

Upasarga can be prefixed to a Dhatu or a finished Verb. It serves the purpose of enhancing, intensifying or qualifying the meaning. It is also used to give the opposite meaning. Sometimes it serves just as a synonym to add beauty in literature. Consider the words decision – indecision, finite – infinite.

The 20 upasargas in sanskrit are अति, अधि, अनु, अप, अपि, अभि, अव, आङ्, उत् (उद्), उप, दुस् (दुर्) (दुः), नि, निस् (निर्), परा, परि, प्र, प्रति, वि, सम्, सु by 1.4.58 प्रादय and 1.4.59 उपसर्गाः क्रियायोगे । Also notice 1.4.56 प्राग्रीश्वरान् निपाताः defines Nipata and 1.4.57 चादयः असत्त्वे tells that conjunctions like च AND वा OR and so forth are to be considered Nipata. Further by 1.1.37 स्वरादिनिपातम् अव्ययम् a Nipata functions like an अव्यय ie Indeclinable by 2.4.82 अव्ययात् आप्सुपः [लुक्]

जय गुरुदेव

ॐ

Tag Letter इत् संज्ञा

Dhatus have been tagged. Clothed.Tagging serves multiple roles, as outlined in the Ashtadyayi.

Just as fruits and vegetables are clothed naturally, bananas are seedless but with skin, mangoes have skin and seed, coconuts have a hard exterior and a liquid interior, a tomato or an almond can be eaten whole, no seed nor skin.

The Ashtadhyayi Sutras 1.3.2 उपदेशेऽजनुनासिक इत् to 1.3.9 तस्य लोपः handle the tag letters.

Eg by 1.3.5 आदिर्ञिटुडवः initial letters ञि or टु or डु in a dhatu are Tag and hence dropped after suitable processing 3.3.88 ड्वितः क्त्रिः 3.3.89 ट्वितोऽथुच् , so not visible in the finished Verb (column 9) or any word in literature.

Sandhi सन्धिः

Joining. Words in sanskrit have an amazing ability to join, coalesce, merge, both to improve space usage and also to help in pronunciation.

Notice इत्येके is actually इति एके ।

जय गुरुदेव

ॐ

Prayer

Traditionally a prayer is chanted before the beginning of any work or study. Since our purpose is study, we have taken a prayer that expresses gratefulness towards our Teacher.

गुरुर्ब्रह्मा गुरुर्विष्णुः गुरुर्देवो महेश्वरः गुरुः साक्षात् परब्रह्म तस्मै श्री गुरवे नमः

In Sanskrit, the opening prayer specific to a task is called Mangalacharanam मङ्गलाचरणम् । It helps to focus one’s mind on the current topic. Bringing the Mind to The Present Moment.

The prayer for this book is the first eleven sutras from the Ashtadhyayi of Panini.

वृद्धिरादैच् । अदेङ्गुणः । इकोगुणवृद्धी । न धातुलोपआर्धधातुके । क्ङिति च ।
दीधी वेवीटाम् । हलोऽनन्तराः संयोगः । मुखनासिकावचनिऽनुनासिकः ।
तुल्यास्यप्रयत्नं सवर्णम् । नाज्झलौ । ईदूदेद् द्विवचनं प्रगृह्यम् ॥

जय गुरुदेव

ॐ

अथ धातुपाठः

The Dhatupatha of Panini Elucidated

Col 1	Col 2	Col 3	Col 4	Col 5	Col 6	Col 7	Col 8	Col 9	Col 10
SN	a original	Dhatu Sutra by Panini	Accent स्वर	Dhatu with Tag & Accent	P A U	सेट्/ अनि/ V	धातु	लट् कर्त्त• iii/1 rupa (he/she/it does)	स०/ अ०/ द्वि०

The SN goes from 1 to 1943 as in a traditional dhatupatha. However actual number of listed Dhatus is 2056. This is due to alternate listing of a few dhatus as given in the dhatu sutra, and classified herein as a, b, c etc. The SN is a Dhatu Number that maintains it s identity throughout the book, and it also agrees with most published dhatupatha books.

जय गुरुदेव

अथ भ्वादिः 1c

1	भू	सत्तायाम् । उदात्तः परस्मैभाषः । अथ षट्-त्रिंशत् तवर्गीय अन्ताः आत्मनेपदिनः	उ	भू	P	सेट्	भू	भवति	अ०
2	एध	वृद्धौ	उ/अ	एधँ॒	A	सेट्	एध्	एधते	अ०
3	स्पर्ध	सङ्घर्षे	उ/अ	स्पर्धँ॒	A	सेट्	स्पर्ध्	स्पर्धते	अ०
4	गाधृ	प्रतिष्ठालिप्सयोर्ग्रन्थे च	उ/अ	गाधृँ॒	A	सेट्	गाध्	गाधते	स०
5	बाधृ	विलोडने	उ/अ	बाधृँ॒	A	सेट्	बाध्	बाधते	स०
6	नाथृ	याच्ञोपतापैश्वर्याशीष्षु आशीरर्थे आ०, अन्यार्थेषु प०	उ/अ	नाथृँ॒	A*	सेट्	नाथ्	नाथते, नाथति	स०
7	नाधृ	याच्ञोपतापैश्वर्याशीष्षु	उ/अ	नाधृँ॒	A	सेट्	नाध्	नाधते	स०
8	दध	धारणे	उ/अ	दधँ॒	A	सेट्	दध्	दधते	स०
9	स्कुदि	आप्रवणे	उ/अ	स्कुदिँ॒	A	सेट्	स्कुन्द्	स्कुन्दते	स०
10	श्विदि	श्वैत्ये	उ/अ	श्विदिँ॒	A	सेट्	श्विन्द्	श्विन्दते	अ०

11	वदि	अभिवादनस्तुत्योः	उ/अ	वदिँ	A	सेट्	वन्द्	वन्दते	स०
12	भदि	कल्याणे सुखे च	उ/अ	भदिँ	A	सेट्	भन्द्	भन्दते	अ०
13	मदि	स्तुतिमोदमदस्वप्नकान्तिगतिषु	उ/अ	मदिँ	A	सेट्	मन्द्	मन्दते	अ०
14	स्पदि	किञ्चित् चलने	उ/अ	स्पदिँ	A	सेट्	स्पन्द्	स्पन्दते	अ०
15	क्लिदि	परिदेवने	उ/अ	क्लिदिँ	A	सेट्	क्लिन्द्	क्लिन्दते	अ०
16	मुद	हर्षे	उ/अ	मुदँ	A	सेट्	मुद्	मोदते	अ०
17	दद	दाने	उ/अ	ददँ	A	सेट्	दद्	ददते	स०
18	ष्वद	आस्वादने	उ/अ	ष्वदँ	A	सेट्	स्वद्	स्वदते	स०
19	स्वर्द	आस्वादने	उ/अ	स्वर्दँ	A	सेट्	स्वर्द्	स्वर्दते	स०
20	उर्द	माने क्रीडायां च ।8.2.78 उपधायां च इति दीर्घः	उ/अ	उर्दँ	A	सेट्	उर्द्	ऊर्दते	अ०
21	कुर्द	क्रीडायाम् एव ।8.2.78 इति दीर्घः	उ/अ	कुर्दँ	A	सेट्	कुर्द्	कूर्दते	अ०
22	खुर्द	क्रीडायाम् एव ।8.2.78 इति दीर्घः	उ/अ	खुर्दँ	A	सेट्	खुर्द्	खूर्दते	अ०

23	गुर्द	क्रीडायाम् एव । 8.2.78 इति दीर्घः	उ/अ	गुर्दँ॒	A	सेट्	गुर्द्	गूर्दते	अ०
24	गुद	क्रीडायाम् एव	उ/अ	गुदँ॒	A	सेट्	गुद्	गोदते	अ०
25	षूद	क्षरणे	उ/अ	षूदँ॒	A	सेट्	सूद्	सूदते	अ०
26	ह्राद	अव्यक्ते शब्दे	उ/अ	ह्रादँ॒	A	सेट्	ह्राद्	ह्रादते	अ०
27	ह्लादी	सुखे च	उ/अ	ह्लादीँ॒	A	सेट्	ह्लाद्	ह्लादते	अ०
28	स्वाद	आस्वादने	उ/अ	स्वादँ॒	A	सेट्	स्वाद्	स्वादते	स०
29	पर्द	कुत्सिते शब्दे (गुदरवे इत्यर्थः)	उ/अ	पर्दँ॒	A	सेट्	पर्द्	पर्दते	अ०
30	यती	प्रयत्ने	उ/अ	यतीँ॒	A	सेट्	यत्	यतते	अ०
31	युतृ	भासने	उ/अ	युतृँ॒	A	सेट्	युत्	योतते	अ०
32	जुतृ	भासने	उ/अ	जुतृँ॒	A	सेट्	जुत्	जोतते	अ०
33	विथृ	याचने	उ/अ	विथृँ॒	A	सेट्	विथ्	वेथते	द्वि०
34	वेथृ	याचने	उ/अ	वेथृँ॒	A	सेट्	वेथ्	वेथते	द्वि०

35	श्रथि	शैथिल्ये	उ/अ	श्रथिँ॒	A	सेट्	श्रन्थ्	श्रन्थते	अ०
36	ग्रथि	कौटिल्ये	उ/अ	ग्रथिँ॒	A	सेट्	ग्रन्थ्	ग्रन्थते	अ०
37	कत्थ	श्लाघायाम् । एधादय उदात्ता अनुदात्तेत आत्मनेभाषाः । अथाष्टत्रिंशत्तवर्गीयान्ताः परस्मैपदिनः	उ/अ	कत्थँ॒	A	सेट्	कत्थ्	कत्थते	स०
38	अत	सातत्यगमने	उ/उ	अतँ	P	सेट्	अत्	अतति	स०
39	चिती	संज्ञाने	उ/उ	चितीँ	P	सेट्	चित्	चेतति	अ०
40	च्युतिर्	आसेचने (सेचनम् आर्द्रीकरणम्) आङ् ईषदर्थेऽभिव्याप्तौ च	उ/उ	च्युतिँर्	P	सेट्	च्युत्	च्योतति	स०
41	श्च्युतिर्	(श्चुतिर्) क्षरणे	उ/उ	श्च्युतिँर्	P	सेट्	श्च्युत्	श्च्योतति	स०
42	मन्थ	विलोडने (विलोडनं प्रतिघातः)	उ/उ	मन्थँ	P	सेट्	मन्थ्	मन्थति	स०
43	कुथि	हिंसासङ्क्लेशनयोः । अयं इदित् । 7.1.58 इदितो नुँम् धातोः । 8.3.24 नश्चापदान्तस्य झलि । 8.4.58 अनुस्वारस्य ययि परसवर्णः	उ/उ	कुथिँ	P	सेट्	कुन्थ्	कुन्थति	स०
44	पुथि	हिंसासङ्क्लेशनयोः	उ/उ	पुथिँ	P	सेट्	पुन्थ्	पुन्थति	स०

45	लुथि	हिंसासङ्क्लेशनयोः	उ/उ	लुथिँ	P	सेट्	लुन्थ्	लुन्थति	स०
46	मथि	हिंसासङ्क्लेशनयोः	उ/उ	मथिँ	P	सेट्	मन्थ्	मन्थति	स०
47	षिध	गत्याम्	उ/उ	षिधँ	P	सेट्	सिध्	सेधति	स०
48	षिधू	शास्त्रे माङ्गल्ये च	उ/उ	षिधूँ	P	V	सिध्	सेधति	स०
49	खादृ	भक्षणे	उ/उ	खादृँ	P	सेट्	खाद्	खादति	स०
50	खद	स्थैर्ये हिंसायां च [भक्षणे]	उ/उ	खदँ	P	सेट्	खद्	खदति	स०
51	बद	स्थैर्ये	उ/उ	बदँ	P	सेट्	बद्	बदति	अ०
52	गद	व्यक्तायां वाचि	उ/उ	गदँ	P	सेट्	गद्	गदति	स०
53	रद	विलेखने	उ/उ	रदँ	P	सेट्	रद्	रदति	स०
54	णद	अव्यक्ते शब्दे	उ/उ	णदँ	P	सेट्	नद्	नदति	अ०
55	अर्द	गतौ याचने च [अयं हिंसायामपि]	उ/उ	अर्दँ	P	सेट्	अर्द्	अर्दति	स०
56	नर्द	शब्दे	उ/उ	नर्दँ	P	सेट्	नर्द्	नर्दति	अ०

57	गर्द	शब्दे	उ/उ	गर्दँ	P	सेट्	गर्द्	गर्दति	अ०
58	तर्द	हिंसायाम्	उ/उ	तर्दँ	P	सेट्	तर्द्	तर्दति	स०
59	कर्द	कुत्सिते शब्दे	उ/उ	कर्दँ	P	सेट्	कर्द्	कर्दति	अ०
60	खर्द	दन्दशूके	उ/उ	खर्दँ	P	सेट्	खर्द्	खर्दति	स०
61	अति	बन्धने	उ/उ	अतिँ	P	सेट्	अन्त्	अन्तति	स०
62	अदि	बन्धने	उ/उ	अदिँ	P	सेट्	अन्द्	अन्दति	स०
63	इदि	परमैश्वर्ये	उ/उ	इदिँ	P	सेट्	इन्द्	इन्दति	अ०
64 a	बिदि	अवयवे	उ/उ	बिदिँ	P	सेट्	बिन्द्	बिन्दति	अ०
64 b	भिदि	इत्येके ।(अवयवे)	उ/उ	भिदिँ	P	सेट्	भिन्द्	भिन्दति	अ०
65	गडि	वदनैकदेशे	उ/उ	गडिँ	P	सेट्	गण्ड्	गण्डति	अ०
66	णिदि	कुत्सायाम्	उ/उ	णिदिँ	P	सेट्	निन्द्	निन्दति	स०
67	टुनदि	समृद्धौ	उ/उ	टुनदिँ	P	सेट्	नन्द्	नन्दति	अ०

68	चदि	आह्लादने दीप्तौ च	उ/उ	चदिँ	P	सेट्	चन्द्	चन्दति	स०
69	त्रदि	चेष्टायाम्	उ/उ	त्रदिँ	P	सेट्	त्रन्द्	त्रन्दति	अ०
70	कदि	आह्वाने रोदने च	उ/उ	कदिँ	P	सेट्	कन्द्	कन्दति	स०
71	क्रदि	आह्वाने रोदने च	उ/उ	क्रदिँ	P	सेट्	क्रन्द्	क्रन्दति	स०
72	क्लदि	आह्वाने रोदने च	उ/उ	क्लदिँ	P	सेट्	क्लन्द्	क्लन्दति	स०
73	क्लिदि	परिदेवने	उ/उ	क्लिदिँ	P	सेट्	क्लिन्द्	क्लिन्दति	स०
74	शुन्ध	शुद्धौ । अतादय उदात्ता उदात्तेतः परस्मैभाषाः ॥ अथ कवर्गीयान्ता आत्मनेपदिनो द्विचत्वारिंशत्	उ/उ	शुन्धँ	P	सेट्	शुन्ध्	शुन्धति	अ०
75	शीकृ	सेचने । सीकृ इति पाठान्तरम्	उ/अ	शीकृँ	A	सेट्	शीक्	शीकते	स०
76	लोकृ	दर्शने	उ/अ	लोकृँ	A	सेट्	लोक्	लोकते	स०
77	श्लोकृ	सङ्घाते	उ/अ	श्लोकृँ	A	सेट्	श्लोक्	श्लोकते	स०
78	द्रेकृ	शब्दोत्साहयोः	उ/अ	द्रेकृँ	A	सेट्	द्रेक्	द्रेकते	अ०

79	ध्रेकृ	शब्दोत्साहयोः	उ/अ	ध्रेकृँ॒	A	सेट्	ध्रेक्	ध्रेकते	अ०
80	रेकृ	शङ्कायाम्	उ/अ	रेकृँ॒	A	सेट्	रेक्	रेकते	स०
81	सेकृ	गतौ	उ/अ	सेकृँ॒	A	सेट्	सेक्	सेकते	स०
82	स्रेकृ	गतौ	उ/अ	स्रेकृँ॒	A	सेट्	स्रेक्	स्रेकते	स०
83	स्रकि	गतौ	उ/अ	स्रकिँ॒	A	सेट्	स्रङ्क्	स्रङ्कते	स०
84	श्रकि	गतौ	उ/अ	श्रकिँ॒	A	सेट्	श्रङ्क्	त्रङ्कते	स०
85	श्लकि	गतौ	उ/अ	श्लकिँ॒	A	सेट्	श्लङ्क्	श्लङ्कते	स०
86	शकि	शङ्कायाम्	उ/अ	शकिँ॒	A	सेट्	शङ्क्	शङ्कते	स०
87	अकि	लक्षणे	उ/अ	अकिँ॒	A	सेट्	अङ्क्	अङ्कते	स०
88	वकि	कौटिल्ये	उ/अ	वकिँ॒	A	सेट्	वङ्क्	वङ्कते	अ०
89	मकि	मण्डने	उ/अ	मकिँ॒	A	सेट्	मङ्क्	मङ्कते	स०
90	कक	लौल्ये । गर्वश्चापल्यं च	उ/अ	ककँ॒	A	सेट्	कक्	ककते	अ०

91	कुक	आदाने	उ/अ	कुकँ॒	A	सेट्	कुक्	कोकते	स०
92	वृक	आदाने	उ/अ	वृकँ॒	A	सेट्	वृक्	वर्कते	स०
93	चक	तृप्तौ प्रतिघाते च	उ/अ	चकँ॒	A	सेट्	चक्	चकते	स०
94	ककि	गतौ	उ/अ	ककिँ॒	A	सेट्	कङ्क्	कङ्कते	स०
95	वकि	गतौ	उ/अ	वकिँ॒	A	सेट्	वङ्क्	वङ्कते	स०
96	श्वकि	गतौ	उ/अ	श्वकिँ॒	A	सेट्	श्वङ्क्	श्वङ्कते	स०
97	त्रकि	गतौ	उ/अ	त्रकिँ॒	A	सेट्	त्रङ्क्	त्रङ्कते	स०
98	ढौकृ	गतौ	उ/अ	ढौकृँ॒	A	सेट्	ढौक्	ढौकते	स०
99	त्रौकृ	गतौ	उ/अ	त्रौकृँ॒	A	सेट्	त्रौक्	त्रौकते	स०
100	ष्वष्क	गतौ । ष्वक्क इति च पाठान्तरम्	उ/अ	ष्वष्कँ॒	A	सेट्	ष्वष्क्	ष्वष्कते	स०
101	वस्क	गतौ	उ/अ	वस्कँ॒	A	सेट्	वस्क्	वस्कते	स०
102	मस्क	गतौ	उ/अ	मस्कँ॒	A	सेट्	मस्क्	मस्कते	स०

103	टिकृ	गतौ	उ/अ	टिकृँ॒	A	सेट्	टिक्	टेकते	स०
104	टीकृ	गतौ	उ/अ	टीकृँ॒	A	सेट्	टीक्	टीकते	स०
105	तिकृ	गतौ	उ/अ	तीकृँ॒	A	सेट्	तिक्	तेकते	स०
106	तीकृ	गतौ	उ/अ	तीकृँ॒	A	सेट्	तीक्	तीकते	स०
107	रघि	गतौ	उ/अ	रघिँ॒	A	सेट्	रङ्घ्	रङ्घते	स०
108	लघि	गतौ । तृतीयो दन्त्यादिरित्येके । लघि भोजननिवृत्तावपि	उ/अ	लघिँ॒	A	सेट्	लन्घ्	लङ्घते	द्वि०
109	अघि	गत्याक्षेपे	उ/अ	अघिँ॒	A	सेट्	अङ्घ्	अङ्घते	अ०
110	वघि	गत्याक्षेपे	उ/अ	वघिँ॒	A	सेट्	वङ्घ्	वङ्घते	स०
111	मघि	गत्याक्षेपे । गतौ गत्यारम्भे चेत्यपरे । मघि कैतवे च	उ/अ	मघिँ॒	A	सेट्	मङ्घ्	मङ्घते	स०
112	राघृ	सामर्थ्ये	उ/अ	राघृँ॒	A	सेट्	राघ्	राघते	अ०
113	लाघृ	सामर्थ्ये	उ/अ	लाघृँ॒	A	सेट्	लाघ्	लाघते	अ०
114 a	द्राघृ	सामर्थ्ये . ध्राघृ इत्यपि केचित् । द्राघृ आयामे च	उ/अ	द्राघृँ॒	A	सेट्	द्राघ्	द्राघते	अ०

114 b	ध्राघृ	सामर्थ्ये	उ/अ	ध्राघृँ॒	A	सेट्	ध्राघ्	ध्राघते	अ०
115	श्लाघृ	कत्थने । उदात्तः अनुदात्तेतः आत्मनेभाषाः ॥ अथ कवर्गीयान्ताः परस्मैपदिनः	उ/अ	श्लाघृँ॒	A	सेट्	श्लाघ्	श्लाघते	स०
116	फक्क	नीचैर्गतौ	उ/उ	फक्कँ	P	सेट्	फक्क्	फक्कति	स०
117	तक	हसने	उ/उ	तकँ	P	सेट्	तक्	तकति	अ०
118	तकि	कृच्छ्रजीवने । (शुक गतौ)	उ/उ	तकिँ	P	सेट्	तङ्क्	तङ्कति	अ०
119	बुक्क	भषणे	उ/उ	बुक्कँ	P	सेट्	बुक्क्	बुक्कति	अ०
120	कख	हसने	उ/उ	कखँ	P	सेट्	कख्	कखति	अ०
121	ओखृ	शोषणालमर्थयोः	उ/उ	ओखृँ	P	सेट्	ओख्	ओखति	स०
122	राखृ	शोषणालमर्थयोः	उ/उ	राखृँ	P	सेट्	राख्	राखति	स०
123	लाखृ	शोषणालमर्थयोः	उ/उ	लाखृँ	P	सेट्	लाख्	लाखति	स०
124	द्राखृ	शोषणालमर्थयोः	उ/उ	द्राखृँ	P	सेट्	द्राख्	द्राखति	स०
125	ध्राखृ	शोषणालमर्थयोः	उ/उ	ध्राखृँ	P	सेट्	ध्राख्	ध्राखति	स०

126	शाखृ	व्याप्तौ	उ/उ	शाखृँ	P	सेट्	शाख्	शाखति	स०
127	श्लाखृ	व्याप्तौ	उ/उ	श्लाखृँ	P	सेट्	श्लाख्	श्लाखति	स०
128	उख	गत्यर्थः	उ/उ	उखँ	P	सेट्	उख्	ओखति	स०
129	उखि	गतौ	उ/उ	उखिँ	P	सेट्	उङ्ख्	उङ्खति	स०
130	वख	गत्यर्थः	उ/उ	वखँ	P	सेट्	वख्	वखति	स०
131	वखि	गत्यर्थः	उ/उ	वखिँ	P	सेट्	वङ्ख्	वङ्खति	स०
132	मख	गत्यर्थः	उ/उ	मखँ	P	सेट्	मख्	मखति	स०
133	मखि	गत्यर्थः	उ/उ	मखिँ	P	सेट्	मङ्ख्	मङ्खति	स०
134	णख	गतौ	उ/उ	णखँ	P	सेट्	नख्	नखति	स०
135	णखि	गतौ	उ/उ	णखिँ	P	सेट्	नङ्ख्	नङ्खति	स०
136	रख	गत्यर्थः	उ/उ	रखँ	P	सेट्	रख्	रखति	स०
137	रखि	गत्यर्थः	उ/उ	रखिँ	P	सेट्	रङ्ख्	रङ्खति	स०

138	लख	गत्यर्थः	उ/उ	लखँ	P	सेट्	लख्	लखति	स०
139	लखि	गत्यर्थः	उ/उ	लखिँ	P	सेट्	लङ्ख्	लङ्खति	स०
140	इख	गतौ	उ/उ	इखँ	P	सेट्	इख्	एखति	स०
141	इखि	गतौ	उ/उ	इखिँ	P	सेट्	इङ्ख्	इङ्खति	स०
142	ईखि	गतौ	उ/उ	ईखिँ	P	सेट्	ईङ्ख्	ईङ्खति	स०
143	वल्ग	गत्यर्थः	उ/उ	वल्गँ	P	सेट्	वल्ग्	वल्गति	स०
144	रगि	गत्यर्थः	उ/उ	रगिँ	P	सेट्	रङ्ग्	रङ्गति	स०
145	लगि	गत्यर्थः शोषणे च (भोजननिवृत्तावपि)	उ/उ	लगिँ	P	सेट्	लङ्ग्	लङ्गति	स०
146	अगि	गतौ	उ/उ	अगिँ	P	सेट्	अङ्ग्	अङ्गति	स०
147	वगि	गत्यर्थः	उ/उ	वगिँ	P	सेट्	वङ्ग्	वङ्गति	स०
148	मगि	गत्यर्थः	उ/उ	मगिँ	P	सेट्	मङ्ग्	मङ्गति	स०
149	तगि	गतौ	उ/उ	तगिँ	P	सेट्	तङ्ग्	तङ्गति	स०

150	त्वगि	गतौ कम्पने च	उ/उ	त्वगिँ	P	सेट्	त्वङ्ग्	त्वङ्गति	स०
151	श्रगि	गत्यर्थः	उ/उ	श्रगिँ	P	सेट्	श्रङ्ग्	श्रङ्गति	स०
152	श्लगि	गत्यर्थः	उ/उ	श्लगिँ	P	सेट्	श्लङ्ग्	श्लङ्गति	स०
153	इगि	गत्यर्थः	उ/उ	इगिँ	P	सेट्	इङ्ग्	इङ्गति	स०
154	रिगि	गत्यर्थः	उ/उ	रिगिँ	P	सेट्	रिङ्ग्	रिङ्गति	स०
155 a	लिगि	गत्यर्थाः । रिख (रिखि लिख लिखि) त्रख त्रिखि शिखि इत्यपि केचित् । त्वगि	उ/उ	लिगिँ	P	सेट्	लिङ्ग्	लिङ्गति	स०
155 b	रिख	गत्यर्थः	उ/उ	रिखँ	P	सेट्	रिख्	रिङ्खति	स०
155 c	त्रख	गतौ	उ/उ	त्रखँ	P	सेट्	त्रख्	त्रखति	स०
155 d	त्रिखि	गतौ	उ/उ	त्रिखिँ	P	सेट्	त्रिङ्ख्	त्रिङ्खति	स०
155 e	शिखि	गत्यर्थः	उ/उ	शिखिँ	P	सेट्	शिङ्ख्	शिङ्खति	स०
156	युगि	वर्जने	उ/उ	युगिँ	P	सेट्	युङ्ग्	युङ्गति	स०
157	जुगि	वर्जने	उ/उ	जुगिँ	P	सेट्	जुङ्ग्	जुङ्गति	स०

158	बुगि	वर्जने	उ/उ	बुगिँ	P	सेट्	बुङ्ग्	बुङ्गति	अ०
159	घघ	हसने । दघि पालने । लघि शोषणे	उ/उ	घघँ	P	सेट्	घघ्	घघति	स०
160	मघि	मण्डने	उ/उ	मघिँ	P	सेट्	मङ्घ्	मङ्घति	अ०
161	शिघि	आघ्राणे । अर्ध मूल्ये । उदात्तः उदात्तेतः । अथ चवर्गीयान्ता आत्मनेपदिनः एकविंशतिः	उ/उ	शिघिँ	P	सेट्	शिङ्घ्	शिङ्घति	स०
162	वर्च	दीप्तौ	उ/अ	वर्चँ	A	सेट्	वर्च्	वर्चते	अ०
163	षच	सेचने सेवने च	उ/अ	षचँ	A	सेट्	सच्	सचते	स०
164	लोचृ	दर्शने	उ/अ	लोचृँ	A	सेट्	लोच्	लोचते	स०
165	शच	व्यक्तायां वाचि	उ/अ	शचँ	A	सेट्	शच्	शचते	स०
166	श्वच	गतौ	उ/अ	श्वचँ	A	सेट्	श्वच्	श्वचते	स०
167	श्वचि	गतौ । (शचि च)	उ/अ	श्वचिँ	A	सेट्	श्वञ्च्	श्वञ्चते	स०
168	कच	बन्धने	उ/अ	कचँ	A	सेट्	कच्	कचते	स०

169	कचि	दीप्तिबन्धनयोः	उ/अ	कचिँ॒	A	सेट्	कञ्च्	कञ्चते	स०
170	काचि	दीप्तिबन्धनयोः	उ/अ	काचिँ॒	A	सेट्	काञ्च्	काञ्चते	स०
171	मच	कल्कने	उ/अ	मचँ॒	A	सेट्	मच्	मचते	अ०
172	मुचि	कल्कने । कथन इत्यन्ये	उ/अ	मुचिँ॒	A	सेट्	मुञ्च्	मुञ्चते	अ०
173	मचि	धारणोच्छ्रायपूजनेषु	उ/अ	मचिँ॒	A	सेट्	मञ्च्	मञ्चते	स०
174	पचि	व्यक्तीकरणे	उ/अ	पचिँ॒	A	सेट्	पञ्च्	पञ्चते	स०
175	ष्टुच	प्रसादे	उ/अ	ष्टुचँ॒	A	सेट्	ष्टुच्	स्तोचते	अ०
176	ऋज	गतिस्थानार्जनोपार्जनेषु	उ/अ	ऋजँ॒	A	सेट्	ऋज्	अर्जते	स०
177	ऋजि	भर्जने	उ/अ	ऋजिँ॒	A	सेट्	ऋञ्ज्	ऋञ्जते	स०
178	भृजी	भर्जने	उ/अ	भृजीँ॒	A	सेट्	भृज्	भर्जते	स०
179	एजृ	दीप्तौ	उ/अ	एजृँ॒	A	सेट्	एज्	एजते	अ०
180	भ्रेजृ	दीप्तौ	उ/अ	भ्रेजृँ॒	A	सेट्	भ्रेज्	भ्रेजते	अ०

181	भ्राजृ	दीप्तौ	उ/अ	भ्राजृँ	A	सेट्	भ्राज्	भ्राजते	अ०
182	ईज	गतिकुत्सनयोः । उदात्तः अनुदात्तेतः ॥ अथ चवर्गीयान्ता व्रज्यन्ताः परस्मैपदिनो द्विसप्ततिः	उ/अ	ईजँ	A	सेट्	ईज्	ईजते	स०
183	शुच	शोके	उ/उ	शुचँ	P	सेट्	शुच्	शोचति	अ०
184	कुच	शब्दे तारे	उ/उ	कुचँ	P	सेट्	कुच्	कोचति	स०
185	कुञ्च	कौटिल्याल्पीभावयोः	उ/उ	कुञ्चँ	P	सेट्	कुञ्च्	कुञ्चति	अ०
186	क्रुञ्च	कौटिल्याल्पीभावयोः	उ/उ	क्रुञ्चँ	P	सेट्	क्रुञ्च्	क्रुञ्चति	अ०
187	लुञ्च	अपनयने	उ/उ	लुञ्चँ	P	सेट्	लुञ्च्	लुञ्चति	स०
188	अञ्चु	गतिपूजनयोः	उ/उ	अञ्चुँ	P	सेट्	अञ्च्	अञ्चति	स०
189	वञ्चु	गत्यर्थः	उ/उ	वञ्चुँ	P	सेट्	वञ्च्	वञ्चति	स०
190	चञ्चु	गत्यर्थः	उ/उ	चञ्चुँ	P	सेट्	चञ्च्	चञ्चति	स०
191	तञ्चु	गतौ	उ/उ	तञ्चुँ	P	सेट्	तञ्च्	तञ्चति	स०
192	त्वञ्चु	गतौ	उ/उ	त्वञ्चुँ	P	सेट्	त्वञ्च्	त्वञ्चति	स०

193	म्रुञ्चु	गत्यर्थः	उ/उ	म्रुञ्चुँ	P	सेट्	म्रुञ्च्	म्रुञ्चति	स०
194	म्लुञ्चु	गत्यर्थः	उ/उ	म्लुञ्चुँ	P	सेट्	म्लुञ्च्	म्लुञ्चति	स०
195	म्रुचु	गत्यर्थः	उ/उ	म्रुचुँ	P	सेट्	म्रुच्	म्रोचति	स०
196	म्लुचु	गत्यर्थाः	उ/उ	म्लुचुँ	P	सेट्	म्लुच्	म्लोचति	स०
197	ग्रुचु	स्तेयकरणे	उ/उ	ग्रुचुँ	P	सेट्	ग्रुच्	ग्रोचति	स०
198	ग्लुचु	स्तेयकरणे	उ/उ	ग्लुचुँ	P	सेट्	ग्लुच्	ग्लोचति	स०
199	कुजु	स्तेयकरणे	उ/उ	कुजुँ	P	सेट्	कुज्	कोजति	स०
200	खुजु	स्तेयकरणे	उ/उ	खुजुँ	P	सेट्	खुज्	खोजति	स०
201	ग्लुञ्चु	गतौ	उ/उ	ग्लुञ्चुँ	P	सेट्	ग्लुञ्च्	ग्लुञ्चति	स०
202	षस्ज	गतौ ।(षस्जिरात्मनेपद्यपि) ।8.4.40 स्तोः श्चुना श्चुः इति श्चुत्वम् ।8.4.53 झलां जश् झशि इति जश्त्वम्	उ/उ	षस्जँ	P	सेट्	सस्ज्	सज्जति	स०
203	गुजि	अव्यक्ते शब्दे	उ/उ	गुजिँ	P	सेट्	गुञ्ज्	गुञ्जति	अ०

204	अर्च	पूजायाम्	उ/उ	अर्चँ	P	सेट्	अर्च्	अर्चति	स०
205	म्लेच्छ	अव्यक्ते शब्दे	उ/उ	म्लेच्छँ	P	सेट्	म्लेच्छ्	म्लेच्छति	अ०
206	लछ	लक्षणे । 6.1.73 छे च इति तुँक् आगमः । 8.4.40 स्तोः श्चुना श्चुः इति चकार	उ/उ	लछँ	P	सेट्	लच्छ्	लच्छति	स०
207	लाछि	लक्षणे	उ/उ	लाछिँ	P	सेट्	लाञ्छ्	लाञ्छति	स०
208	वाछि	इच्छायाम्	उ/उ	वाछिँ	P	सेट्	वाञ्छ्	वाञ्छति	स०
209	आछि	आयामे	उ/उ	आछिँ	P	सेट्	आञ्छ्	आञ्छति	स०
210	ह्रीछ	लज्जायाम् । 6.1.75 दीर्घात् इति तुँक् आगमः । 8.4.40 स्तोः श्चुना श्चुः इति	उ/उ	ह्रीछँ	P	सेट्	ह्रीछ्	ह्रीच्छति	अ०
211	हुर्छा	कौटिल्ये । 8.2.78 उपधायां च इति दीर्घः	उ/उ	हुर्छाँ	P	सेट्	हुर्छ्	हूर्छति	अ०
212	मुर्च्छा	मोहसमुच्छ्राययोः । 8.2.78 उपधायां च इति दीर्घः	उ/उ	मुर्च्छाँ	P	सेट्	मुर्च्छ्	मूर्च्छति	अ०
213	स्फुर्छा	विस्तृतौ । 8.2.78 उपधायां च इति दीर्घः	उ/उ	स्फुर्छाँ	P	सेट्	स्फुर्छ्	स्फूर्छति	अ०
214	युच्छ	प्रमादे । (युछ)	उ/उ	युच्छँ	P	सेट्	युच्छ्	युच्छति	अ०

215	उछि	उञ्छे	उ/उ	उछिँ	P	सेट्	उञ्छ्	उञ्छति	स०
216	उछी	विवासे	उ/उ	उछीँ	P	सेट्	उच्छ्	व्युच्छति	स०
217	ध्रज	गतौ	उ/उ	ध्रजँ	P	सेट्	ध्रज्	ध्रजति	स०
218	ध्रजि	गतौ	उ/उ	ध्रजिँ	P	सेट्	ध्रञ्ज्	ध्रञ्जति	स०
219	धृज	गतौ	उ/उ	धृजँ	P	सेट्	धृज्	धर्जति	स०
220	धृजि	गतौ	उ/उ	धृजिँ	P	सेट्	धृञ्ज्	धृञ्जति	स०
221	ध्वज	गतौ	उ/उ	ध्वजँ	P	सेट्	ध्वज्	ध्वजति	स०
222 a	ध्वजि	गतौ । ध्रिज च	उ/उ	ध्वजिँ	P	सेट्	ध्वञ्ज्	ध्वञ्जति	स०
222 b	ध्रिज	गतौ	उ/उ	ध्रिजँ	P	सेट्	ध्रिज्	ध्रेजति	स०
223	कूज	अव्यक्ते शब्दे	उ/उ	कूजँ	P	सेट्	कूज्	कूजति	अ०
224	अर्ज	अर्जने	उ/उ	अर्जँ	P	सेट्	अर्ज्	अर्जति	स०
225	षर्ज	अर्जने	उ/उ	षर्जँ	P	सेट्	सर्ज्	सर्जति	स०

226	गर्ज	शब्दे	उ/उ	गर्जँ	P	सेट्	गर्ज्	गर्जति	अ०
227	तर्ज	भर्त्सने	उ/उ	तर्जँ	P	सेट्	तर्ज्	तर्जति	स०
228	कर्ज	व्यथने	उ/उ	कर्जँ	P	सेट्	कर्ज्	कर्जति	स०
229	खर्ज	पूजने च	उ/उ	खर्जँ	P	सेट्	खर्ज्	खर्जति	स०
230	अज	गतिक्षेपणयोः	उ/उ	अजँ	P	सेट्	अज्	अजति	स०
231	तेज	पालने	उ/उ	तेजँ	P	सेट्	तेज्	तेजति	स०
232	खज	मन्थे ।(कज मद इत्येके)	उ/उ	खजँ	P	सेट्	खज्	खजति	स०
233	खजि	गतिवैकल्ये	उ/उ	खजिँ	P	सेट्	खञ्ज्	खञ्जति	अ०
234	एजृ	कम्पने	उ/उ	एजृँ	P	सेट्	एज्	एजति	अ०
235	टुओस्फूर्जा	वज्रनिर्घोषे	उ/उ	टुओँस्फूर्जाँ	P	सेट्	स्फूर्ज्	स्फूर्जति	अ०
236	क्षि	क्षये	उ/उ	क्षि	P	अनि	क्षि	क्षयति	अ०
237	क्षीज	अव्यक्ते शब्दे	उ/उ	क्षीजँ	P	सेट्	क्षीज्	क्षीजति	अ०

238	लज	.... भर्त्सने ।(भर्जने)	उ/उ	लजँ	P	सेट्	लज्	लजति	स०
239	लजि	भर्त्सने ।(भर्जने)	उ/उ	लजिँ	P	सेट्	लञ्ज्	लञ्जति	स०
240	लाज	भर्जने च ।(भर्त्सने)	उ/उ	लाजँ	P	सेट्	लाज्	लाजति	स०
241	लाजि	भर्जने च ।(भर्त्सने)	उ/उ	लाजिँ	P	सेट्	लाञ्ज्	लाञ्जति	स०
242	जज	युद्धे	उ/उ	जजँ	P	सेट्	जज्	जजति	अ०
243	जजि	युद्धे	उ/उ	जजिँ	P	सेट्	जञ्ज्	जञ्जति	अ०
244	तुज	हिंसायाम्	उ/उ	तुजँ	P	सेट्	तुज्	तोजति	स०
245	तुजि	पालने	उ/उ	तुजिँ	P	सेट्	तुञ्ज्	तुञ्जति	स०
246	गज	शब्दे मदने च	उ/उ	गजँ	P	सेट्	गज्	गजति	अ०
247	गजि	शब्दार्थः	उ/उ	गजिँ	P	सेट्	गञ्ज्	गञ्जति	अ०
248	गृज	शब्दार्थः	उ/उ	गृजँ	P	सेट्	गृज्	गर्जति	अ०
249	गृजि	शब्दार्थः	उ/उ	गृजिँ	P	सेट्	गृञ्ज्	गृञ्जति	अ०

250	मुज	शब्दार्थः	उ/उ	मुजँ	P	सेट्	मुज्	मोजति	अ०
251	मुजि	शब्दार्थाः । गज मदने च	उ/उ	मुजिँ	P	सेट्	मुञ्ज्	मुञ्जति	अ०
252	वज	गतौ	उ/उ	वजँ	P	सेट्	वज्	वजति	स०
253	व्रज	गतौ । क्षि वर्जं परस्मैभाषाः । उदात्तः उदात्तेतः (क्षिवर्जे) ॥ अथ टवर्गीयान्ताः	उ/उ	व्रजँ	P	सेट्	व्रज्	व्रजति	स०
254	अट्ट	अतिक्रमहिंसनयोः	उ/अ	अट्टँ॒	A	सेट्	अट्ट्	अट्टते	स०
255	वेष्ट	वेष्टने	उ/अ	वेष्टँ॒	A	सेट्	वेष्ट्	वेष्टते	स०
256	चेष्ट	चेष्टायाम्	उ/अ	चेष्टँ॒	A	सेट्	चेष्ट्	चेष्टते	अ०
257	गोष्ट	सङ्घाते	उ/अ	गोष्टँ॒	A	सेट्	गोष्ट्	गोष्टते	अ०
258	लोष्ट	सङ्घाते	उ/अ	लोष्टँ॒	A	सेट्	लोष्ट्	लोष्टते	अ०
259	घट्ट	चलने	उ/अ	घट्टँ॒	A	सेट्	घट्ट्	घट्टते	अ०
260	स्फुट	विकसने	उ/अ	स्फुटँ॒	A	सेट्	स्फुट्	स्फोटते	अ०
261	अठि	गतौ	उ/अ	अठिँ॒	A	सेट्	अण्ठ्	अण्ठते	स०

262	वठि	एकचर्यायाम्	उ/अ	वठिँ॒	A	सेट्	वण्ठ्	वण्ठते	अ०
263	मठि	शोके	उ/अ	मठिँ॒	A	सेट्	मण्ठ्	मण्ठते	स०
264	कठि	शोके	उ/अ	कठिँ॒	A	सेट्	कण्ठ्	कण्ठते	स०
265	मुठि	पालने	उ/अ	मुठिँ॒	A	सेट्	मुण्ठ्	मुण्ठते	स०
266	हेठ	विबाधायाम्	उ/अ	हेठँ॒	A	सेट्	हेठ्	हेठते	स०
267	एठ	च । विबाधायाम्	उ/अ	एठँ॒	A	सेट्	एठ्	एठते	स०
268	हिडि	गत्यनादरयोः	उ/अ	हिडिँ॒	A	सेट्	हिण्ड्	हिण्डते	स०
269	हुडि	संघाते	उ/अ	हुडिँ॒	A	सेट्	हुण्ड्	हुण्डते	स०
270	कुडि	दाहे	उ/अ	कुडिँ॒	A	सेट्	कुण्ड्	कुण्डते	स०
271	वडि	विभाजने	उ/अ	वडिँ॒	A	सेट्	वण्ड्	वण्डते	स०
272	मडि	च । विभाजने	उ/अ	मडिँ॒	A	सेट्	मण्ड्	मण्डते	स०
273	भडि	परिभाषणे	उ/अ	भडिँ॒	A	सेट्	भण्ड्	भण्डते	स०

274	पिडि	सङ्घाते	उ/अ	पिडिँ	A	सेट्	पिण्ड्	पिण्डते	अ०
275	मुडि	मार्जने	उ/अ	मुडिँ	A	सेट्	मुण्ड्	मुण्डते	स०
276	तुडि	तोडने	उ/अ	तुडिँ	A	सेट्	तुण्ड्	तुण्डते	स०
277	हुडि	वरणे । हरण इत्येके । (स्फुडि विकसने)	उ/अ	हुडिँ	A	सेट्	हुण्ड्	हुण्डते	स०
278	चडि	कोपे	उ/अ	चडिँ	A	सेट्	चण्ड्	चण्डते	अ०
279	शडि	रुजायां सङ्घाते च	उ/अ	शडिँ	A	सेट्	शण्ड्	शण्डते	अ०
280	तडि	ताडने	उ/अ	तडिँ	A	सेट्	तण्ड्	तण्डते	स०
281	पडि	गतौ	उ/अ	पडिँ	A	सेट्	पण्ड्	पण्डते	स०
282	कडि	मदे	उ/अ	कडिँ	A	सेट्	कण्ड्	कण्डते	अ०
283	खडि	मन्थे	उ/अ	खडिँ	A	सेट्	खण्ड्	खण्डते	स०
284	हेडृ	अनादरे	उ/अ	हेडृँ	A	सेट्	हेड्	हेडते	स०
285	होडृ	अनादरे	उ/अ	होडृँ	A	सेट्	होड्	होडते	स०

286	बाडृ	आप्लाव्ये	उ/अ	बाडृँ	A	सेट्	बाड्	बाडते	अ०
287	द्राडृ	विशरणे	उ/अ	द्राडृँ	A	सेट्	द्राड्	द्राडते	अ०
288	ध्राडृ	विशरणे	उ/अ	ध्राडृँ	A	सेट्	ध्राड्	ध्राडते	अ०
289	शाडृ	श्लाघायाम् । उदात्तः अनुदात्तेतः ॥ अथ आ टवर्गीयान्तसमाप्तेः परस्मैपदिनः	उ/अ	शाडृँ	A	सेट्	शाड्	शाडते	स०
290	शौटृ	गर्वे	उ/उ	शौटृँ	P	सेट्	शौट्	शौटति	अ०
291	यौटृ	बन्धे	उ/उ	यौटृँ	P	सेट्	यौट्	यौटति	स०
292	म्लेटृ	उन्मादे	उ/उ	म्लेटृँ	P	सेट्	म्लेट्	म्लेटति	अ०
293	म्रेडृ	उन्मादे	उ/उ	म्रेडृँ	P	सेट्	म्रेड्	म्रेडति	अ०
294 a	कटे	वर्षावरणयोः । चटे इत्येके	उ/उ	कटेँ	P	सेट्	कट्	कटति	स०
294 b	चटे	वर्षावरणयोः	उ/उ	चटेँ	P	सेट्	चट्	चटति	स०
295	अट	गतौ	उ/उ	अटँ	P	सेट्	अट्	अटति	स०
296	पट	गतौ	उ/उ	पटँ	P	सेट्	पट्	पटति	स०

297	रट	परिभाषणे	उ/उ	रटँ	P	सेट्	रट्	रटति	स०
298	लट	बाल्ये	उ/उ	लटँ	P	सेट्	लट्	लटति	अ०
299	शट	रुजाविशरणगत्यवसादनेषु	उ/उ	शटँ	P	सेट्	शट्	शटति	स०
300	वट	वेष्टने	उ/उ	वटँ	P	सेट्	वट्	वटति	स०
301	किट	त्रासे	उ/उ	किटँ	P	सेट्	किट्	केटति	अ०
302	खिट	त्रासे	उ/उ	खिटँ	P	सेट्	खिट्	खेटति	अ०
303	शिट	अनादरे	उ/उ	शिटँ	P	सेट्	शिट्	शेटति	स०
304	षिट	अनादरे	उ/उ	षिटँ	P	सेट्	सिट्	सेटति	स०
305	जट	सङ्घाते	उ/उ	जटँ	P	सेट्	जट्	जटति	अ०
306	झट	संघाते	उ/उ	झटँ	P	सेट्	झट्	झटति	अ०
307	भट	भृतौ	उ/उ	भटँ	P	सेट्	भट्	भटति	स०
308	तट	उच्छ्राये	उ/उ	तटँ	P	सेट्	तट्	तटति	अ०

309	खट	काङ्क्षायाम्	उ/उ	खटँ	P	सेट्	खट्	खटति	स०
310	णट	नृतौ	उ/उ	णटँ	P	सेट्	नट्	नटति	अ०
311	पिट	शब्दसङ्घातयोः	उ/उ	पिटँ	P	सेट्	पिट्	पेटति	अ०
312	हट	दीप्तौ	उ/उ	हटँ	P	सेट्	हट्	हटति	अ०
313	षट	अवयवे	उ/उ	षटँ	P	सेट्	सट्	सटति	अ०
314	लुट	विलोडने । डान्तोऽयमित्येके	उ/उ	लुटँ	P	सेट्	लुट्	लोटति	स०
315	चिट	परप्रेष्ये	उ/उ	चिटँ	P	सेट्	चिट्	चेटति	अ०
316	विट	शब्दे	उ/उ	विटँ	P	सेट्	विट्	वेटति	अ०
317 a	बिट	आक्रोशे । हिट इत्येके	उ/उ	बिटँ	P	सेट्	बिट्	बेटति	स०
317 b	हिट	आक्रोशे	उ/उ	हिटँ	P	सेट्	हिट्	हेटति	स०
318	इट	गतौ	उ/उ	इटँ	P	सेट्	इट्	एटति	स०
319	किट	गतौ	उ/उ	किटँ	P	सेट्	किट्	केटति	अ०

320	कटी	गतौ	उ/उ	कटीँ	P	सेट्	कट्	कटति	स०
321	मडि	भूषायाम्	उ/उ	मडिँ	P	सेट्	मण्ड्	मण्डति	स०
322	कुडि	वैकल्ये	उ/उ	कुडिँ	P	सेट्	कुण्ड्	कुण्डति	अ०
323	मुड	मर्दने [मुट]	उ/उ	मुडँ	P	सेट्	मुड्	मोडति	स०
324	प्रुड	मर्दने (पुट)	उ/उ	प्रुडँ	P	सेट्	प्रुड्	प्रोडति	स०
325	चुडि	अल्पीभावे	उ/उ	चुडिँ	P	सेट्	चुण्ड्	चुण्डति	अ०
326 a	मुडि	खण्डने ।(मुटि)	उ/उ	मुडिँ	P	सेट्	मुण्ड्	मुण्डति	स०
326 b	पुडि	चेत्येके । खण्डने	उ/उ	पुडिँ	P	सेट्	पुण्ड्	पुण्डति	स०
327	रुटि	स्तेये	उ/उ	रुटिँ	P	सेट्	रुण्ट्	रुण्टति	स०
328 a	लुटि	स्तेये । रुठि लुठि इत्येके । रुडि लुडि इत्यपरे	उ/उ	लुटिँ	P	सेट्	लुण्ट्	लुण्टति	अ०
328 b	रुठि	स्तेये	उ/उ	रुठिँ	P	सेट्	रुण्ठ्	रुण्ठति	स०
328 c	लुठि	स्तेये	उ/उ	लुठिँ	P	सेट्	लुण्ठ्	लुण्ठति	अ०

328 d	रुडि	स्तेये	उ/उ	रुडिँ	P	सेट्	रुण्ड्	रुण्डति	अ०
328 e	लुडि	स्तेये	उ/उ	लुडिँ	P	सेट्	लुण्ड्	लुण्डति	अ०
329 a	स्फुटिर्	विशरणे । स्फुटि इत्यपि केचित्	उ/उ	स्फुटिँर्	P	सेट्	स्फुट्	स्फोटति	अ०
329 b	स्फुटि	विशरणे	उ/उ	स्फुटिँ	P	सेट्	स्फुण्ट्	स्फुण्टति	अ०
330	पठ	व्यक्तायां वाचि	उ/उ	पठँ	P	सेट्	पठ्	पठति	स०
331	वठ	स्थौल्ये	उ/उ	वठँ	P	सेट्	वठ्	वठति	अ०
332	मठ	मदनिवासयोः	उ/उ	मठँ	P	सेट्	मठ्	मठति	अ०
333	कठ	कृच्छ्रजीवने	उ/उ	कठँ	P	सेट्	कठ्	कठति	अ०
334 a	रट	परिभाषणे । रठ इत्येके	उ/उ	रटँ	P	सेट्	रट्	रटति	स०
334 b	रठ	परिभाषणे	उ/उ	रठँ	P	सेट्	रठ्	रठति	स०
335	हठ	प्लुतिशठत्वयोः । बलात्कार इत्यन्ये	उ/उ	हठँ	P	सेट्	हठ्	हठति	अ०
336	रुठ	उपघाते । (रुट)	उ/उ	रुठँ	P	सेट्	रुठ्	रोठति	स०

337	लुठ	उपघाते	उ/उ	लुठँ	P	सेट्	लुठ्	लोठति	स०
338 a	उठ	उपघाते । ऊठ इत्येके	उ/उ	उठँ	P*	सेट्	उठ्	ओठति	स०
338 b	ऊठ	उपघाते	उ/उ	ऊठँ	P	सेट्	ऊठ्	ऊठति	स०
339	पिठ	हिंसासङ्क्लेशनयोः	उ/उ	पिठँ	P	सेट्	पिठ्	पेठति	स०
340	शठ	कैतवे च	उ/उ	शठँ	P	सेट्	शठ्	शठति	स०
341	शुठ	गतिप्रतिघाते । शुठि इति स्वामी	उ/उ	शुठँ	P	सेट्	शुठ्	शोठति	स०
342	कुठि	च । गतिप्रतिघाते	उ/उ	कुठिँ	P	सेट्	कुण्ठ्	कुण्ठति	स०
343	लुठि	आलस्ये प्रतिघाते च	उ/उ	लुठिँ	P	सेट्	लुण्ठ्	लुण्ठति	स०
344	शुठि	शोषणे	उ/उ	शुठिँ	P	सेट्	शुण्ठ्	शुण्ठति	स०
345	रुठि	गतौ	उ/उ	रुठिँ	P	सेट्	रुण्ठ्	रुण्ठति	स०
346	लुठि	गतौ	उ/उ	लुठिँ	P	सेट्	लुण्ठ्	लुण्ठति	स०
347	चुड्ड	भावकरणे	उ/उ	चुड्डँ	P	सेट्	चुड्ड्	चुड्डति	अ०

348	अड्डु	अभियोगे	उ/उ	अड्डुँ	P	सेट्	अड्ड्	अड्डुति	स०
349	कड्डु	कार्कश्ये । चुड्डादयस्त्रयोदोपधाः	उ/उ	कड्डुँ	P	सेट्	कड्ड्	कड्डुति	अ०
350	क्रीड्डृ	विहारे	उ/उ	क्रीड्डृँ	P	सेट्	क्रीड्	क्रीडति	अ०
351	तुड्डृ	तोडने । तूड्डृ इत्येके	उ/उ	तुड्डृँ	P	सेट्	तुड्	तोडति	स०
352	हुड्डृ	गतौ	उ/उ	हुड्डृँ	P	सेट्	हुड्	होडति	स०
353	हूड्डृ	गतौ	उ/उ	हूड्डृँ	P	सेट्	हूड्	हूडति	स०
354	होड्डृ	गतौ	उ/उ	होड्डृँ	P	सेट्	होड्	होडति	स०
355	रौड्डृ	अनादरे	उ/उ	रौड्डृँ	P	सेट्	रौड्	रौडति	स०
356	रोड्डृ	उन्मादे	उ/उ	रोड्डृँ	P	सेट्	रोड्	रोडति	अ०
357	लोड्डृ	उन्मादे	उ/उ	लोड्डृँ	P	सेट्	लोड्	लोडति	अ०
358	अड	उद्यमे	उ/उ	अडँ	P	सेट्	अड्	अडति	स०
359 a	लड	विलासे । लल इत्येके	उ/उ	लडँ	P	सेट्	लड्	लडति	अ०

359 b	लल	विलासे	उ/उ	ललँ	P	सेट्	लल्	ललति	अ०
360 a	कड	मदे । कडि इत्येके	उ/उ	कडँ	P	सेट्	कड्	कडति	अ०
360 b	कडि	मदे	उ/उ	कडिँ	P	सेट्	कण्ड्	कण्डति	अ०
361	गडि	वदनैकदेशे । उदात्तः उदात्तेतः ॥ अथ पवर्गीयान्ता आत्मनेपदिनः	उ/उ	गडिँ	P	सेट्	गण्ड्	गण्डति	अ०
362	तिपृ	क्षरणे	उ/अ	तिपृँ॒	A	सेट् *	तिप्	तेपते	अ०
363	तेपृ	कम्पने क्षरणे च	उ/अ	तेपृँ॒	A	सेट्	तेप्	तेपते	अ०
364	ष्टिपृ	क्षरणार्थः	उ/अ	ष्टिपृँ॒	A	सेट्	ष्टिप्	स्तेपते	अ०
365	ष्टेपृ	क्षरणार्थः । आद्योऽनुदात्तः । तेपृ कम्पने च	उ/अ	ष्टेपृँ॒	A	सेट्	ष्टेप्	स्तेपते	अ०
366	ग्लेपृ	दैन्ये	उ/अ	ग्लेपृँ॒	A	सेट्	ग्लेप्	ग्लेपते	स०
367	टुवेपृ	कम्पने	उ/अ	टुवेपृँ॒	A	सेट्	वेप्	वेपते	अ०
368	केपृ	कम्पने गतौ च	उ/अ	केपृँ॒	A	सेट्	केप्	केपते	अ०
369	गेपृ	कम्पने गतौ च	उ/अ	गेपृँ॒	A	सेट्	गेप्	गेपते	स०

370	ग्लेपृ	कम्पने गतौ च	उ/अ	ग्लेपृँ	A	सेट्	ग्लेप्	ग्लेपते	स०
371	मेपृ	गतौ	उ/अ	मेपृँ	A	सेट्	मेप्	मेपते	स०
372	रेपृ	गतौ	उ/अ	रेपृँ	A	सेट्	रेप्	रेपते	स०
373	लेपृ	गतौ	उ/अ	लेपृँ	A	सेट्	लेप्	लेपते	स०
374	त्रपूष्	लज्जायाम्	उ/अ	त्रपूँष्	A	V	त्रप्	त्रपते	अ०
375	कपि	चलने	उ/अ	कपिँ	A	सेट्	कम्प्	कम्पते	अ०
376	रबि	शब्दे	उ/अ	रबिँ	A	सेट्	रम्ब्	रम्बते	अ०
377	लबि	शब्दे	उ/अ	लबिँ	A	सेट्	लम्ब्	लम्बते	अ०
378	अबि	शब्दे	उ/अ	अबिँ	A	सेट्	अम्ब्	अम्बते	अ०
379	लबि	अवस्रंसने च । शब्दे	उ/अ	लबिँ	A	सेट्	लम्ब्	लम्बते	अ०
380	कबृ	वर्णे	उ/अ	कबृँ	A	सेट्	कब्	कबते	अ०
381	क्लीबृ	अधाष्टर्ये	उ/अ	क्लीबृँ	A	सेट्	क्लीब्	क्लीबते	अ०

382	क्षीबृ	मदे	उ/अ	क्षीबृँ	A	सेट्	क्षीब्	क्षीबते	अ०
383	शीभृ	कत्थने	उ/अ	शीभृँ	A	सेट्	शीभ्	शीभते	स०
384	चीभृ	च । कत्थने	उ/अ	चीभृँ	A	सेट्	चीभ्	चीभते	स०
385 a	रेभृ	शब्दे । अभि रभि क्वचित् पठ्येते । लभि च	उ/अ	रेभृँ	A	सेट्	रेभ्	रेभते	अ०
385 b	अभि	शब्दे	उ/अ	अभिँ	A	सेट्	अम्भ्	अम्भते	अ०
385 c	रभि	राभस्ये	उ/अ	रभिँ	A	सेट्	रम्भ्	रम्भते	अ०
385 d	लभि	शब्दे	उ/अ	लभिँ	A	सेट्	लम्भ्	लम्भते	अ०
386	ष्टभि	प्रतिबन्धे	उ/अ	ष्टभिँ	A	सेट्	स्तम्भ्	स्तम्भते	स०
387	स्कभि	प्रतिबन्धे	उ/अ	स्कभिँ	A	सेट्	स्कम्भ्	स्कम्भते	स०
388	जभी	गात्रविनामे । 7.1.61 रधिजभोरचि इति नुम् आगमः	उ/अ	जभीँ	A	सेट्	जम्भ्	जम्भते	अ०
389	जृभि	गात्रविनामे	उ/अ	जृभिँ	A	सेट्	जृम्भ्	जृम्भते	अ०
390	शल्भ	कत्थने	उ/अ	शल्भँ	A	सेट्	शल्भ्	शल्भते	स०

391	वल्भ	भोजने	उ/अ	वल्भँ॒	A	सेट्	वल्भ्	वल्भते	स०
392	गल्भ	धाष्ट्र्ये	उ/अ	गल्भँ॒	A	सेट्	गल्भ्	गल्भते	अ०
393	श्रम्भु	प्रमादे । दन्त्येदिश्च	उ/अ	श्रम्भुँ॒	A	सेट्	श्रम्भ्	श्रम्भते	अ०
394	ष्टुभु	स्तम्भे । उदात्तः अनुदात्तेतः । तिपिस्त्वनुदात्तः ॥ अथ पवर्गीयान्ताः परस्मैपदिनः	उ/अ	ष्टुभुँ॒	A	सेट्	ष्टुभ्	स्तोभते	अ०
395	गुपू	रक्षणे । स्वार्थे आयः	उ/उ	गुपूँ	P	सेट्*	गुप्	गोपायति	स०
396	धूप	सन्तापे । स्वार्थे आयः	उ/उ	धूपँ	P	सेट्	धूप्	धूपायति	स०
397	जप	व्यक्तायां वाचि मानसे च	उ/उ	जपँ	P	सेट्	जप्	जपति	स०
398	जल्प	व्यक्तायां वाचि । जप मानसे च	उ/उ	जल्पँ	P	सेट्	जल्प्	जल्पति	स०
399	चप	सान्त्वने	उ/उ	चपँ	P	सेट्	चप्	चपति	स०
400	षप	समवाये	उ/उ	षपँ	P	सेट्	सप्	सपति	स०
401	रप	व्यक्तायां वाचि	उ/उ	रपँ	P	सेट्	रप्	रपति	स०

402	लप	व्यक्तायां वाचि	उ/उ	लपँ	P	सेट्	लप्	लपति	अ०
403	चुप	मन्दायां गतौ	उ/उ	चुपँ	P	सेट्	चुप्	चोपति	अ०
404	तुप	हिंसायाम्	उ/उ	तुपँ	P	सेट्	तुप्	तोपति	स०
405	तुम्प	हिंसायाम्	उ/उ	तुम्पँ	P	सेट्	तुम्प्	तुम्पति	स०
406	त्रुप	हिंसायाम्	उ/उ	त्रुपँ	P	सेट्	त्रुप्	त्रोपति	स०
407	त्रुम्प	हिंसायाम्	उ/उ	त्रुम्पँ	P	सेट्	त्रुम्प्	त्रुम्पति	स०
408	तुफ	हिंसायाम्	उ/उ	तुफँ	P	सेट्	तुफ्	तोफति	स०
409	तुम्फ	हिंसायाम्	उ/उ	तुम्फँ	P	सेट्	तुम्फ्	तुम्फति	स०
410	त्रुफ	हिंसायाम्	उ/उ	त्रुफँ	P	सेट्	त्रुफ्	त्रोफति	स०
411	त्रुम्फ	हिंसायाम्	उ/उ	त्रुम्फँ	P	सेट्	त्रुम्फ्	त्रुम्फति	स०
412	पर्प	गतौ	उ/उ	पर्पँ	P	सेट्	पर्प्	पर्पति	स०
413	रफ	गतौ	उ/उ	रफँ	P	सेट्	रफ्	रफति	स०

414	रफि	गतौ	उ/उ	रफिँ	P	सेट्	रम्फ्	रम्फति	स०
415	अर्ब	गतौ	उ/उ	अर्बँ	P	सेट्	अर्ब्	अर्बति	स०
416	पर्ब	गतौ	उ/उ	पर्बँ	P	सेट्	पर्ब्	पर्बति	स०
417	लर्ब	गतौ	उ/उ	लर्बँ	P	सेट्	लर्ब्	लर्बति	स०
418	बर्ब	गतौ	उ/उ	बर्बँ	P	सेट्	बर्ब्	बर्बति	स०
419	मर्ब	गतौ	उ/उ	मर्बँ	P	सेट्	मर्ब्	मर्बति	स०
420	कर्ब	गतौ	उ/उ	कर्बँ	P	सेट्	कर्ब्	कर्बति	स०
421	खर्ब	गतौ	उ/उ	खर्बँ	P	सेट्	खर्ब्	खर्बति	स०
422	गर्ब	गतौ	उ/उ	गर्बँ	P	सेट्	गर्ब्	गर्बति	स०
423	शर्ब	गतौ	उ/उ	शर्बँ	P	सेट्	शर्ब्	शर्बति	स०
424	षर्ब	गतौ ।(षर्व)	उ/उ	षर्बँ	P	सेट्	सर्ब्	सर्बति	स०
425	चर्ब	गतौ	उ/उ	चर्बँ	P	सेट्	चर्ब्	चर्बति	स०

426	कुबि	आच्छादने	उ/उ	कुबिँ	P	सेट्	कुम्ब्	कुम्बति	स०
427	लुबि	अर्दने	उ/उ	लुबिँ	P	सेट्	लुम्ब्	लुम्बति	स०
428	तुबि	अर्दने	उ/उ	तुबिँ	P	सेट्	तुम्ब्	तुम्बति	स०
429	चुबि	वक्त्रसंयोगे	उ/उ	चुबिँ	P	सेट्	चुम्ब्	चुम्बति	स०
430	षृभु	हिंसार्थः	उ/उ	षृभुँ	P	सेट्	सृभ्	सर्भति	स०
431 a	षृम्भु	हिंसार्थः	उ/उ	षृम्भुँ	P	सेट्	सृम्भ्	सृम्भति	स०
431 b	षिभु	हिंसार्थः	उ/उ	षिभुँ	P	सेट्	सिभ्	सेभति	स०
431 c	षिम्भु	हिंसार्थः । षिभु षिभि इत्येके	उ/उ	षिम्भुँ	P	सेट्	सिम्भ्	सिम्भति	स०
432	शुभ	भासने	उ/उ	शुभँ	P	सेट्	शुभ्	शोभति	स०
433	शुम्भ	भाषणे । भासन इत्येके । उदात्तः उदात्तेतः ॥ अथ अनुनासिकान्ता आत्मनेपदिनः	उ/उ	शुम्भँ	P	सेट्	शुम्भ्	शुम्भति	स०
434	घिणि	ग्रहणे	उ/अ	घिणिँ	A	सेट्	घिण्ण्	घिण्णते	स०

435	घुणि	ग्रहणे	उ/अ	घुणिँ॒	A	सेट्	घुण्ण्	घुण्णते	स०
436	घृणि	ग्रहणे	उ/अ	घृणिँ॒	A	सेट्	घृण्ण्	घृण्णते	स०
437	घुण	भ्रमणे	उ/अ	घुणँ॒	A	सेट्	घुण्	घोणते	अ०
438	घूर्ण	भ्रमणे	उ/अ	घूर्णँ	A	सेट्	घूर्ण्	घूर्णते	अ०
439	पण	व्यवहारे स्तुतौ च । स्तुतौ अर्थे आय	उ/अ	पणँ॒	A*	सेट्	पण्	पणते, पणायति	स०
440	पन	च । (~~व्यवहारे~~) स्तुतौ च । स्तुतौ अर्थे आय	उ/अ	पनँ॒	A*	सेट्	पन्	पनायति	स०
441	भाम	क्रोधे	उ/अ	भामँ॒	A	सेट्	भाम्	भामते	अ०
442	क्षमूष्	सहने	उ/अ	क्षमूँ॒ष्	A	V	क्षम्	क्षमते	स०
443	कमु	कान्तौ । उदात्तः अनुदात्तेः । 3.1.30 कमेर्णिङ् इति स्वार्थे णिङ् इति वृद्धिः	उ/अ	कमुँ॒	A	सेट्	कम्	कामयते	स०
444	अण	शब्दे	उ/उ	अणँ	P	सेट्	अण्	अणति	स०
445	रण	गतौ	उ/उ	रणँ	P	सेट्	रण्	रणति	अ०
446	वण	शब्दार्थः	उ/उ	वणँ	P	सेट्	वण्	वणति	अ०

447	भण	शब्दे	उ/उ	भणँ	P	सेट्	भण्	भणति	अ०
448	मण	शब्दार्थः	उ/उ	मणँ	P	सेट्	मण्	मणति	अ०
449	कण	शब्दे	उ/उ	कणँ	P	सेट्	कण्	कणति	अ०
450	क्वण	शब्दार्थः	उ/उ	क्वणँ	P	सेट्	क्वण्	क्वणति	अ०
451	व्रण	शब्दार्थः	उ/उ	व्रणँ	P	सेट्	व्रण्	व्रणति	अ०
452	भ्रण	शब्दार्थः	उ/उ	भ्रणँ	P	सेट्	भ्रण्	भ्रणति	अ०
453	ध्वण	शब्दार्थाः । धण इत्यपि केचित्	उ/उ	ध्वणँ	P	सेट्	ध्वण्	ध्वणति	स०
454	ओणृ	अपनयने	उ/उ	ओणृँ	P	सेट्	ओण्	ओणति	स०
455	शोणृ	वर्णगत्योः	उ/उ	शोणृँ	P	सेट्	शोण्	शोणति	अ०
456	श्रोणृ	सङ्घाते	उ/उ	श्रोणृँ	P	सेट्	श्रोण्	श्रोणति	अ०
457	श्लोणृ	च । सङ्घाते	उ/उ	श्लोणृँ	P	सेट्	श्लोण्	श्लोणति	अ०
458 a	पैणृ	गतिप्रेरणश्लेषणेषु । प्रैणृ इत्यपि	उ/उ	पैणृँ	P	सेट्	पैण्	पैणति	स०

458 b	प्रैणृ	गतिप्रेरणश्लेषणेषु	उ/उ	प्रैणृँ	P	सेट्	प्रैण्	प्रैणति	स०
459 a	ध्रण	शब्दे । वण इत्यपि केचित् । जन्यादय उदात्ता अनुदात्तेत आत्मनेभाषाः । तपिस्त्वनुदात्तः ॥ अथ पञ्च स्वरितेतः	उ/उ	ध्रणँ	P	सेट्	ध्रण्	ध्रणति	स०
459 b	वण	शब्दे । (बण)	उ/उ	वणँ	P	सेट्	वण्	वणति	स०
460	कनी	दीप्तिकान्तिगतिषु	उ/उ	कनीँ	P	सेट्	कन्	कनति	अ०
461	ष्टन	शब्दे	उ/उ	ष्टनँ	P	सेट्	स्तन्	स्तनति	अ०
462	वन	शब्दे	उ/उ	वनँ	P	सेट्	वन्	वनति	स०
463	वन	सम्भक्तौ	उ/उ	वनँ	P	सेट्	वन्	वनति	स०
464	षण	सम्भक्तौ	उ/उ	षणँ	P	सेट्	सण्	सनति	स०
465	अम	गत्यादिषु । गतौ, शब्दे, सम्भक्तौ इत्यर्थः	उ/उ	अमँ	P	सेट्	अम्	अमति	स०
466	द्रम	गतौ	उ/उ	द्रमँ	P	सेट्	द्रम्	द्रमति	स०
467	हम्म	गतौ	उ/उ	हम्मँ	P	सेट्	हम्म्	हम्मति	स०

468	मीमृ	गतौ । मीमृ शब्दे च	उ/उ	मीमृँ	P	सेट्	मीम्	मीमति	स०
469	चमु	अदने । आङ् पूर्वकः । 7.3.75 ष्ठिवुक्लमुचमां शिति इति दीर्घः	उ/उ	चमुँ	P	सेट्	चम्	आचामति	स०
470	छमु	अदने	उ/उ	छमुँ	P	सेट्	छम्	छमति	स०
471	जमु	अदने	उ/उ	जमुँ	P	सेट्	जम्	जमति	स०
472	झमु	अदने	उ/उ	झमुँ	P	सेट्	झम्	झमति	स०
473	क्रमु	पादविक्षेपे। चरणसश्चालनम् । उदात्तः उदातेतः । 7.3.76 क्रमः परस्मैपदेषु इति दीर्घः । 3.1.70 वा भ्राश० इति श्यन् ॥ अथ रेवत्यन्ता आत्मनेपदिनः	उ/उ	क्रमुँ	P	सेट्	क्रम्	क्रामति / क्रमते, क्राम्यति	स०
474	अय	गतौ	उ/अ	अयँ॒	A*	सेट्	अय्	अयते	स०
475	वय	गतौ	उ/अ	वयँ॒	A	सेट्	वय्	वयते	स०
476	पय	गतौ	उ/अ	पयँ॒	A	सेट्	पय्	पयते	स०
477	मय	गतौ	उ/अ	मयँ॒	A	सेट्	मय्	मयते	स०

478	चय	गतौ	उ/अ	चयँ॒	A	सेट्	चय्	चयते	स०
479	तय	गतौ	उ/अ	तयँ॒	A	सेट्	तय्	तयते	स०
480	णय	गतौ	उ/अ	णयँ॒	A	सेट्	नय्	नयते	स०
481	दय	दानगतिरक्षणहिंसादानेषु	उ/अ	दयँ॒	A	सेट्	दय्	दयते	स०
482	रय	गतौ । लय च	उ/अ	रयँ॒	A	सेट्	रय्	रयते	स०
483	ऊयी	तन्तुसन्ताने	उ/अ	ऊयीँ॒	A	सेट्	ऊय्	ऊयते	स०
484	पूयी	विशरणे दुर्गन्धे च	उ/अ	पूयीँ॒	A	सेट्	पूय्	पूयते	अ०
485	क्नूयी	शब्दे उन्दने च	उ/अ	क्नूयीँ॒	A	सेट्	क्नूय्	क्नूयते	स०
486	क्ष्मायी	विधूनने	उ/अ	क्ष्मायीँ॒	A	सेट्	क्ष्माय्	क्ष्मायते	स०
487	स्फायी	वृद्धौ	उ/अ	स्फायीँ॒	A	सेट्	स्फाय्	स्फायते	अ०
488	ओप्यायी	वृद्धौ	उ/अ	ओँप्यायीँ॒	A	सेट्	प्याय्	प्यायते	अ०
489	तायृ	सन्तानपालनयोः	उ/अ	तायृँ॒	A	सेट्	ताय्	तायते	स०

490	शल	चलनसंवरणयोः	उ/अ	शलँ॒	A	सेट्	शल्	शलते	अ०
491	वल	संवरणे सञ्चरणे च	उ/अ	वलँ॒	A	सेट्	वल्	वलते	स०
492	वल्ल	संवरणे सञ्चरणे च	उ/अ	वल्लँ॒	A	सेट्	वल्ल्	वल्लते	स०
493	मल	धारणे	उ/अ	मलँ॒	A	सेट्	मल्	मलते	स०
494	मल्ल	धारणे	उ/अ	मल्लँ॒	A	सेट्	मल्ल्	मल्लते	स०
495	भल	.... परिभाषणहिंसादानेषु ।(धारणे)	उ/अ	भलँ॒	A	सेट्	भल्	भलते	स०
496	भल्ल	परिभाषणहिंसादानेषु ।(धारणे)	उ/अ	भल्लँ॒	A	सेट्	भल्ल्	भल्लते	स०
497	कल	शब्दसङ्ख्यानयोः	उ/अ	कलँ॒	A	सेट्	कल्	कलते	अ०
498	कल्ल	अव्यक्ते शब्दे । अशब्द इति स्वामी	उ/अ	कल्लँ॒	A	सेट्	कल्ल्	कल्लते	स०
499	तेवृ	देवने	उ/अ	तेवृँ॒	A	सेट्	तेव्	तेवते	अ०
500	देवृ	देवने	उ/अ	देवृँ॒	A	सेट्	देव्	देवते	अ०
501	षेवृ	सेचने	उ/अ	षेवृँ॒	A	सेट्	षेव्	सेवते	स०

502	गेवृ	सेवने	उ/अ	गेवृँ॒	A	सेट्	गेव्	गेवते	स०
503	ग्लेवृ	सेवने	उ/अ	ग्लेवृँ॒	A	सेट्	ग्लेव्	ग्लेवते	स०
504	पेवृ	सेवने	उ/अ	पेवृँ॒	A	सेट्	पेव्	पेवते	स०
505	मेवृ	सेवने	उ/अ	मेवृँ॒	A	सेट्	मेव्	मेवते	स०
506 a	म्लेवृ	सेवने । शेवृ खेवृ क्लेवृ इत्यप्येके	उ/अ	म्लेवृँ॒	A	सेट्	म्लेव्	म्लेवते	स०
506 b	शेवृ	सेवने	उ/अ	शेवृँ॒	A	सेट्	शेव्	शेवते	स०
506 c	खेवृ	सेवने	उ/अ	खेवृँ॒	A	सेट्	खेव्	खेवते	स०
506 d	क्लेवृ	सेवने	उ/अ	क्लेवृँ॒	A	सेट्	क्लेव्	क्लेवते	स०
507	रेवृ	प्लवगतौ । उदात्तः अनुदात्तेतः ॥ अथावत्यन्ताः परस्मैपदिनः	उ/अ	रेवृँ॒	A	सेट्	रेव्	रेवते	अ०
508	मव्य	बन्धने	उ/उ	मव्यँ	P	सेट्	मव्य्	मव्यति	स०
509	सूक्ष्य	ईर्ष्यायाम्	उ/उ	सूक्ष्यँ	P	सेट्	सूक्ष्य्	सूक्ष्यति	अ०
510	ईक्ष्य	ईर्ष्यायाम्	उ/उ	ईक्ष्यँ	P	सेट्	ईक्ष्य्	ईक्ष्यति	अ०

511	ईर्ष्य	ईर्ष्यार्थाः	उ/उ	ईर्ष्यँ	P	सेट्	ईर्ष्य्	ईर्ष्यति	अ०
512	हय	गतौ	उ/उ	हयँ	P	सेट्	हय्	हयति	स०
513 a	शुच्य	अभिषवे । चुच्य इत्येके	उ/उ	शुच्यँ	P	सेट्	शुच्य्	शुच्यति	अ०
513 b	चुच्य	अभिषवे	उ/उ	चुच्यँ	P	सेट्	चुच्य्	चुच्यति	अ०
514	हर्य	गतिकान्त्योः	उ/उ	हर्यँ	P	सेट्	हर्य्	हर्यति	स०
515	अल	भूषणपर्याप्तिवारणेषु । अयं स्वरितेदित्येके	उ/S	अलँ	P*	सेट्	अल्	अलति ,अलते	स०
516	ञिफला	विशरणे । 3.2.187 ञीतः क्तः	उ/उ	ञिफलाँ	P	सेट्	फल्	फलति	अ०
517	मील	निमेषणे	उ/उ	मीलँ	P	सेट्	मील्	मीलति	अ०
518	श्मील	निमेषणे	उ/उ	श्मीलँ	P	सेट्	श्मील्	श्मीलति	अ०
519	स्मील	निमेषणे	उ/उ	स्मीलँ	P	सेट्	स्मील्	स्मीलति	अ०
520	क्ष्मील	निमेषणे	उ/उ	क्ष्मीलँ	P	सेट्	क्ष्मील्	क्ष्मीलति	अ०
521	पील	प्रतिष्टम्भे	उ/उ	पीलँ	P	सेट्	पील्	पीलति	स०

522	णील	वर्णे	उ/उ	णीलँ	P	सेट्	नील्	नीलति	अ०
523	शील	समाधौ	उ/उ	शीलँ	P	सेट्	शील्	शीलति	अ०
524	कील	बन्धने	उ/उ	कीलँ	P	सेट्	कील्	कीलति	स०
525	कूल	आवरणे	उ/उ	कूलँ	P	सेट्	कूल्	कूलति	स०
526	शूल	रुजायां सङ्घोषे च	उ/उ	शूलँ	P	सेट्	शूल्	शूलति	स०
527	तूल	निष्कर्षे	उ/उ	तूलँ	P	सेट्	तूल्	तूलति	स०
528	पूल	सङ्घाते	उ/उ	पूलँ	P	सेट्	पूल्	पूलति	अ०
529	मूल	प्रतिष्ठायाम्	उ/उ	मूलँ	P	सेट्	मूल्	मूलति	अ०
530	फल	निष्पत्तौ	उ/उ	फलँ	P	सेट्	फल्	फलति	अ०
531	चुल्ल	भावकरणे	उ/उ	चुल्लँ	P	सेट्	चुल्ल्	चुल्लति	अ०
532	फुल्ल	विकसने	उ/उ	फुल्लँ	P	सेट्	फुल्ल्	फुल्लति	अ०
533	चिल्ल	शैथिल्ये भावकरणे च	उ/उ	चिल्लँ	P	सेट्	चिल्ल्	चिल्लति	अ०

534	तिल	गतौ । तिल्ल इत्येके	उ/उ	तिलँ	P	सेट्	तिल्	तेलति	स०
535	वेलृ	चलने	उ/उ	वेलृँ	P	सेट्	वेल्	वेलति	स०
536	चेलृ	चलने	उ/उ	चेलृँ	P	सेट्	चेल्	चेलति	अ०
537	केलृ	चलने	उ/उ	केलृँ	P	सेट्	केल्	केलति	अ०
538	खेलृ	चलने	उ/उ	खेलृँ	P	सेट्	खेल्	खेलति	अ०
539	क्ष्वेलृ	चलने	उ/उ	क्ष्वेलृँ	P	सेट्	क्ष्वेल्	क्ष्वेलति	अ०
540	वेल्ल	चलने	उ/उ	वेल्लँ	P	सेट्	वेल्ल्	वेल्लति	अ०
541	पेलृ	गतौ	उ/उ	पेलृँ	P	सेट्	पेल्	पेलति	स०
542	फेलृ	गतौ	उ/उ	फेलृँ	P	सेट्	फेल्	फेलति	स०
543	शेलृ	गतौ । षेलृ इत्येके	उ/उ	शेलृँ	P	सेट्	शेल्	शेलति	स०
544	स्खल	सञ्चलने	उ/उ	स्खलँ	P	सेट्	स्खल्	स्खलति	अ०
545	खल	सञ्चये	उ/उ	खलँ	P	सेट्	खल्	खलति	स०

546	गल	अदने	उ/उ	गलँ	P	सेट्	गल्	गलति	स०
547	षल	गतौ	उ/उ	षलँ	P	सेट्	सल्	सलति	स०
548	दल	विशरणे	उ/उ	दलँ	P	सेट्	दल्	दलति	अ०
549	श्वल	आशुगमने	उ/उ	श्वलँ	P	सेट्	श्वल्	श्वलति	अ०
550	श्वल्ल	आशुगमने	उ/उ	श्वल्लँ	P	सेट्	श्वल्ल्	श्वल्लति	अ०
551	खोलृ	गतिप्रतिघाते	उ/उ	खोलृँ	P	सेट्	खोल्	खोलति	अ०
552	खोर्ऋ	गतिप्रतिघाते	उ/उ	खोर्ऋँ	P	सेट्	खोर्	खोरति	अ०
553	धोरृ	गतिचातुर्ये	उ/उ	धोरृँ	P	सेट्	धोर्	धोरति	अ०
554	त्सर	छद्मगतौ	उ/उ	त्सरँ	P	सेट्	त्सर्	त्सरति	अ०
555	क्मर	हूर्च्छने	उ/उ	क्मरँ	P	सेट्	क्मर्	क्मरति	अ०
556	अभ्र	गत्यर्थः	उ/उ	अभ्रँ	P	सेट्	अभ्र्	अभ्रति	स०
557	वभ्र	गत्यर्थः	उ/उ	वभ्रँ	P	सेट्	वभ्र्	वभ्रति	स०

558	मभ्र	गत्यर्थः	उ/उ	मभ्रँ	P	सेट्	मभ्र्	मभ्रति	स०
559	चर	गत्यर्थाः । चरतिः भक्षणे अपि	उ/उ	चरँ	P	सेट्	चर्	चरति	स०
560	ष्ठिवु	निरसने । उदात्तः उदात्तेतः । 8.2.77 हलि च इति दीर्घः	उ/उ	ष्ठिवुँ	P	सेट्	ष्ठिव्	ष्ठीवति	अ०
561	जि	जये	अ	जि॒	P	अनि	जि	जयति	अ०
562	जीव	प्राणधारणे	उ/उ	जीवँ	P	सेट्	जीव्	जीवति	अ०
563	पीव	स्थौल्ये	उ/उ	पीवँ	P	सेट्	पीव्	पीवति	अ०
564	मीव	स्थौल्ये	उ/उ	मीवँ	P	सेट्	मीव्	मीवति	अ०
565	तीव	स्थौल्ये	उ/उ	तीवँ	P	सेट्	तीव्	तीवति	अ०
566	णीव	स्थौल्ये	उ/उ	णीवँ	P	सेट्	नीव्	नीवति	अ०
567 a	क्षीवु	निरसने	उ/उ	क्षीवुँ	P	सेट्	क्षीव्	क्षीवति	स०
567 b	क्षिवु	निरसने	उ/उ	क्षिवुँ	P	सेट्	क्षिव्	क्षेवति	स०
568	क्षेवु	निरसने । अथ अष्टौ धात्वः मध्ये उपधा रेफः च रेफस्य पूर्व उकार	उ/उ	क्षेवुँ	P	सेट्	क्षेव्	क्षेवति	स०

569	उर्वी	हिंसायाम् । उपधायां च ... इकः दीर्घः	उ/उ	उर्वीँ	P	सेट्	उर्व्	ऊर्वति	स०
570	तुर्वी	हिंसायाम् । उपधायां च ... इकः दीर्घः	उ/उ	तुर्वीँ	P	सेट्	तुर्व्	तूर्वति	स०
571	थुर्वी	हिंसायाम् । उपधायां च ... इकः दीर्घः	उ/उ	थुर्वीँ	P	सेट्	थुर्व्	थूर्वति	स०
572	दुर्वी	हिंसायाम् । उपधायां च ... इकः दीर्घः	उ/उ	दुर्वीँ	P	सेट्	दुर्व्	दूर्वति	स०
573	धुर्वी	हिंसार्थाः । उपधायां च ... इकः दीर्घः	उ/उ	धुर्वीँ	P	सेट्	धुर्व्	धूर्वति	स०
574	गुर्वी	उद्यमने । उपधायां च ... इकः दीर्घः	उ/उ	गुर्वीँ	P	सेट्	गुर्व्	गूर्वति	अ०
575	मुर्वी	बन्धने । उपधायां च ... इकः दीर्घः	उ/उ	मुर्वीँ	P	सेट्	मुर्व्	मूर्वति	स०
576	पुर्व	पूरणे । 8.2.78 उपधायां च ... इति दीर्घः	उ/उ	पुर्वँ	P	सेट्	पुर्व्	पूर्वति	स०
577	पर्व	पूरणे	उ/उ	पर्वँ	P	सेट्	पर्व्	पर्वति	अ०
578	मर्व	पूरणे	उ/उ	मर्वँ	P	सेट्	मर्व्	मर्वति	स०
579	चर्व	अदने	उ/उ	चर्वँ	P	सेट्	चर्व्	चर्वति	स०
580	भर्व	हिंसायाम्	उ/उ	भर्वँ	P	सेट्	भर्व्	भर्वति	स०

581	कर्व	दर्पे	उ/उ	कर्वँ	P	सेट्	कर्व्	कर्वति	अ०
582	खर्व	दर्पे	उ/उ	खर्वँ	P	सेट्	खर्व्	खर्वति	अ०
583	गर्व	दर्पे	उ/उ	गर्वँ	P	सेट्	गर्व्	गर्वति	अ०
584	अर्व	हिंसायाम्	उ/उ	अर्वँ	P	सेट्	अर्व्	अर्वति	स०
585	शर्व	हिंसायाम्	उ/उ	शर्वँ	P	सेट्	शर्व्	शर्वति	स०
586	षर्व	हिंसायाम्	उ/उ	षर्वँ	P	सेट्	सर्व्	सर्वति	स०
587	इवि	व्याप्तौ	उ/उ	इविँ	P	सेट्	इन्व्	इन्वति	स०
588	पिवि	सेचने	उ/उ	पिविँ	P	सेट्	पिन्व्	पिन्वति	स०
589	मिवि	सेचने	उ/उ	मिविँ	P	सेट्	मिन्व्	मिन्वति	स०
590	णिवि	सेचने । षिवि इत्येके । सेवन इति तरङ्गिण्याम्	उ/उ	णिविँ	P	सेट्	निन्व्	निन्वति	स०
591	हिवि	प्रीणने	उ/उ	हिविँ	P	सेट्	हिन्व्	हिन्वति	स०
592	दिवि	प्रीणने	उ/उ	दिविँ	P	सेट्	दिन्व्	दिन्वति	स०

593	धिवि	प्रीणने । 3.1.80 धिन्विकृण्व्योर च । श्नु विकरणः	उ/उ	धिविँ	P	सेट्	धिन्व्	धिनोति	स०
594	जिवि	प्रीणनार्थाः	उ/उ	जिविँ	P	सेट्	जिन्व्	जिन्वति	स०
595	रिवि	गत्यर्थः ॥ 8.4.1 रषाभ्यां नो णः समानपदे	उ/उ	रिविँ	P	सेट्	रिन्व्	रिण्वति	स०
596	रवि	गत्यर्थः	उ/उ	रविँ	P	सेट्	रन्व्	रण्वति	स०
597	धवि	गत्यर्थाः	उ/उ	धविँ	P	सेट्	धन्व्	धन्वति	स०
598	कृवि	हिंसाकरणयोश्च । 3.1.80 धिन्विकृण्व्योर च । श्नु विकरणः	उ/उ	कृविँ	P	सेट्	कृन्व्	कृणोति	स०
599	मव	बन्धने	उ/उ	मवँ	P	सेट्	मव्	मवति	स०
600	अव	रक्षणगतिकान्तिप्रीतितृप्त्यवगमप्रवेशश्रवणस्वाम्यर्थयाचनक्रियेच्छादीप्त्यवाप्त्यालिङ्गनहिंसादानभागवृद्धिषु । उदात्ता उदात्तेतः । जिस्त्वनुदात्तः	उ/उ	अवँ	P	सेट्	अव्	अवति	स०
601	धावु	गतिशुद्ध्योः । उदात्तः स्वरितेदुभयतोभाषः ॥ अथ उष्मान्ता आत्मनेपदिनः	उ/S	धावुँ	U	सेट्	धाव्	धावति / ते	स०
602	धुक्ष	सन्दीपनक्लेशनजीवनेषु	उ/अ	धुक्षँ	A	सेट्	धुक्ष्	धुक्षते	स०

603	धिक्ष	सन्दीपनक्लेशनजीवनेषु	उ/अ	धिक्षँ॒	A	सेट्	धिक्ष्	धिक्षते	स०
604	वृक्ष	वरणे	उ/अ	वृक्षँ॒	A	सेट्	वृक्ष्	वृक्षते	स०
605	शिक्ष	विद्योपादाने	उ/अ	शिक्षँ॒	A	सेट्	शिक्ष्	शिक्षते	स०
606	भिक्ष	भिक्षायामलाभे लाभे च	उ/अ	भिक्षँ॒	A	सेट्	भिक्ष्	भिक्षते	स०
607	क्लेश	अव्यक्तायां वाचि । बाधन इति दुर्गः	उ/अ	क्लेशँ॒	A	सेट्	क्लेश्	क्लेशते	स०
608	दक्ष	वृद्धौ शीघ्रार्थे च	उ/अ	दक्षँ॒	A	सेट्	दक्ष्	दक्षते	अ०
609	दीक्ष	मौण्ड्येज्योपनयननियमव्रतादेशेषु	उ/अ	दीक्षँ॒	A	सेट्	दीक्ष्	दीक्षते	अ०
610	ईक्ष	दर्शने	उ/अ	ईक्षँ॒	A	सेट्	ईक्ष्	ईक्षते	स०
611	ईष	गतिहिंसादर्शनेषु	उ/अ	ईषँ॒	A	सेट्	ईष्	ईषते	स०
612	भाष	व्यक्तायां वाचि	उ/अ	भाषँ॒	A	सेट्	भाष्	भाषते	स०
613	वर्ष	स्नेहने । वृषु सेचन इत्यग्रे परस्मैपदी	उ/अ	वर्षँ॒	A	सेट्	वर्ष्	वर्षते	अ०
614 a	गेषृ	अन्विच्छायाम् । ग्लेषृ इत्येके	उ/अ	गेषृँ॒	A	सेट्	गेष्	गेषते	स०

614 b	ग्लेषृ	अन्विच्छायाम्	उ/अ	ग्लेषृँ॒	A	सेट्	ग्लेष्	ग्लेषते	स०
615	पेषृ	प्रयत्ने । एषृ इत्येके । येषृ इत्यप्यन्ये	उ/अ	पेषृँ॒	A	सेट्	पेष्	पेषते	स०
616	जेषृ	गतौ	उ/अ	जेषृँ॒	A	सेट्	जेष्	जेषते	स०
617	णेषृ	गतौ	उ/अ	णेषृँ॒	A	सेट्	नेष्	नेषते	स०
618	एषृ	गतौ	उ/अ	एषृँ॒	A	सेट्	एष्	एषते	स०
619	प्रेषृ	गतौ	उ/अ	प्रेषृँ॒	A	सेट्	प्रेष्	प्रेषते	स०
620	रेषृ	अव्यक्ते शब्दे	उ/अ	रेषृँ॒	A	सेट्	रेष्	रेषते	अ०
621	हेषृ	अव्यक्ते शब्दे	उ/अ	हेषृँ॒	A	सेट्	हेष्	हेषते	अ०
622	ह्लेषृ	अव्यक्ते शब्दे	उ/अ	ह्लेषृँ॒	A	सेट्	ह्लेष्	ह्लेषते	अ०
623	कासृ	शब्दकुत्सायाम्	उ/अ	कासृँ॒	A	सेट्	कास्	कासते	अ०
624	भासृ	दीप्तौ	उ/अ	भासृँ॒	A	सेट्	भास्	भासते	अ०
625	णासृ	शब्दे	उ/अ	णासृँ॒	A	सेट्	नास्	नासते	अ०

626	रासृ	शब्दे	उ/अ	रासृँ	A	सेट्	रास्	रासते	अ०
627	णास	कौटिल्ये	उ/अ	णासँ	A	सेट्	नस्	नसते	अ०
628	भ्यस	भये	उ/अ	भ्यसँ	A	सेट्	भ्यस्	भ्यसते	अ०
629	आङःशसि	इच्छायाम्	उ/अ	आङःशसिँ	A	सेट्	आशंस्	आशंसते	स०
630	ग्रसु	अदने	उ/अ	ग्रसुँ	A	सेट्	ग्रस्	ग्रसते	स०
631	ग्लसु	अदने	उ/अ	ग्लसुँ	A	सेट्	ग्लस्	ग्लसते	स०
632	ईह	चेष्टायाम्	उ/अ	ईहँ	A	सेट्	ईह्	ईहते	अ०
633	बहि	वृद्धौ	उ/अ	बहिँ	A	सेट्	बंह्	बंहते	अ०
634	महि	वृद्धौ । वहि इत्येके	उ/अ	महिँ	A	सेट्	मंह्	मंहते	अ०
635	अहि	गतौ	उ/अ	अहिँ	A	सेट्	अंह्	अंहते	स०
636	गर्ह	कुत्सायाम्	उ/अ	गर्हँ	A	सेट्	गर्ह्	गर्हते	स०
637	गल्ह	कुत्सायाम्	उ/अ	गल्हँ	A	सेट्	गल्ह्	गल्हते	स०

638	बर्ह	.... प्राधान्ये	उ/अ	बर्हँ॒	A	सेट्	बर्ह्	बर्हते	स०
639	बल्ह	प्राधान्ये	उ/अ	बल्हँ॒	A	सेट्	बल्ह्	बल्हते	स०
640	वर्ह	परिभाषणहिंसाच्छादनेषु	उ/अ	वर्हँ॒	A	सेट्	वर्ह्	वर्हते	स०
641	वल्ह	परिभाषणहिंसाच्छादनेषु	उ/अ	वल्हँ॒	A	सेट्	वल्ह्	वल्हते	स०
642	प्लिह	गतौ	उ/अ	प्लिहँ॒	A	सेट्	प्लिह्	प्लेहते	स०
643	वेहृ	(बेहृ) प्रयत्ने	उ/अ	वेहृँ॒	A	सेट्	वेह्	वेहते	अ०
644	जेहृ	प्रयत्ने गतौ च	उ/अ	जेहृँ॒	A	सेट्	जेह्	जेहते	अ०
645 a	वाहृ	(बाहृ) प्रयत्ने । जेहृ गतावपि	उ/अ	वाहृँ॒	A	सेट्	वाह्	वाहते	अ०
645 b	बाहृ	प्रयत्ने	उ/अ	बाहृँ॒	A	सेट्	बाह्	बाहते	अ०
646	द्राहृ	निद्राक्षये । निक्षेप इत्येके	उ/अ	द्राहृँ॒	A	सेट्	द्राह्	द्राहते	अ०
647	काशृ	दीप्तौ	उ/अ	काशृँ॒	A	सेट्	काश्	काशते	अ०
648	ऊह	वितर्के	उ/अ	ऊहँ॒	A	सेट्	ऊह्	ऊहते	स०

649	गाहृ	विलोडने	उ/अ	गाहृँ॒	A	V	गाह्	गाहते	स०
650	गृहू	ग्रहणे	उ/अ	गृहूँ॒	A	V	गृह्	गर्हते	स०
651	ग्लह	च । ग्रहणे (ग्लहू इति क्षीरस्वामी)	उ/अ	ग्लहँ॒	A	सेट्	ग्लह्	ग्लहते	स०
652	घुषि	कान्तिकरणे । घष इति केचित् । उदात्ता अनुदात्तेत आत्मनेभाषाः । गृहिस्तु वेट् ॥ अथ अर्हत्यन्ताः परस्मैपदिनः	उ/अ	घुषिँ॒	A	सेट्	घुंष्	घुंषते	स०
653	घुषिर्	अविशब्दने । शब्द इति अन्ये पेठुः	उ/उ	घुषिँर्	P	सेट्	घुष्	घोषति	स०
654	अक्षू	व्याप्तौ । 3.1.75 अक्षोऽन्यतरस्याम् इति वा श्नु	उ/उ	अक्षूँ	P	V	अक्ष्	अक्षति, अक्ष्णोति	स०
655	तक्षू	तनूकरणे । 3.1.76 तनूकरणे तक्षः इति वा श्नु	उ/उ	तक्षँ	P	V	तक्ष्	तक्षति, तक्ष्णोति	स०
656	त्वक्षू	तनूकरणे	उ/उ	त्वक्षूँ	P	V	त्वक्ष्	त्वक्षति	स०
657	उक्ष	सेचने	उ/उ	उक्षँ	P	सेट्	उक्ष्	उक्षति	स०
658	रक्ष	पालने	उ/उ	रक्षँ	P	सेट्	रक्ष्	रक्षति	स०

659	णिक्ष	चुम्बने	उ/उ	णिक्षँ	P	सेट्	निक्ष्	निक्षति	स०
660	त्रक्ष	गतौ	उ/उ	त्रक्षँ	P	सेट्	त्रक्ष्	त्रक्षति	स०
661 a	ष्ट्रक्ष	गतौ । (तृक्ष ष्टृक्ष)	उ/उ	ष्ट्रक्षँ	P	सेट्	स्त्रक्ष्	स्त्रक्षति	स०
661 b	तृक्ष	गतौ	उ/उ	तृक्षँ	P	सेट्	तृक्ष्	तृक्षति	स०
661 c	ष्टृक्ष	गतौ	उ/उ	ष्टृक्षँ	P	सेट्	स्तृक्ष्	स्तृक्षति	स०
662	णक्ष	गतौ	उ/उ	णक्षँ	P	सेट्	नक्ष्	नक्षति	स०
663	वक्ष	रोषे । सङ्घात इत्येके	उ/उ	वक्षँ	P	सेट्	वक्ष्	वक्षति	अ०
664	मृक्ष	सङ्घाते । म्रक्ष इत्येके	उ/उ	मृक्षँ	P	सेट्	मृक्ष्	मृक्षति	अ०
665	तक्ष	त्वचने । पक्ष परिग्रह इत्येके	उ/उ	तक्षँ	P	सेट्	तक्ष्	तक्षति	स०
666	सूर्क्ष	आदरे । षूर्क्ष इति केचित्	उ/उ	सूर्क्षँ	P	सेट्	सूर्क्ष्	सूर्क्षति	स०
667	काक्षि	काङ्क्षायाम्	उ/उ	काक्षिँ	P	सेट्	काङ्क्ष्	काङ्क्षति	स०
668	वाक्षि	काङ्क्षायाम्	उ/उ	वाक्षिँ	P	सेट्	वाङ्क्ष्	वाङ्क्षति	स०

669	माक्षि	काङ्क्षायाम्	उ/उ	माक्षिँ	P	सेट्	माङ्क्ष्	माङ्क्षति	स०
670	द्राक्षि	घोरवासिते च । काङ्क्षायाम्	उ/उ	द्राक्षिँ	P	सेट्	द्राङ्क्ष्	द्राङ्क्षति	अ०
671	ध्राक्षि	घोरवासिते च । काङ्क्षायाम्	उ/उ	ध्राक्षिँ	P	सेट्	ध्राङ्क्ष्	ध्राङ्क्षति	अ०
672	ध्वाक्षि	घोरवासिते च । काङ्क्षायाम्	उ/उ	ध्वाक्षिँ	P	सेट्	ध्वाङ्क्ष्	ध्वाङ्क्षति	अ०
673	चूष	पाने	उ/उ	चूषँ	P	सेट्	चूष्	चूषति	स०
674	तूष	तुष्टौ	उ/उ	तूषँ	P	सेट्	तूष्	तूषति	अ०
675	पूष	वृद्धौ	उ/उ	पूषँ	P	सेट्	पूष्	पूषति	अ०
676	मूष	स्तेये	उ/उ	मूषँ	P	सेट्	मूष्	मूषति	स०
677	लूष	भूषायाम्	उ/उ	लूषँ	P	सेट्	लूष्	लूषति	स०
678	रूष	भूषायाम्	उ/उ	रूषँ	P	सेट्	रूष्	रूषति	स०
679	शूष	प्रसवे	उ/उ	शूषँ	P	सेट्	शूष्	शूषति	स०
680	यूष	हिंसायाम्	उ/उ	यूषँ	P	सेट्	यूष्	यूषति	स०

681	जूष	च । हिंसायाम्	उ/उ	जूषँ	P	सेट्	जूष्	जूषति	स०
682	भूष	अलङ्कारे	उ/उ	भूषँ	P	सेट्	भूष्	भूषति	स०
683	ऊष	रुजायाम्	उ/उ	ऊषँ	P	सेट्	ऊष्	ऊषति	स०
684	ईष	उञ्छे	उ/उ	ईषँ	P	सेट्	ईष्	ईषति	स०
685	कष	हिंसायाम्	उ/उ	कषँ	P	सेट्	कष्	कषति	स०
686	खष	हिंसायाम्	उ/उ	खषँ	P	सेट्	खष्	खषति	स०
687	शिष	हिंसायाम्	उ/उ	शिषँ	P	सेट्	शिष्	शेषति	स०
688	जष	हिंसायाम्	उ/उ	जषँ	P	सेट्	जष्	जषति	स०
689	झष	हिंसायाम्	उ/उ	झषँ	P	सेट्	झष्	झषति	स०
690	शष	हिंसायाम्	उ/उ	शषँ	P	सेट्	शष्	शषति	स०
691	वष	हिंसायाम्	उ/उ	वषँ	P	सेट्	वष्	वषति	स०
692	मष	हिंसायाम्	उ/उ	मषँ	P	सेट्	मष्	मषति	स०

693	रुष	हिंसायाम्	उ/उ	रुषँ	P	सेट्	रुष्	रोषति	स०
694	रिष	हिंसार्थाः	उ/उ	रिषँ	P	सेट्	रिष्	रेषति	स०
695	भष	भर्त्सने	उ/उ	भषँ	P	सेट्	भष्	भषति	अ०
696	उष	दाहे	उ/उ	उषँ	P	सेट्	उष्	ओषति	स०
697	जिषु	सेचने	उ/उ	जिषुँ	P	सेट्	जिष्	जेषति	स०
698	विषु	सेचने	उ/उ	विषुँ	P	सेट्	विष्	वेषति	स०
699	मिषु	सेचने	उ/उ	मिषुँ	P	सेट्	मिष्	मेषति	स०
700	पुष	पुष्टौ	उ/उ	पुषँ	P	सेट्	पुष्	पोषति	स०
701	श्रिषु	दाहे	उ/उ	श्रिषुँ	P	सेट्	श्रिष्	श्रेषति	स०
702	श्लिषु	दाहे	उ/उ	श्लिषुँ	P	सेट्	श्लिष्	श्लेषति	स०
703	प्रुषु	दाहे	उ/उ	प्रुषुँ	P	सेट्	प्रुष्	प्रोषति	स०
704	प्लुषु	दाहे	उ/उ	प्लुषुँ	P	सेट्	प्लुष्	प्लोषति	स०

705	पृषु	सेचने	उ/उ	पृषुँ	P	सेट्	पृष्	पर्षति	स०
706	वृषु	सेचने	उ/उ	वृषुँ	P	सेट्	वृष्	वर्षति	स०
707	मृषु	सेचने । मृषु सहने च । इतरौ हिंसासंक्लेशनयोश्च	उ/उ	मृषुँ	P	सेट्	मृष्	मर्षति	स०
708	घृषु	सङ्घर्षे	उ/उ	घृषुँ	P	सेट्	घृष्	घर्षति	स०
709	हृषु	अलीके	उ/उ	हृषुँ	P	सेट्	हृष्	हर्षति	अ०
710	तुस	शब्दे	उ/उ	तुसँ	P	सेट्	तुस्	तोसति	अ०
711	ह्रस	शब्दे	उ/उ	ह्रसँ	P	सेट्	ह्रस्	ह्रसति	अ०
712	ह्लस	शब्दे	उ/उ	ह्लसँ	P	सेट्	ह्लस्	ह्लसति	अ०
713	रस	शब्दे	उ/उ	रसँ	P	सेट्	रस्	रसति	अ०
714	लस	श्लेषणक्रीडनयोः	उ/उ	लसँ	P	सेट्	लस्	लसति	अ०
715	घसॢ	अदने	अ/उ	घ॒सॢँ	P	अनि	घस्	घसति	स०
716	जर्ज	परिभाषणहिंसातर्जनेषु	उ/उ	जर्जँ	P	सेट्	जर्ज्	जर्जति	स०

717	चर्च	परिभाषण-हिंसा-तर्जनेषु	उ/उ	चर्चँ	P	सेट्	चर्च्	चर्चति	स०
718	झर्झ	परिभाषणहिंसातर्जनेषु	उ/उ	झर्झँ	P	सेट्	झर्झ्	झर्झति	स०
719	पिसृ	गतौ	उ/उ	पिसृँ	P	सेट्	पिस्	पेसति	स०
720	पेसृ	गतौ	उ/उ	पेसृँ	P	सेट्	पेस्	पेसति	स०
721	हसे	हसने	उ/उ	हसेँ	P	सेट्	हस्	हसति	अ०
722	णिश	समाधौ । समाधिः चित्तवृत्तिनिरोधः	उ/उ	णिशँ	P	सेट्	निश्	नेशति	अ०
723	मिश	शब्दे रोषकृते च	उ/उ	मिशँ	P	सेट्	मिश्	मेशति	अ०
724	मश	शब्दे रोषकृते च	उ/उ	मशँ	P	सेट्	मश्	मशति	अ०
725	शव	गतौ	उ/उ	शवँ	P	सेट्	शव्	शवति	स०
726	शश	प्लुतगतौ	उ/उ	शशँ	P	सेट्	शश्	शशति	अ०
727	शसु	हिंसायाम्	उ/उ	शसुँ	P	सेट्	शस्	शसति	स०
728	शंसु	स्तुतौ । दुर्गताविति दुर्गः	उ/उ	शंसुँ	P	सेट्	शंस्	शंसति	स०

729	चह	परिकल्कने	उ/उ	चहँ	P	सेट्	चह्	चहति	अ०
730	मह	पूजायाम्	उ/उ	महँ	P	सेट्	मह्	महति	स०
731	रह	त्यागे	उ/उ	रहँ	P	सेट्	रह्	रहति	स०
732	रहि	गतौ	उ/उ	रहिँ	P	सेट्	रंह्	रंहति	स०
733	दृह	वृद्धौ	उ/उ	दृहँ	P	सेट्	दृह्	दर्हति	अ०
734	दृहि	वृद्धौ	उ/उ	दृहिँ	P	सेट्	दृंह्	दृंहति	अ०
735	बृह	वृद्धौ	उ/उ	बृहँ	P	सेट्	बृह्	बर्हति	अ०
736 a	बृहि	वृद्धौ । बृहि शब्दे च । बृहिर् चेत्येके	उ/उ	बृहिँ	P	सेट्	बृंह्	बृंहति	अ०
736 b	बृहिर्	वृद्धौ शब्दे च	उ/उ	बृहिँर्	P	सेट्	बृह्	बर्हति	अ०
737	तुहिर्	अर्दने	उ/उ	तुहिँर्	P	सेट्	तुह्	तोहति	स०
738	दुहिर्	अर्दने	उ/उ	दुहिँर्	P	सेट्	दुह्	दोहति	स०
739	उहिर्	अर्दने	उ/उ	उहिँर्	P	सेट्	उह्	ओहति	स०

740	अर्ह	पूजायाम् । उदात्ता उदात्तेतः । घसिस्त्वनुदात्तः ॥ अथ द्युतादि अन्तर्गणः	उ/उ	अर्हँ	P	सेट्	अर्ह्	अर्हति	स०
741	द्युत	दीप्तौ	उ/अ	द्युतँ	A	सेट्	द्युत्	द्योतते	अ०
742	श्विता	वर्णे	उ/अ	श्विताँ	A	सेट्	श्वित्	श्वेतते	अ०
743	ञिमिदा	स्नेहने	उ/अ	ञिमिदाँ	A	सेट्	मिद्	मेदते	अ०
744 a	ञिष्विदा	स्नेहनमोचनयोः । मोहनयोरित्येके । ञिक्ष्विदा चेत्येके	उ/अ	ञिष्विदाँ	A	सेट्	स्विद्	स्वेदते	अ०
744 b	ञिक्ष्विदा	अव्यक्ते शब्दे	उ/अ	क्ष्विदाँ	A	सेट्	क्ष्विद्	क्ष्वेदते	अ०
745	रुच	दीप्तावभिप्रीतौ च	उ/अ	रुचँ	A	सेट्	रुच्	रोचते	अ०
746	घुट	परिवर्तने	उ/अ	घुटँ	A	सेट्	घुट्	घोटते	स०
747	रुट	प्रतीघाते	उ/अ	रुटँ	A	सेट्	रुट्	रोटते	स०
748	लुट	प्रतीघाते	उ/अ	लुटँ	A	सेट्	लुट्	लोटते	स०
749	लुठ	प्रतीघाते	उ/अ	लुठँ	A	सेट्	लुठ्	लोठते	स०

750	शुभ	दीप्तौ	उ/अ	शुभँ॒	A	सेट्	शुभ्	शोभते	अ०
751	क्षुभ	सञ्चलने	उ/अ	क्षुभँ॒	A	सेट्	क्षुभ्	क्षोभते	अ०
752	णभ	हिंसायाम्	उ/अ	णभँ॒	A	सेट्	नभ्	नभते	स०
753	तुभ	हिंसायाम् । आद्योऽभावेऽपि	उ/अ	तुभँ॒	A	सेट्	तुभ्	तोभते	स०
754	स्रंसु	अवस्रंसने	उ/अ	स्रंसुँ॒	A	सेट्	स्रंस्	स्रंसते	अ०
755	ध्वंसु	अवस्रंसने । गतौ च	उ/अ	ध्वंसुँ॒	A	सेट्	ध्वंस्	ध्वंसते	अ०
756 a	भ्रंसु	अवस्रंसने । ध्वंसु गतौ च । भ्रंशु इत्यपि केचित् । तृतीय एव तालव्यान्त इत्यन्ये	उ/अ	भ्रंसुँ॒	A	सेट्	भ्रंस्	भ्रंसते	अ०
756 b	भ्रंशु	अवस्रंसने	उ/अ	भ्रंशुँ॒	A	सेट्	भ्रंश्	भ्रंशते	अ०
757	स्रम्भु	विश्वासे	उ/अ	स्रम्भुँ॒	A	सेट्	स्रम्भ्	विस्रम्भते	अ०
758	वृतु	वर्तने	उ/अ	वृतुँ॒	A	सेट्	वृत्	वर्तते	अ०
759	वृधु	वृद्धौ	उ/अ	वृधुँ॒	A	सेट्	वृध्	वर्धते	अ०
760	शृधु	शब्दकुत्सायाम्	उ/अ	शृधुँ॒	A	सेट्	शृध्	शर्धते	अ०

761	स्यन्दू	प्रस्रवणे	उ/अ	स्यन्दूँ॒	A	सेट्	स्यन्द्	स्यन्दते	अ०
762	कृपू	सामर्थ्ये । 8.2.18 कृपो रो लः । वृत् । अथ घटादि अन्तर्गणः	उ/अ	कृपूँ॒	A	वेट्	कृप्	कल्पते	अ०
763	घट	चेष्टायाम् । घटादयः फणान्ताः मितः	उ/अ	घटँ॒	A	सेट्	घट्	घटते, घटयति	अ०
764	व्यथ	भयसञ्चलनयोः	उ/अ	व्यथँ॒	A	सेट्	व्यथ्	व्यथते, व्यथयति	अ०
765	प्रथ	प्रख्याने	उ/अ	प्रथँ॒	A	सेट्	प्रथ्	प्रथते, प्रथयति	अ०
766	प्रस	विस्तारे	उ/अ	प्रसँ॒	A	सेट्	प्रस्	प्रसते, प्रसयति	स०
767	म्रद	मर्दने	उ/अ	म्रदँ॒	A	सेट्	म्रद्	म्रदते, म्रदयति	स०
768	स्खद	स्खदने	उ/अ	स्खदँ॒	A	सेट्	स्खद्	स्खदते, स्खदयति	स०
769	क्षजि	गतिदानयोः	उ/अ	क्षजिँ॒	A	सेट्	क्षञ्ज्	क्षञ्जते, क्षञ्जयति	स०
770	दक्ष	गतिहिंसनयोः । गतिशासनयोः	उ/अ	दक्षँ॒	A*	सेट्	दक्ष्	दक्षते,दक्षयति	स०
771	क्रप	कृपायां गतौ च	उ/अ	क्रपँ॒	A	सेट्	क्रप्	क्रपते,क्रपयति	स०

772	कदि	वैक्लब्ये	उ/अ	कदिँ	A	सेट्	कन्द्	कन्दते, कन्दयति	अ०
773	क्रदि	वैक्लब्ये	उ/अ	क्रदिँ	A	सेट्	क्रन्द्	क्रन्दते, क्रन्दयति	अ०
774	क्लदि	वैक्लब्ये । वैकल्य इत्येके । त्रयोऽप्यनिदित इति नन्दि । इदित इति स्वामी । कदि क्रदि इदितौ, क्रद क्लद इति चानिदितौ इति मैत्रेयः	उ/अ	क्लदिँ	A	सेट्	क्लन्द्	क्लन्दते, क्लन्दयति	अ०
775	ञित्वरा	सम्भ्रमे । घटादयः षितः । उदात्ता अनुदात्तेत आत्मनेभाषाः	उ/अ	ञित्वराँ	A	सेट्	त्वर्	त्वरते,त्वरयति	अ०
776	ज्वर	रोगे	उ/उ	ज्वरँ	P	सेट्	ज्वर्	ज्वरति, ज्वरयति	अ०
777	गड	सेचने	उ/उ	गडँ	P	सेट्	गड्	गडति,गडयति	स०
778	हेड	वेष्टने	उ/उ	हेडँ	P	सेट्	हेड्	हेडति, हेडयति	स०
779	वट	परिभाषणे	उ/उ	वटँ	P	सेट्	वट्	वटति,वटयति	स०
780	भट	परिभाषणे	उ/उ	भटँ	P	सेट्	भट्	भटति,भटयति	स०
781	णट	नृत्तौ । नताचित्येके । गतावित्यन्ये	उ/उ	णटँ	P	सेट्	नट्	नटति,नटयति	अ०

782	ष्टक	प्रतिघाते	उ/उ	ष्टकँ	P	सेट्	स्तक्	स्तकति, स्तकयति	स०
783	चक	तृप्तौ	उ/उ	चकँ	P	सेट्	चक्	चकति, चकयति	अ०
784	कखे	हसने	उ/उ	कखेँ	P	सेट्	कख्	कखति, कखयति	अ०
785	रगे	शङ्कायाम्	उ/उ	रगेँ	P	सेट्	रग्	रगति, रगयति	स०
786	लगे	सङ्गे	उ/उ	लगेँ	P	सेट्	लग्	लगति, लगयति	अ०
787	ह्लगे	संवरणे	उ/उ	ह्लगेँ	P	सेट्	ह्लग्	ह्लगति, ह्लगयति	स०
788	ह्लगे	संवरणे	उ/उ	ह्लगेँ	P	सेट्	ह्लग्	ह्लगति, ह्लगयति	स०
789	षगे	संवरणे	उ/उ	षगेँ	P	सेट्	सग्	सगति, सगयति	स०
790	ष्टगे	संवरणे	उ/उ	ष्टगेँ	P	सेट्	स्तग्	स्तगति, स्तगयति	स०

791	कगे	नोच्यते । अस्यायमर्थ इति नोच्यते इत्यर्थः ।	उ/उ	कगेँ	P	सेट्	कग्	कगति, कगयति	स०
792	अक	कुटिलायां गतौ	उ/उ	अकँ	P	सेट्	अक्	अकति, अकयति	अ०
793	अग	कुटिलायां गतौ	उ/उ	अगँ	P	सेट्	अग्	अगति, अगयति	अ०
794	कण	गतौ	उ/उ	कणँ	P	सेट्	कण्	कणति, कणयति	अ०
795	रण	गतौ	उ/उ	रणँ	P	सेट्	रण्	रणति, रणयति	स०
796	चण	दाने च	उ/उ	चणँ	P	सेट्	चण्	चणति, चणयति	स०
797	शण	दाने च	उ/उ	शणँ	P	सेट्	शण्	शणति, शणयति	स०
798	श्रण	दाने च । शण गतावित्यन्ये	उ/उ	श्रणँ	P	सेट्	श्रण्	श्रणति, श्रणयति	स०
799	श्रथ	हिंसायाम् (श्नथ श्लथ)	उ/उ	श्रथँ	P	सेट्	श्रथ्	श्रथति, श्रथयति	स०

800	क्नथ	हिंसायाम्	उ/उ	क्नथँ	P	सेट्	क्नथ्	क्नथति,क्नथयति	स०
801	क्रथ	हिंसायाम्	उ/उ	क्रथँ	P	सेट्	क्रथ्	क्रथति, क्रथयति	स०
802	क्लथ	हिंसार्थाः	उ/उ	क्लथँ	P	सेट्	क्लथ्	क्लथति, क्लथयति	स०
803	वन	(चन) च । वनु च नोच्यते । न केवलं कगे यावद् वनु च नोच्यते इति क्षीरस्वामी	उ/उ	वनँ	P	सेट्	वन्	वनति,वनयति	स०
804	ज्वल	दीप्तौ	उ/उ	ज्वलँ	P	सेट्	ज्वल्	ज्वलति, ज्वलयति	अ०
805	ह्वल	चलने	उ/उ	ह्वलँ	P	सेट्	ह्वल्	ह्वलति, ह्वलयति	अ०
806	ह्मल	चलने	उ/उ	ह्मलँ	P	सेट्	ह्मल्	ह्मलति, ह्मलयति	अ०
807	स्मृ	आध्याने	उ	स्मृ	P	सेट्	स्मृ	स्मरति, स्मरयति, स्मारयति	स०

808	दॄ	भये । अयं क्र्यादिगणः 9c । मित्तवार्थ पाठः ।	उ	दॄ	P	सेट्	दॄ	दरयति, दारयति, दरति	अ०
809	नॄ	नये । अयं क्र्यादिगणः 9c । मित्तवार्थ पाठः ।	उ	नॄ	P	सेट्	नॄ	नरयति, नारयति	स०
810	श्रा	पाके	उ	श्रा	P	सेट्	श्रा	श्रपयति, श्रापयति	स०
811	ज्ञा	मारणतोषणनिशामनेषु । निशानेष्विति पाठान्तरम्	उ	ज्ञा	P	सेट्	ज्ञा	ज्ञपयति, ज्ञापयति	स०
812	चलिः	कम्पने चलिः । मितां ह्रस्वः ...	उ/उ	चलिँ	P	सेट्	चल्	चलयति, चालयति	अ०
813	छदिर्	ऊर्जने	उ/उ	छदिँर्	P	सेट्	छद्	छदयति, छादयति	अ०
814	लडिः	जिह्वोन्मथने लडिः	उ/उ	लडिँ	P	सेट्	लड्	लडयति, लाडयति	अ०
815	मदी	हर्षग्लेपनयोः	उ/उ	मदीँ	P	सेट्	मद्	मदयति, मादयति	अ०
816 a	ध्वन	शब्दे । दलि-वलि-स्खलि-रणि-ध्वनि-त्रपि-क्षपयश्चेति भोजः	उ/उ	ध्वनँ	P	सेट्	ध्वन्	ध्वनयति, ध्वानयति	अ०

816 b	दल	विदारणे	उ/उ	दलँ	P	सेट्	दल्	दलयति, दालयति	अ०
816 c	वल	संवरणे	उ/उ	वलँ	P	सेट्	वल्	वलयति, वालयति	अ०
816 d	स्खल	सञ्चलने	उ/उ	स्खलिँ	P	सेट्	स्खल्	स्खलयति, स्खालयति	अ०
816 e	क्षै	.... क्षपीति क्षै क्षये इति वक्ष्यमाणस्य कृतात्वस्य पुकि निर्देशः	उ/उ	क्षै	P	सेट्	क्षै	क्षपयति, क्षापयति, क्षपीति	अ०
816 f	त्रपूष्	लज्जायाम्	उ/उ	त्रपूँष्	P	सेट्	त्रप्	त्रपयति, त्रापयति	अ०
817	स्वन	अवतंसने । घटादयः मितः । जनी-जृष्-क्नसु-रञ्जो-ऽमन्ताश्च । ज्वल-ह्वल-ह्मलनमामनुपसर्गाद्वा । ग्ला-स्ना-वनु-वमां च । न कमि-अमि-चमाम्	उ/उ	स्वनँ	P	सेट्	स्वन्	स्वनयति, स्वानयति	अ०
818	शमो	दर्शने । शमोऽदर्शने मित्	उ/उ	शमोँ	P	सेट्	शम्	शमयति, निशामयति	स०
819	यमो	अपरिवेषणे	उ/उ	यमोँ	P	सेट्	यम्	यमयति, आयामयति	स०

820	स्खदिर्	अवपरिभ्यां च । अथ फणादि अन्तर्गणः	उ/उ	स्खदिँर्	P	सेट्	स्खद्	स्खदयति, अवस्खादयति	स०
821	फण	गतौ । घटादयः फणान्ता मितः । वृत् । ज्वरादय उदात्ता उदात्तेतः परस्मैभाषाः	उ/उ	फणँ	P	सेट्	फण्	फणति	स०
822	राजृ	दीप्तौ । उदात्तः स्वरितेदुभयतोभाषः	उ/S	राजृँ	U	सेट्	राज्	राजति / ते	अ०
823	टुभ्राजृ	दीप्तौ	उ/अ	टुभ्राजृँ	A	सेट्	भ्राज्	भ्राजते	अ०
824	टुभ्राशृ	दीप्तौ । वा श्यन्	उ/अ	टुभ्राशृँ	A	सेट्	भ्राश्	भ्राशते / भ्राश्यते	अ०
825	टुभ्लाशृ	दीप्तौ । उदात्ता अनुदात्तेत आत्मनेभाषाः । वा श्यन्	उ/अ	टुभ्लाशृँ	A	सेट्	भ्लाश्	भ्लाशते / भ्लाश्यते	अ०
826	स्यमु	शब्दे	उ/उ	स्यमुँ	P	सेट्	स्यम्	स्यमति	अ०
827	स्वन	शब्दे	उ/उ	स्वनुँ	P	सेट्	स्वन्	स्वनति	अ०
828	ध्वन	शब्दे । फणादयो गताः । वृत्	उ/उ	ध्वनँ	P	सेट्	ध्वन्	ध्वनति	अ०
829	षम	वैक्लव्ये (अवैक्लव्ये)	उ/उ	षमँ	P	सेट्	सम्	समति	अ०

830	ष्टम	वैक्लव्ये (अवैक्लव्ये) । अथ ज्वलादि अन्तर्गणः	उ/उ	ष्टमँ	P	सेट्	स्तम्	स्तमति	अ०
831	ज्वल	दीप्तौ	उ/उ	ज्वलँ	P	सेट्	ज्वल्	ज्वलति	अ०
832	चल	कम्पने	उ/उ	चलँ	P	सेट्	चल्	चलति	अ०
833	जल	घातने	उ/उ	जलँ	P	सेट्	जल्	जलति	स०
834	टल	वैक्लव्ये	उ/उ	टलँ	P	सेट्	टल्	टलति	अ०
835	ट्वल	वैक्लव्ये	उ/उ	ट्वलँ	P	सेट्	ट्वल्	ट्वलति	अ०
836	ष्ठल	स्थाने	उ/उ	ष्ठलँ	P	सेट्	स्थल्	स्थलति	अ०
837	हल	विलेखने (आकर्षणे)	उ/उ	हलँ	P	सेट्	हल्	हलति	स०
838	णल	गन्धे । बन्धन इत्येके	उ/उ	णलँ	P	सेट्	नल्	नलति	स०
839	पल	गतौ	उ/उ	पलँ	P	सेट्	पल्	पलति	स०
840	बल	प्राणने धान्यावरोधने च	उ/उ	बलँ	P	सेट्	बल्	बलति	अ०
841	पुल	महत्त्वे	उ/उ	पुलँ	P	सेट्	पुल्	पोलति	अ०

842	कुल	संस्त्याने बन्धुषु च	उ/उ	कुलँ	P	सेट्	कुल्	कोलति	अ०
843	शल	गतौ	उ/उ	शलँ	P	सेट्	शल्	शलति	स०
844	हुल	गतौ	उ/उ	हुलँ	P	सेट्	हुल्	होलति	स०
845	पतृ	गतौ । हुल हिंसासायां संवरणे च	उ/उ	पतृँ	P	सेट्	पत्	पतति	अ०
846	क्वथे	निष्पाके	उ/उ	क्वथेँ	P	सेट्	क्वथ्	क्वथति	अ०
847	पथे	गतौ	उ/उ	पथेँ	P	सेट्	पथ्	पथति	स०
848	मथे	विलोडने	उ/उ	मथेँ	P	सेट्	मथ्	मथति	स०
849	टुवम	उद्गिरणे	उ/उ	टुवमँ	P	सेट्	वम्	वमति	स०
850	भ्रमु	चलने । मित्त्वात् ह्रस्वः । 3.1.70 वा भ्राश० इति श्यनि	उ/उ	भ्रमुँ	P	सेट्	भ्रम्	भ्रमति, भ्रम्यति, भ्राम्यति	अ०
851	क्षर	सञ्चलने । स्यामादय उदात्ता उदात्तेतः परस्मैभाषाः	उ/उ	क्षरँ	P	सेट्	क्षर्	क्षरति	अ०
852	षह	मर्षणे । उदात्तोऽनुदात्तेदात्मनेभाषः	उ/अ	षहँ	A	सेट्	सह्	सहते	स०

853	रमु	क्रीडायाम् । रम इति माधवः । अनुदात्तोऽनुदात्तेदात्मनेभाषः	अ/अ	र॒मुँ	A	अनि	रम्	रमते	अ०
854	षद्लृ	विशरणगत्यवसादनेषु । 7.3.78 सीद	उ/उ	षद्लृँ	P	अनि	सद्	सीदति	स०
855	शद्लृ	शातने । 7.3.78 शितः	उ/उ	शद्लृँ	M	अनि	शद्	शीयते	अ०
856	क्रुश	आह्वाने रोदने च । षदादयस्त्रयोऽनुदात्ता उदात्तेतः परस्मैभाषाः	अ/उ	क्रु॒शँ	P	अनि	क्रुश्	क्रोशति	स०
857	कुच	सम्पर्चनकौटिल्यप्रतिष्टम्भविलेखनेषु	उ/उ	कुचँ	P	सेट्	कुच्	कोचति	स०
858	बुध	अवगमने	उ/उ	बुधँ	P	सेट्	बुध्	बोधति	स०
859	रुह	बीजजन्मनि प्रादुर्भावे च	अ/उ	रु॒हँ	P	अनि	रुह्	रोहति	अ०
860	कस	गतौ । वृत् । कुचादय उदात्ता उदात्तेतः परस्मैभाषाः । रुहिस्त्वनुदात्तः । ज्वलादिः गताः । वृत् ॥ अथ गूहत्यन्ताः स्वरितेतः	उ/उ	कसँ	P	सेट्	कस्	कसति	स०
861	हिक्क	अव्यक्ते शब्दे	उ/S	हिक्कँ	U	सेट्	हिक्क्	हिक्कति / ते	अ०
862 a	अञ्चु	गतौ याचने च । अचु इत्येके । अचि इत्यपरे	उ/S	अञ्चुँ	U	सेट्	अञ्च्	अञ्चति / ते	स०

862 b	अचु	गतौ याचने च	उ/S	अचुँ	U	सेट्	अच्	अचति / ते	स०
862 c	अचि	गतौ याचने च	उ/S	अचिँ	U	सेट्	अञ्च्	अञ्चति / ते	स०
863	टुयाचृ	याच्ञायाम्	उ/S	टुयाचृँ	U	सेट्	याच्	याचति / ते	स०
864	रेटृ	परिभाषणे	उ/S	रेटृँ	U	सेट्	रेट्	रेटति / ते	स०
865	चते	याचने	उ/S	चतेँ	U	सेट्	चत्	चतति / ते	स०
866	चदे	याचने	उ/S	चदेँ	U	सेट्	चद्	चदति / ते	स०
867	प्रोथृ	पर्याप्तौ (पर्याप्तिगतौ)	उ/S	प्रोथृँ	U	सेट्	प्रोथ्	प्रोथति / ते	अ०
868	मिदृ	मेधाहिंसनयोः	उ/S	मिदृँ	U	सेट्	मिद्	मेदति / ते	स०
869	मेदृ	मेधाहिंसनयोः। थान्ताविमाविति स्वामी। धान्ताविति न्यासः	उ/S	मेदृँ	U	सेट्	मेद्	मेदति / ते	स०
870	मेधृ	सङ्गमे च	उ/S	मेधृँ	U	सेट्	मेध्	मेधति / ते	स०
871	णिदृ	कुत्सासन्निकर्षयोः	उ/S	णिदृँ	U	सेट्	निद्	नेदति / ते	स०
872	णेदृ	कुत्सासन्निकर्षयोः	उ/S	णेदृँ	U	सेट्	नेद्	नेदति / ते	स०

873	शृधु	उन्दने	उ/S	शृधुँ	U	सेट्	शृध्	शर्धति / ते	अ०
874	मृधु	उन्दने	उ/S	मृधुँ	U	सेट्	मृध्	मर्धति / ते	अ०
875	बुधिर्	बोधने	उ/S	बुधिँर्	U	सेट्	बुध्	बोधति / ते	स०
876	उबुन्दिर्	निशामने	उ/S	उँबुन्दिँर्	U	सेट्	बुन्द्	बुन्दति / ते	स०
877	वेणृ	गतिज्ञानचिन्तानिशामनवादित्र-ग्रहणेषु । नान्तोऽप्ययम्	उ/S	वेणृँ	U	सेट्	वेण्	वेणति / ते	स०
878	खनु	अवदारणे	उ/S	खनुँ	U	सेट्	खन्	खनति / ते	स०
879	चीवृ	आदानसंवरणयोः	उ/S	चीवृँ	U	सेट्	चीव्	चीवति / ते	स०
880	चायृ	पूजानिशामनयोः	उ/S	चायृँ	U	सेट्	चाय्	चायति / ते	स०
881	व्यय	गतौ	उ/S	व्ययँ	U	सेट्	व्यय्	व्ययति / ते	स०
882	दाशृ	दाने	उ/S	दाशृँ	U	सेट्	दाश्	दाशति / ते	स०
883	भेषृ	भये । गतावित्येके	उ/S	भेषृँ	U	सेट्	भेष्	भेषति / ते	अ०
884	भ्रेषृ	गतौ	उ/S	भ्रेषृँ	U	सेट्	भ्रेष्	भ्रेषति / ते	स०

885	भ्लेषृ	गतौ	उ/S	भ्लेषृँ	U	सेट्	भ्लेष्	भ्लेषति / ते	अ०
886 a	अस	गतिदीप्त्यादानेषु । अष इत्येके	उ/S	असँ	U	सेट्	अस्	असति / ते	स०
886 b	अष	गतिदीप्त्यादानेषु	उ/S	अषँ	U	सेट्	अष्	अषति / ते	स०
887	स्पश	बाधनस्पर्शनयोः	उ/S	स्पशँ	U	सेट्	स्पश्	स्पशति / ते	स०
888	लष	कान्तौ	उ/S	लषँ	U	सेट्	लष्	लषति / ते	स०
889	चष	भक्षणे	उ/S	चषँ	U	सेट्	चष्	चषति / ते	स०
890	छष	हिंसायाम्	उ/S	छषँ	U	सेट्	छष्	छषति / ते	स०
891	झष	आदानसंवरणयोः	उ/S	झषँ	U	सेट्	झष्	झषति / ते	स०
892	भ्रक्ष	अदने	उ/S	भ्रक्षँ	U	सेट्	भ्रक्ष्	भ्रक्षति / ते	स०
893	भ्लक्ष	अदने । भक्ष इति मैत्रेयः	उ/S	भ्लक्षँ	U	सेट्	भ्लक्ष्	भ्लक्षति / ते	स०
894	दासृ	दाने	उ/S	दासृँ	U	सेट्	दास्	दासति / ते	स०
895	माहृ	माने	उ/S	माहृँ	U	सेट्	माह्	माहति / ते	स०

896	गुहू	संवरणे । हिक्कादय उदात्ताः स्वरितेत उभयतोभाषाः । 6.4.89 ऊदुपधाया गोहः ॥ अथ अजन्ताः उभयपदिनः	उ/S	गुहूँ	U	V	गुह्	गूहति / ते	स०
897	श्रिञ्	सेवायाम् । उदात्त उभयतोभाषः	उ	श्रिञ्	U	सेट्	श्रि	श्रयति / ते	स०
898	भृञ्	भरणे	अ	भृञ्	U	अनि	भृ	भरति / ते	स०
899	हृञ्	हरणे	अ	हृञ्	U	अनि	हृ	हरति / ते	द्वि०
900	धृञ्	धारणे	अ	धृञ्	U	अनि	धृ	धरति / ते	द्वि०
901	णीञ्	प्रापणे । भृञादयश्चत्वारोऽनुदात्ता उभयतोभाषाः ॥ अथ अजन्ताः परस्मैपदिनः	अ	णीञ्	U	अनि	नी	नयति / ते	द्वि०
902	धेट्	पाने । उदात्तेतः इति पाठोऽत्रानावश्यकः , धातोरेकाच्त्वात्	अ/उ	धेट्	P	अनि	धे	धयति	स०
903	ग्लै	हर्षक्षये	अ	ग्लै	P	अनि	ग्लै	ग्लायति	अ०
904	म्लै	हर्षक्षये	अ	म्लै	P	अनि	म्लै	म्लायति	अ०
905	द्यै	न्यक्करणे	अ	द्यै	P	अनि	द्यै	द्यायति	स०
906	द्रै	स्वप्ने	अ	द्रै	P	अनि	द्रै	द्रायति	अ०

907	ध्रै	तृप्तौ	अ	ध्रै	P	अनि	ध्रै	ध्रायति	स०
908	ध्यै	चिन्तायाम्	अ	ध्यै	P	अनि	ध्यै	ध्यायति	स०
909	रै	शब्दे	अ	रै	P	अनि	रै	रायति	अ०
910	स्त्यै	शब्दसङ्घातयोः	अ	स्त्यै	P	अनि	स्त्यै	स्त्यायति	अ०
911	ष्ट्यै	शब्दसङ्घातयोः । षोपदेशः अयं धातुः	अ	ष्ट्यै	P	अनि	स्त्यै	स्त्यायति	अ०
912	खै	खदने । खदनं स्थैर्यं हिंसा च	अ	खै	P	अनि	खै	खायति	स०
913	क्षै	क्षये	अ	क्षै	P	अनि	क्षै	क्षायति	अ०
914	जै	क्षये	अ	जै	P	अनि	जै	जायति	अ०
915	षै	क्षये	अ	षै	P	अनि	सै	सायति	अ०
916	कै	शब्दे	अ	कै	P	अनि	कै	कायति	अ०
917	गै	शब्दे	अ	गै	P	अनि	गै	गायति	अ०
918	शै	पाके	अ	शै	P	अनि	शै	शायति	स०

919	श्रै	पाके । स्रै इति केषुचित्पाठः	अ	श्रै	P	अनि	श्रै	श्रायति	स०
920	पै	शोषणे	अ	पै	P	अनि	पै	पायति	अ०
921	ओवै	शोषणे	अ	आँ वै	P	अनि	वै	वायति	अ०
922	ष्टै	वेष्टने	अ	ष्टै	P	अनि	स्तै	स्तायति	स०
923	ष्णै	वेष्टने । शौभायां चेत्येके	अ	ष्णै	P	अनि	स्नै	स्नायति	स०
924	दैप्	शोधने	अ	दैप्	P	अनि	दै	दायति	स०
925	पा	पाने । 7.3.78 पिब	अ	पा	P	अनि	पा	पिबति	स०
926	घ्रा	गन्धोपादाने । 7.3.78 जिघ्र	अ	घ्रा	P	अनि	घ्रा	जिघ्रति	स०
927	ध्मा	शब्दाग्निसंयोगयोः । 7.3.78 धम	अ	ध्मा	P	अनि	ध्मा	धमति	स०
928	ष्ठा	गतिनिवृत्तौ । 7.3.78 तिष्ठ	अ	ष्ठा	P	अनि	स्था	तिष्ठति	अ०
929	म्ना	अभ्यासे । 7.3.78 मन	अ	म्ना	P	अनि	म्ना	मनति	स०
930	दाण्	दाने । 7.3.78 यच्छ	अ	दाण्	P	अनि	दा	यच्छति	स०

931	ह्वृ	कौटिलये	अ	ह्वृ॒	P	अनि	ह्वृ	ह्वरति	अ०
932	स्वृ	शब्दोपतापयोः	अ	स्वृ॒	P	अनि	स्वृ	स्वरति	अ०
933	स्मृ	चिन्तायाम्	अ	स्मृ॒	P	अनि	स्मृ	स्मरति	स०
934	ह्वृ	संवरणे । क्वचित्तु वृ इति पाठः	अ	ह्वृ॒	P	अनि	ह्वृ	ह्वरति	स०
935	सृ	गतौ । वा० धावादेशः	अ	सृ॒	P	अनि	सृ	सरति, धावति	स०
936	ऋ	गतिप्रापणयोः । 7.3.78 ऋच्छ	अ	ऋ॒	P	अनि	ऋ	ऋच्छति	स०
937	गृ	सेचने	अ	गृ॒	P	अनि	गृ	गरति	स०
938	घृ	सेचने	अ	घृ॒	P	अनि	घृ	घरति	स०
939	ध्वृ	हूर्च्छने	अ	ध्वृ॒	P	अनि	ध्वृ	ध्वरति	अ०
940	स्रु	गतौ	अ	स्रु॒	P	अनि	स्रु	स्रवति	स०
941	षु	प्रसवैश्वर्ययोः	अ	षु॒	P	अनि	सु	सवति	स०
942	श्रु	श्रवणे । 3.1.74 श्रुवः शृ च । श्नु विकरणः	अ	श्रु॒	P	अनि	श्रु	शृणोति	स०

943	ध्रु	स्थैर्ये	अ	ध्रु	P	अनि	ध्रु	ध्रवति	अ०
944	दु	गतौ	अ	दु	P	अनि	दु	दवति	स०
945	द्रु	गतौ	अ	द्रु	P	अनि	द्रु	द्रवति	स०
946	जि	अभिभवे	अ	जि	P	अनि	जि	जयति	द्वि०
947	ज्रि	अभिभवे । धयत्यादयोऽनुदात्ताः परस्मैभाषाः ॥ अथ डीङन्ता ङितः	अ	ज्रि	P	अनि	ज्रि	ज्रयति	द्वि०
948	ष्मिङ्	ईषद्धसने	अ	ष्मिङ्	A	अनि	स्मि	स्मयते	अ०
949	गुङ्	अव्यक्ते शब्दे	अ	गुङ्	A	अनि	गु	गवते	अ०
950	गाङ्	गतौ । अयं तु अदादिगणः 2c धातुः	अ	गाङ्	A	अनि	गा	गाते	स०
951	कुङ्	शब्दे	अ	कुङ्	A	अनि	कु	कवते	अ०
952	घुङ्	शब्दे	अ	घुङ्	A	अनि	घु	घवते	अ०
953	उङ्	शब्दे	अ	उङ्	A	अनि	उ	अवते	अ०
954 a	ङुङ्	शब्दे । उङ् कुङ् खुङ् गुङ् घुङ् ङुङ् इत्यन्ये	अ	ङुङ्	A	अनि	ङु	ङवते	स०

954 b	उङ्	शब्दे	अ	उङ्	A	अनि	उ	अवते	अ०
954 c	कुङ्	शब्दे	अ	कुङ्	A	अनि	कु	कवते	स०
954 d	खुङ्	शब्दे	अ	खुङ्	A	अनि	खु	खवते	स०
954 e	गुङ्	शब्दे	अ	गुङ्	A	अनि	गु	गवते	स०
954 f	घुङ्	शब्दे	अ	घुङ्	A	अनि	घु	घवते	स०
955	च्युङ्	गतौ	अ	च्युङ्	A	अनि	च्यु	च्यवते	स०
956	ज्युङ्	गतौ	अ	ज्युङ्	A	अनि	ज्यु	ज्यवते	स०
957	प्रुङ्	गतौ	अ	प्रुङ्	A	अनि	प्रु	प्रवते	स०
958 a	प्लुङ्	गतौ । क्लुङ् इत्येके	अ	प्लुङ्	A	अनि	प्लु	प्लवते	स०
958 b	क्लुङ्	गतौ	अ	क्लुङ्	A	अनि	क्लु	क्लवते	स०
959	रुङ्	गतिरेषणयोः	अ	रुङ्	A	अनि	रु	रवते	स०
960	धृङ्	अवध्वंसने	अ	धृङ्	A	अनि	धृ	धरते	अ०

961	मेङ्	प्रणिदाने	अ	मेङ्	A	अनि	मे	मयते	स०
962	देङ्	रक्षणे	अ	देङ्	A	अनि	दे	दयते	स०
963	श्यैङ्	गतौ	अ	श्यैङ्	A	अनि	श्यै	श्यायते	स०
964	प्यैङ्	वृद्धौ	अ	प्यैङ्	A	अनि	प्यै	प्यायते	अ०
965	त्रैङ्	पालने । ष्मिङादयोऽनुदात्ता आत्मनेभाषाः	अ	त्रैङ्	A	अनि	त्रै	त्रायते	स०
966	पूङ्	पवने	उ	पूङ्	A	सेट्	पू	पवते	स०
967	मूङ्	बन्धने	उ	मूङ्	A	सेट्	मू	मवते	स०
968	डीङ्	विहायसा गतौ । पूङादयस्त्रय उदात्ता आत्मनेभाषाः	उ	डीङ्	A	सेट्	डी	डयते	स०
969	तॄ	प्लवनतरणयोः । उदात्तः परस्मैभाषः ॥ अथ अष्टावात्मनेपदिनः	उ	तॄ	P	सेट्	तॄ	तरति	स०
970	गुप	गोपने । 3.1.5 नित्यं सन् । णिचि तु	उ/अ	गुपँ	A	सेट्	गुप्	जुगुप्सते, गोपयति	स०
971	तिज	निशाने । 3.1.5 नित्यं सन्नन्तः । णिचि तु	उ/अ	तिजँ	A	सेट्	तिज्	तितिक्षते, तेजयति	स०

972	मान	पूजायाम् । 3.1.6 नित्यं सन्	उ/अ	मानँ	A	सेट्	मान्	मीमांसते, मानयति	स०
973	बध	बन्धने । गुपादयश्चत्वार उदात्ता अनुदात्तेत आत्मनेभाषाः ॥ नित्यं सन्	उ/अ	बधँ	A	सेट्	बध्	बीभत्सते, बाधयति	स०
974	रभ	राभस्ये । आङ् पूर्वकः	अ/अ	रभँ	A	अनि	रभ्	आरभते	स०
975	डुलभष्	प्राप्तौ	अ/अ	डुलभँष्	A	अनि	लभ्	लभते	स०
976	ष्वञ्ज	परिष्वङ्गे । 6.4.25 इति शपि नलोपः	अ/अ	ष्वञ्जँ	A	अनि	स्वञ्ज्	स्वजते	स०
977	हद	पुरीषोत्सर्गे । रभादयश्चत्वार उदात्ता अनुदात्तेत आत्मनेभाषाः	अ/अ	हदँ	A	अनि	हद्	हदते	अ०
978	ञिष्विदा	अव्यक्ते शब्दे । उदात्त उदात्तेत् परस्मैभाषः	उ/उ	ञिष्विदाँ	P	सेट्	स्विद्	स्वेदति	अ०
979	स्कन्दिर्	गतिशोषणयोः	अ/उ	स्कन्दिँर्	P	अनि	स्कन्द्	स्कन्दति	स०
980	यभ	मैथुने	अ/उ	यभँ	P	अनि	यभ्	यभति	अ०
981	णम	प्रह्वत्वे शब्दे च	अ/उ	णमँ	P	अनि	नम्	नमति	स०
982	गमॢ	गतौ । 7.3.77 इति छकार अन्तादेशः	अ/उ	गमॢँ	P	अनि	गम्	गच्छति	स०

983	सृपॢ	गतौ	अ/उ	सृ॒पॢँ	P	अनि	सृप्	सर्पति	स०
984	यम	उपरमे । 7.3.77 इति छकार अन्तादेशः	अ/उ	य॒मँ	P	अनि	यम्	यच्छति	स०
985	तप	संतापे	अ/उ	त॒पँ	P	अनि	तप्	तपति	स०
986	त्यज	हानौ	अ/उ	त्य॒जँ	P	अनि	त्यज्	त्यजति	स०
987	षञ्ज	सङ्गे । 6.4.25 इति शपि नलोपः	अ/उ	ष॒ञ्जँ	P	अनि	सञ्ज्	सजति	स०
988	दृशिर्	प्रेक्षणे । । 7.3.78 पश्य	अ/उ	दृ॒शिँर्	P	अनि	दृश्	पश्यति	स०
989	दंश	दशने । 6.4.25 इति शपि नलोपः	अ/उ	दं॒शँ	P	अनि	दंश्	दशति	स०
990	कृष	विलेखने (आकर्षणे) । कृष्णः	अ/उ	कृ॒षँ	P	अनि	कृष्	कर्षति	द्वि०
991	दह	भस्मीकरणे	अ/उ	द॒हँ	P	अनि	दह्	दहति	स०
992	मिह	सेचने । स्कन्दादयोऽनुदात्ता उदात्तेतः परस्मैभाषाः	अ/उ	मि॒हँ	P	अनि	मिह्	मेहति	स०
993	कित	निवासे रोगापनयने च । उदात्तेत् परस्मैभाषः ॥ 3.1.5 नित्यं सन् । णिचि तु ॥ अथ वहत्यन्ताः स्वरितेतः	उ/उ	कितँ	P	सेट्	कित्	चिकित्सति, केतयति	स०

994	दान	खण्डने । 3.1.6 नित्यं सन्नन्तः । णिचि तु	उ/S	दानँ	U	सेट्	दान्	दीदांसति / ते, दानयति	स०
995	शान	तेजने । उदात्तौ स्वरितेतावुभयतोभाषौ ॥ 3.1.6 नित्यं सन्नन्तः । णिचि तु	उ/S	शानँ	U	सेट्	शान्	शीशांसति /ते, शानयति	स०
996	डुपचष्	पाके	अ/S	डुपचँष्	U	अनि	पच्	पचति / ते	स०
997	षच	समवाये	उ/S	षचँ	U	सेट्	सच्	सचति / ते	अ०
998	भज	सेवायाम्	अ/S	भजँ	U	अनि	भज्	भजति / ते	स०
999	रञ्ज	रागे । 6.4.26 इति शपि नलोपः	अ/S	रञ्जँ	U	अनि	रञ्ज्	रजति / ते	अ०
1000	शप	आक्रोशे	अ/S	शपँ	U	अनि	शप्	शपति / ते	स०
1001	त्विष	दीप्तौ ॥ अथ यजादि अन्तर्गणः	अ/S	त्विषँ	U	अनि	त्विष्	त्वेषति / ते	अ०
1002	यज	देवपूजासङ्गतिकरणदानेषु	अ/S	यजँ	U	अनि	यज्	यजति / ते	स०
1003	डुवप्	बीजसन्ताने	अ	डुवप्	U	अनि	वप्	वपति / ते	स०
1004	वह	प्रापणे । पचादयोऽनुदात्ताः स्वरितेत उभयतोभाषाः । षचिस्तूदात्तः	अ/S	वहँ	U	अनि	वह्	वहति / ते	द्वि०

1005	वस	निवासे । अनुदात्त उदात्तेत् परस्मैभाषः	अ/उ	व॒सँ	P	अनि	वस्	वसति	अ०
1006	वेञ्	तन्तुसन्ताने	अ	वे॒ञ्	U	अनि	वे	वयति / ते	स०
1007	व्येञ्	संवरणे	अ	व्ये॒ञ्	U	अनि	व्ये	व्ययति / ते	स०
1008	ह्वेञ्	स्पर्धायाम् शब्दे च । वेञादयस्त्रयोऽनुदात्ता उभयतोभाषाः ॥ आङ् पूर्वकः ॥ अथ परस्मैपदिनौ	अ	ह्वे॒ञ्	U	अनि	ह्वे	आह्वयति / ते	स०
1009	वद	व्यक्तायां वाचि	उ/उ	वदँ	P	सेट्	वद्	वदति	स०
1010	टुओश्वि	गतिवृद्ध्योः । वृत् । यजादिः समाप्तः । अयं वदति च उदात्तौ परस्मैभाषौ ॥ चुलुम्पत्यादिश्च भ्वादौ द्रष्टव्याः । तस्य आकृतिगणत्वात् । ऋतिः सौत्र च सजुगुप्साकृपयोः । इति शब्विकरणा भ्वादयः ॥	उ/उ	टुओँ श्विँ	P	सेट्	श्व्	श्वयति	अ०

अथ अदादिः 2c

1011	अद	भक्षणे	अ/उ	अ॒दँ	P	अनि	अद्	अत्ति	स०
1012	हन	हिंसागत्योः । अनुदात्तावुदात्तेतौ परस्मैपदिनौ ॥ अथ चत्वारः स्वरितेतः	अ/उ	ह॒नँ	P	अनि*	हन्	हन्ति	स०
1013	द्विष	अप्रीतौ	अ/S	द्वि॒षँ	U	अनि	द्विष्	द्वेष्टि / द्विष्टे	स०
1014	दुह	प्रपूरणे	अ/S	दु॒हँ	U	अनि	दुह्	दोग्धि / दुग्धे	द्वि०
1015	दिह	उपचये	अ/S	दि॒हँ	U	अनि	दिह्	देग्धि / दिग्धे	अ०
1016	लिह	आस्वादने । द्विषादयोऽनुदात्ताः स्वरितेत उभयतोभाषाः	अ/S	लि॒हँ	P	अनि	लिह्	लेढि	स०
1017	चक्षिङ्	व्यक्तायां वाचि । अयं दर्शनेऽपि । अनुदात्तोऽनुदात्तेत् आत्मनेपदी ॥ अथ पृच्यन्ताः अनुदात्तेतो दश	अ/अ	च॒क्षिँ॒ङ्	A	अनि	चक्ष्	चष्टे	स०
1018	ईर	गतौ कम्पने च	उ/अ	ईरँ॒	A	सेट्	ईर्	ईर्ते	स०
1019	ईड	स्तुतौ (अग्निमीळे पुरोहितम्)	उ/अ	ईडँ॒	A	सेट्	ईड्	ईट्टे	स०
1020	ईश	ऐश्वर्ये (ऐश्वर्यम् सम्पत्तिः)	उ/अ	ईशँ॒	A	सेट्	ईश्	ईष्टे	अ०

1021	आस	उपवेशने (विद्यमानतायां च)	उ/अ	आसँ॒	A	सेट्	आस्	आस्ते	अ०
1022	आङःशासु	इच्छायाम्	उ/अ	आङःशासुँ॒	A	सेट्	आशास्	आशास्ते	स०
1023	वस	आच्छादने	उ/अ	वसँ॒	A	सेट्	वस्	वस्ते	स०
1024 a	कसि	गतिशासनयोः । अयमनिदिति केचित् । कस इत्येके । कश इत्यपि	उ/अ	कसिँ॒	A	सेट्	कंस्	कंस्ते	स०
1024 b	कस	गतिशासनयोः	उ/अ	कसँ॒	A	सेट्	कस्	कस्ते	स०
1024 c	कश	गतिशासनयोः	उ/अ	कशँ॒	A*	सेट्	कश्	कष्टे, कशति/कशते	स०
1025	णिसि	चुम्बने	उ/अ	णिसिँ॒	A	सेट्	निंस्	निंस्ते	स०
1026	णिजि	शुद्धौ	उ/अ	णिजिँ॒	A	सेट्	निञ्ज्	निङ्क्ते	स०
1027	शिजि	अव्यक्ते शब्दे	उ/अ	शिजिँ॒	A	सेट्	शिञ्ज्	शिङ्क्ते	अ०
1028	पिजि	वर्णे । सम्पर्चन इत्येके । उभयत्रेत्यन्ये । अवयव इत्येके । अव्यक्ते शब्दे इतीतरे । पृजि इत्येके	उ/अ	पिजिँ॒	A	सेट्	पिञ्ज्	पिङ्क्ते	द्वि०
1029 a	वृजी	वर्जने । वृजि इति अन्ये	उ/अ	वृजीँ॒	A	सेट्	वृज्	वृक्ते	स०

1029 b	वृजि	वर्जने	उ/अ	वृजिँ॒	A	सेट्	वृज्	वृङ्क्ते	स०
1030	पृची	सम्पर्चने । ईरादय उदात्ता अनुदात्तेत आत्मनेभाषाः	उ/अ	पृचीँ॒	A	सेट्	पृच्	पृक्ते	स०
1031	षूङ्	प्राणिगर्भविमोचने	उ	षूङ्	A	सेट्	षू	सूते	स०
1032	शीङ्	स्वपने । उदात्तावात्मनेभाषौ ॥ अथ स्तौत्यन्ताः परस्मैपदिनो दश	उ	शीङ्	A	सेट्	शी	शेते	अ०
1033	यु	मिश्रणेऽमिश्रणे च	उ	यु	P	सेट्	यु	यौति	स०
1034	रु	शब्दे । तु इति सौत्रो धातुः गतिवृद्धिहिंसासु	उ	रु	P	सेट्	रु	रौति, रवीति	स०
1035	णु	स्तुतौ	उ	णु	P	सेट्	नु	नौति	स०
1036	टुक्षु	शब्दे	उ	टुक्षु	P	सेट्	क्षु	क्षौति	अ०
1037	क्ष्णु	तेजने	उ	क्ष्णु	P	सेट्	क्ष्ण्	क्ष्णौति	स०
1038	ष्णु	प्रस्रवणे । युप्रभृतय उदात्ता उदात्तेतः परस्मैभाषाः	उ	ष्णु	P	सेट्	स्णु	स्नौति	अ०
1039	ऊर्णुञ्	आच्छादने । उदात्त उभयतोभाषः	उ/उ	ऊर्णुञ्	U	सेट्	ऊर्णु	ऊर्णौति / ऊर्णुते, ऊर्णोति	स०

1040	द्यु	अभिगमने	अ	द्यु	P	अनि	द्यु	द्यौति	स०
1041	षु	प्रसवैश्वर्ययोः	अ	षु	P	अनि	सु	सौति	स०
1042	कु	शब्दे	अ	कु	P	अनि	कु	कौति	अ०
1043	ष्टुञ्	स्तुतौ । द्युप्रभृतयोऽनुदात्ताः परस्मैभाषाः । स्तौतिस्तूभयतोभाषः	अ	ष्टुञ्	P	अनि	स्तु	स्तौति, स्तवीति	स०
1044	ब्रूञ्	व्यक्तायां वाचि । उदात्त उभयतोभाषः ॥ अथ शास्यन्ताः परस्मैपदिनः	अ	ब्रू	U	अनि	ब्रू	ब्रवीति / ब्रूते	द्वि०
1045	इण्	गतौ	अ	इण्	P	अनि	इ	एति उद्+इ+ल्यप्=उ दयति	स०
1046	इङ्	अध्ययने । नित्यमधिपूर्वः	अ	इङ्	A	अनि	इ	अधी+इ अधीते	स०
1047	इक्	स्मरणे । अयमप्यधिपूर्वकः	अ	इक्	P	अनि	इ	अध्येति	स०
1048	वी	गतिव्याप्तिप्रजनकान्त्यसनखादनेषु । ई च	अ	वी	P	अनि	वी	वेति	स०
1049	या	प्रापणे	अ	या	P	अनि	या	याति	स०

1050	वा	गतिगन्धनयोः	अ	वा	P	अनि	वा	वाति	स०
1051	भा	दीप्तौ	अ	भा	P	अनि	भा	भाति	अ०
1052	ष्णा	शौचे	अ	ष्णा	P	अनि	स्ना	स्नाति	अ०
1053	श्रा	पाके	अ	श्रा	P	अनि	श्रा	श्राति	स०
1054	द्रा	कुत्सायां गतौ	अ	द्रा	P	अनि	द्रा	द्राति	अ०
1055	प्सा	भक्षणे	अ	प्सा	P	अनि	प्सा	प्साति	स०
1056	पा	रक्षणे	अ	पा	P	अनि	पा	पाति	स०
1057	रा	दाने	अ	रा	P	अनि	रा	राति	स०
1058	ला	आदाने । द्वावपि दाने इति चन्द्रः	अ	ला	P	अनि	ला	लाति	स०
1059	दाप्	लवने	अ	दाप्	P	अनि	दा	दाति	स०
1060	ख्या	प्रकथने	अ	ख्या	P	अनि	ख्या	ख्याति	स०
1061	प्रा	पूरणे	अ	प्रा	P	अनि	प्रा	प्राति	स०

1062	मा	माने	अ	मा॒	P	अनि	मा	माति	स०
1063	वच	परिभाषणे । इण्प्रभृतयोऽनुदात्ताः परस्मैभाषाः । इङ् त्वात्मनेपदी । वचिस्तूदात्तेत्	अ/उ	व॒चँ	P	अनि	वच्	वक्ति	द्वि०
1064	विद	ज्ञाने	उ/उ	विदँ	P	सेट्	विद्	वेत्ति	स०
1065	अस	भुवि (सत्तायाम् इत्यर्थः)	उ/उ	असँ	P	सेट्	अस्	अस्ति	अ०
1066	मृजू	शुद्धौ । मृजूष् इति क्षीरतरङ्गिणी	उ/उ	मृजूँ	P	V	मृज्	मार्ष्टि	स०
1067	रुदिर्	अश्रुविमोचने । विदादय उदात्ता उदात्तेतः परस्मैभाषाः । रुदादि अन्तर्गण	उ/उ	रुदिँर्	P	सेट्	रुद्	रोदिति	अ०
1068	ञिष्वप	शये । अनुदात्तः परस्मैभाषः । रुदादि अन्तर्गण	उ/अ	ञिष्वँ॒प्	P	अनि	स्वप्	स्वपिति	अ०
1069	श्वस	प्राणने । रुदादि अन्तर्गण	उ/उ	श्वसँ	P	सेट्	श्वस्	श्वसिति	अ०
1070	अन	च [प्राणने] । रुदादि अन्तर्गण	उ/उ	अनँ	P	सेट्	अन्	अनिति	अ०
1071	जक्ष	भक्षहसनयोः । वृत् । रुदादि जक्षादि च अन्तर्गण	उ/उ	जक्षँ	P	सेट्	जक्ष्	जक्षिति	स०
1072	जागृ	निद्राक्षये । जक्षादि अन्तर्गण	उ/उ	जागृ	P	सेट्	जागृ	जागर्ति	अ०

1073	दरिद्रा	दुर्गतौ । जक्षादि अन्तर्गण	उ/उ	दरिद्रा	P	सेट्	दरिद्रा	दरिद्राति	अ०
1074	चकासृ	दीप्तौ । जक्षादि अन्तर्गण	उ/उ	चकासृँ	P	सेट्	चकास्	चकास्ति	अ०
1075	शासु	अनुशिष्टौ । श्वसादय उदात्ता उदात्तेतः परस्मैभाषाः । जक्षादि अन्तर्गण ॥ अथ पञ्चधतवश्छान्दसाः	उ/उ	शासुँ	P	सेट्	शास्	शास्ति	द्वि०
1076	दीधीङ्	दीप्तिदेवनयोः (छान्दसः) । जक्षादि अन्तर्गण	उ/उ	दीधीङ्	A	सेट्	दीधी	दीधीते	अ०
1077	वेवीङ्	वेतिना तुल्ये (छान्दसः) । उदात्तावात्मनेभाषौ । जक्षादि अन्तर्गण	उ/उ	वेवीङ्	A	सेट्	वेवी	वेवीते	द्वि०
1078	षस	स्वप्ने (छान्दसः)	उ/उ	षसँ	P	सेट्	सस्	सस्ति	अ०
1079	षस्ति	स्वप्ने (छान्दसः)	उ/उ	षस्तिँ	P	सेट्	सस्त्	संस्ति	अ०
1080	वश	कान्तौ (छान्दसः) । वसादय उदात्ता उदात्तेतः परस्मैभाषाः	उ/उ	वशँ	P	सेट्	वश्	वष्टि	स०
1081	चर्करीतं	च । (गण सूत्र)	उ	चर्करीतं	-	-	चर्करीतं	संज्ञा of यङ्-लुक्	-
1082	ह्नुङ्	अपनयने । अनुदात्त आत्मनेभाषः । इति लुग्विकरणा अदादयः ॥	अ	ह्नुङ्	A	अनि	ह्नु	ह्नुते	अ०

1083 0

अथ जुहोत्यादिः 3c

1083	हु	दान-अदनयोः । आदाने च इत्येके । प्राणनेऽपीति भाष्यम्	अ	हु	P	अनि	हु	जुहोति	स०
1084	ञिभि	भये	अ	ञिभि	P	अनि	भि	बिभेति	अ०
1085	ह्री	लज्जायाम् । जुहोत्यादयोऽनुदात्ताः परस्मैभाषाः	अ	ह्री	P	अनि	ह्री	जिह्रेति	अ०
1086	पॄ	पालनपूरणयोः । पृ इत्येके । उदात्तः परस्मैभाषः । 7.4.77 अर्तिपिपर्त्योश्च	उ	पॄ	P	सेट्	पॄ	पिपर्ति	स०
1087	डुभृञ्	धारणपोषणयोः । अनुदात्त उभयतोभाषः । 7.4.76 भृञामित्	अ	डुभृञ्	U	अनि	भृ	बिभर्ति / बिभृते	स०
1088	माङ्	माने शब्दे च । 7.4.76 भृञामित्	अ	माङ्	A	अनि	मा	मिमीते	द्वि०
1089	ओहाङ्	गतौ । अनुदात्तावात्मनेपदिनौ । 7.4.76 भृञामित्	अ	ओँहाङ्	A	अनि	हा	जिहीते	स०
1090	ओहाक्	त्यागे । अनुदात्तः परस्मैपदी	अ	ओँहाक्	P	अनि	हा	जहाति	स०
1091	डुदाञ्	दाने	अ	डुदाञ्	U	अनि	दा	ददाति / दत्ते	स०
1092	डुधाञ्	धारणपोषणयोः । दाने इति अपि एके । अनुदात्तावुभयतोभाषौ । अथ त्रयः स्वरितेतः	अ	डुधाञ्	U	अनि	धा	दधाति / धत्ते	स०

1093	णिजिर्	शौचपोषणयोः । निजादि अन्तर्गण । 7.4.'	अ/S	णि॒जिँर्	U	अनि	निज्	नेनेक्ति / नेनिक्ते	स०
1094	विजिर्	पृथग्भावे । निजादि अन्तर्गण । 7.4.75 निजां त्रयाणां गुणः श्लौ	अ/S	वि॒जिँर्	U	अनि	विज्	वेवेक्ति / वेविक्ते	अ०
1095	विषॢ	व्याप्तौ । णिजिरादयोऽनुदात्ताः स्वरितेत उभयतोभाषाः । निजादि अन्तर्गण । 7.4.75 निजां त्रयाणां गुणः श्लौ ॥ अथ आगणान्ताः एकदश परस्मैपदिनश्छान्दसाश्च	अ/S	वि॒षॢँ	U	अनि	विष्	वेवेष्टि / वेविष्टे	स०
1096	घृ	क्षरणदीप्त्योः । छान्दस । (बाहुलकात् इ)	अ	घृ॒	P	अनि	घृ	जिघर्त्ति, जिघर्ति	स०
1097	हृ	प्रसह्यकरणे । छान्दस । (बाहुलकात् इ)	अ	हृ॒	P	अनि	हृ	जिहर्ति	स०
1098	ऋ	गतौ । 7.4.77 अर्तिपिपर्त्योश्च	अ	ऋ॒	P	अनि	ऋ	इयर्ति	स०
1099	सृ	गतौ । घृप्रभृतयोऽदात्ताः परस्मैभाषाः । छान्दस	अ	सृ॒	P	अनि	सृ	ससर्ति	स०
1100	भस	भर्त्सनदीप्त्योः । उदात्त उदात्तेत् परस्मैपदी । छान्दस	उ/उ	भसँ	P	सेट्	भस्	बभस्ति	अ०
1101	कि	ज्ञाने । अनुदात्तः परस्मैपदी । छान्दस	अ	कि॒	P	अनि	कि	चिकेति	स०

1102	तुर	त्वरणे । छान्दस	उ/उ	तुरँ	P	सेट्	तुर्	तुतोर्ति	अ०
1103	धिष	शब्दे । छान्दस	उ/उ	धिषँ	P	सेट्	धिष्	दिधेष्टि	अ०
1104	धन	धान्ये	उ/उ	धनँ	P	सेट्	धन्	दधन्ति	अ०
1105	जन	जनने । तुरादय उदात्ता उदात्तेतः परस्मैभाषाः	उ/उ	जनँ	P	सेट्	जन्	जजन्ति	द्वि०
1106	गा	स्तुतौ । अनुदात्तः परस्मैभाषः । घृप्रभृतय एकादशच्छन्दसि । इयर्ति भाषायामपि । इति श्लुविकरणा जुहोत्यादयः ॥ अथ उदात्ता ञ्झृषन्ताः परस्मैपदिनः	अ	गा॒	P	अनि	गा	जिगाति	स०

1107 0

अथ दिवादिः 4c

1107	दिवु	क्रीडा-विजि-गीषा-व्यवहार-द्युति-स्तुति-मोद-मद-स्वप्न-कान्ति-गतिषु । अयम् चत्वारः वकारान्तः । 8.2.77 हलि च इति उपधा दीर्घः	उ/उ	दिवुँ	P	सेट्	दिव्	दीव्यति	स०
1108	षिवु	तन्तुसन्ताने	उ/उ	षिवुँ	P	सेट्	सिव्	सीव्यति	स०
1109	स्रिवु	गतिशोषणयोः	उ/उ	स्रिवुँ	P	सेट्	स्रिव्	स्रीव्यति	स०
1110	ष्ठिवु	निरसने । केचिदिहेमं न पठन्ति । वृत्	उ/उ	ष्ठिवुँ	P	सेट्	ष्ठिव्	ष्ठीव्यति	स०
1111	ष्णुसु	अदने । आदने इत्येके । अदर्शने इत्यपरे	उ/उ	ष्णुसुँ	P	सेट्	स्नुस्	स्नुस्यति	स०
1112	ष्णसु	निरसने	उ/उ	ष्णसुँ	P	सेट्	स्नस्	स्नस्यति	स०
1113	क्नसु	ह्वरणदीप्त्योः	उ/उ	क्नसुँ	P	सेट्	क्नस्	क्नस्यति	अ०
1114	व्युष	दाहे । (ब्युष)	उ/उ	व्युषँ	P	सेट्	व्युष्	व्युष्यति	स०
1115	प्लुष	च [दाहे]	उ/उ	प्लुषँ	P	सेट्	प्लुष्	प्लुष्यति	स०
1116	नृती	गात्रविक्षेपे	उ/उ	नृतीँ	P	सेट्	नृत्	नृत्यति	अ०

1117	त्रसी	उद्वेगे । 3.1.70 इति वा श्यन्	उ/उ	त्रसीँ	P	सेट्	त्रस्	त्रस्यति, त्रसति	अ०
1118	कुथ	पूतीभावे	उ/उ	कुथँ	P	सेट्	कुथ्	कुथ्यति	अ०
1119	पुथ	हिंसायाम्	उ/उ	पुथँ	P	सेट्	पुथ्	पुथ्यति	स०
1120	गुध	परिवेष्टने	उ/उ	गुधँ	P	सेट्	गुध्	गुध्यति	स०
1121	क्षिप	प्रेरणे	उ/उ	क्षिपँ	P	अनि	क्षिप्	क्षिप्यति	स०
1122	पुष्प	विकसने	उ/उ	पुष्पँ	P	सेट्	पुष्प्	पुष्प्यति	अ०
1123	तिम	आर्द्रीभावे	उ/उ	तिमँ	P	सेट्	तिम्	तिम्यति	अ०
1124	ष्टिम	आर्द्रीभावे	उ/उ	ष्टिमँ	P	सेट्	स्तिम्	स्तिम्यति	अ०
1125	ष्टीम	आर्द्रीभावे	उ/उ	ष्टीमँ	P	सेट्	स्तीम्	स्तीम्यति	अ०
1126	व्रीड	चोदने लज्जायां च	उ/उ	व्रीडँ	P	सेट्	व्रीड्	व्रीड्यति	स०
1127	इष	गतौ	उ/उ	इषँ	P	सेट्	इष्	इष्यति	स०
1128	षह	चक्यर्थे	उ/उ	षहँ	P	सेट्	सह्	सह्यति	अ०

1129	षुह	चक्यर्थे	उ/उ	षुहँ	P	सेट्	सुह्	सुह्यति	अ०
1130	जॄष्	वयोहानौ । 7.1.100 ॠत इद् धातोः इति इ	उ/उ	जॄष्	P	सेट्	जॄ	जीर्यति	अ०
1131	झॄष्	व्योहानौ । दिवादय उदात्ता उदात्तेतः परस्मैभाषाः । क्षिपिस्त्वनुदात्तः । । 7.1.100 ॠत इद् धातोः इति इर् । 8.2.77 हलि च इति दीर्घः ॥ अथ स्वादयः अन्तर्गणः	उ/उ	झॄष्	P	सेट्	झॄ	झीर्यति	अ०
1132	षूङ्	प्राणिप्रसवे । 8.2.45 ओदितश्च	उ	षूङ्	A	V	सू	सूयते	स०
1133	दूङ्	परितापे । उदात्तावात्मनेभाषौ	उ	दूङ्	A	सेट्	दू	दूयते	अ०
1134	दीङ्	क्षये	अ	दी॒ङ्	A	अनि	दी	दीयते	अ०
1135	डीङ्	विहायसा गतौ	उ	डीङ्	A	सेट्	डी	डीयते	अ०
1136	धीङ्	आधारे	अ	धी॒ङ्	A	अनि	धी	धीयते	स०
1137	मीङ्	हिंसायाम्	अ	मी॒ङ्	A	अनि	मी	मीयते	अ०
1138	रीङ्	श्रवणे	अ	री॒ङ्	A	अनि	री	रीयते	स०

1139	लीङ्	श्लेषणे	अ	लीङ्	A	अनि	ली	लीयते	अ०
1140	व्रीङ्	वृणोत्यर्थे । वृत् । स्वादय ओदितः (व्रीङ्)	अ	व्रीङ्	A	अनि	व्री	व्रीयते	स०
1141	पीङ्	पाने	अ	पीङ्	A	अनि	पी	पीयते	स०
1142	माङ्	माने	अ	माङ्	A	अनि	मा	मायते	स०
1143	ईङ्	गतौ	अ	ईङ्	A	अनि	ई	ईयते	स०
1144	प्रीङ्	प्रीतौ । दीङादय आत्मनेपदिनोऽनुदात्ताः । डीङ तूदात्तः ॥ अथ चत्वारः परस्मैपदिनः	अ	प्रीङ्	A	अनि	प्री	प्रीयते	स०
1145	शो	तनूकरणे । 7.3.71 ओतः श्यनि इति ओ लं	अ	शो	P	अनि	शो	श्यति	स०
1146	छो	छेदने । 7.3.71 ओतः श्यनि इति ओ लोपः	अ	छो	P	अनि	छो	छ्यति	स०
1147	षो	अन्तकर्मणि । 7.3.71 ओतः श्यनि इति ओ	अ	षो	P	अनि	सो	स्यति	स०
1148	दो	अवखण्डने । 7.3.71 ओतः श्यनि इति ओ	अ	दो	P	अनि	दो	द्यति	स०
1149	जनी	प्रादुर्भावे । 7.3.79 ज्ञाजनोर्जा इति जा	उ/अ	जनीँ	A	सेट्	जन्	जायते	अ०

1150	दीपी	दीप्तौ	उ/अ	दीपीँ	A	सेट्	दीप्	दीप्यते	अ०
1151	पूरी	आप्यायने	उ/अ	पूरीँ	A	सेट्	पूर्	पूर्यते	स०
1152	तूरी	गतित्वरणहिंसनयोः	उ/अ	तूरीँ	A	सेट्	तूर्	तूर्यते	स०
1153	धूरी	हिंसागत्योः	उ/अ	धूरीँ	A	सेट्	धूर्	धूर्यते	स०
1154	गूरी	हिंसागत्योः	उ/अ	गूरीँ	A	सेट्	गूर्	गूर्यते	स०
1155	घूरी	हिंसावयोहान्योः	उ/अ	घूरीँ	A	सेट्	घूर्	घूर्यते	स०
1156	जूरी	हिंसावयोहान्योः	उ/अ	जूरीँ	A	सेट्	जूर्	जूर्यते	स०
1157	शूरी	हिंसास्तम्भनयोः	उ/अ	शूरीँ	A	सेट्	शूर्	शूर्यते	स०
1158	चूरी	दाहे	उ/अ	चूरीँ	A	सेट्	चूर्	चूर्यते	स०
1159	तप	ऐश्वर्ये वा । पत इति पाठान्तरम् । अन्यदा न्याय्यविकरणः परस्मैपदी च	अ/अ	तपँ	A	अनि	तप्	तप्यते , तपति	अ०
1160 a	वृतु	वरणे । वावृतु इति केचित्	उ/अ	वृतुँ	A	सेट्	वृत्	वृत्यते	स०
1160 b	वावृतु	वरणे ।	उ/अ	वावृतुँ	A	सेट्	वावृत्	वावृत्यते	स०

1161	क्लिश	उपतापे	उ/अ	क्लिशँ॒	A	सेट्	क्लिश्	क्लिश्यते	अ०
1162	काशृ	दीप्तौ	उ/अ	काश्टॄँ	A	सेट्	काश्	काश्यते	अ०
1163	वाशृ	शब्दे । जन्यादय उदात्ता अनुदात्तेत आत्मनेभाषाः । तपिस्त्वनुदात्तः ॥ अथ पञ्च स्वरितेतः	उ/अ	वाश्टॄँ	A	सेट्	वाश्	वाश्यते	अ०
1164	मृष	तितिक्षायाम्	उ/S	मृषँ	U	सेट्	मृष्	मृष्यति / ते	स०
1165	ईशुचिर्	पूतीभावे ।(शुचिर्) । उदात्तौ स्वरितेतावुभयतोभाषौ	उ/S	ईँशुचिँर्	U	सेट्	शुच्	शुच्यति / ते	अ०
1166	णह	बन्धने	अ/S	ण॒हँ	U	अनि	नह्	नह्यति/ ते	स०
1167	रञ्ज	रागे । 6.4.24 अनिदितां हल उपधायाः क्ङिति इति न् लोपः	अ/S	र॒ञ्जँ	U	अनि	रञ्ज्	रज्यति / ते	अ०
1168	शप	आक्रोशे । णहादयस्त्रयोऽनुदात्ताः स्वरितेत उभयतोभाषाः ॥ अथ एकादश आत्मनेपदिनः	अ/S	श॒पँ	U	अनि	शप्	शप्यति / ते	स०
1169	पद	गतौ	अ/अ	प॒दँ॒	A	अनि	पद्	पद्यते	स०
1170	खिद	दैन्ये	अ/अ	खि॒दँ॒	A	अनि	खिद्	खिद्यते	अ०
1171	विद	सत्तायाम्	अ/अ	वि॒दँ॒	A	अनि	विद्	विद्यते	अ०

1172	बुध	अवगमने	अ/अ	बुधँ	A	अनि	बुध्	बुध्यते	स०
1173	युध	सम्प्रहारे	अ/अ	युधँ	A	अनि	युध्	युध्यते	अ०
1174	अनोरुध	कामे । अनु पूर्वो रुधिः	अ/अ	अनोरुधँ	A	अनि	रुध्	अनुरुध्यते	अ०
1175	अण	प्राणने । अन इत्येके	उ/अ	अणँ	A	सेट्	अण्	अण्यते	अ०
1176	मन	ज्ञाने	अ/अ	मनँ	A	अनि	मन्	मन्यते	स०
1177	युज	समाधौ	अ/अ	युजँ	A	अनि	युज्	युज्यते	अ०
1178	सृज	विसर्गे	अ/अ	सृजँ	A	अनि	सृज्	सृज्यते	अ०
1179	लिश	अल्पीभावे । पदादयोऽनुदात्ता अनुदात्तेत आत्मनेभाषाः	अ/अ	लिशँ	A	अनि	लिश्	लिश्यते	अ०
1180	राध	अकर्मकाद्वृद्धौ एव	अ/उ	राधँ	P	अनि	राध्	राध्यति	अ०
1181	व्यध	ताडने । 6.1.16 इति अयं सम्प्रसारणी ॥ ३	अ/उ	व्यधँ	P	अनि	व्यध्	विध्यति	स०
1182	पुष	पुष्टौ । अयम् पुषादि अन्तर्गणः	अ/उ	पुषँ	P	अनि	पुष्	पुष्यति	स०
1183	शुष	शोषणे	अ/उ	शुषँ	P	अनि	शुष्	शुष्यति	अ०

1184	तुष	प्रीतौ	अ/उ	तुषँ	P	अनि	तुष्	तुष्यति	अ०
1185	दुष	वैकृत्ये	अ/उ	दुषँ	P	अनि	दुष्	दुष्यति	अ०
1186	श्लिष	आलिङ्गने	अ/उ	श्लिषँ	P	अनि	श्लिष्	श्लिष्यति	स०
1187	शक	विभाषितो मर्षणे । उभयपदि	अ/उ	शकँ	U	अनि	शक्	शक्यति / ते	अ०
1188 a	ष्विदा	गात्रप्रक्षरणे । ञिष्विदा इत्येके	अ/उ	ष्विदाँ	P	अनि	स्विद्	स्विद्यति	अ०
1188 b	ञिष्विदा	गात्रप्रक्षरणे	अ/उ	ञिष्विदाँ	P	अनि	स्विद्	स्विद्यति	अ०
1189	क्रुध	क्रोधे	अ/उ	क्रुधँ	P	अनि	क्रुध्	क्रुध्यति	अ०
1190	क्षुध	बुभुक्षायाम्	अ/उ	क्षुधँ	P	अनि	क्षुध्	क्षुध्यति	अ०
1191	शुध	शौचे	अ/उ	शुधँ	P	अनि	शुध्	शुध्यति	अ०
1192	षिधु	संराद्धौ । राधादयोऽनुदात्ता उदात्तेतः परस्मैभाषाः । वेटः ॥ अथ अष्टौ रधादि अन्तर्गणः	अ/उ	षिधुँ	P	अनि	सिध्	सिध्यति	अ०
1193	रध	हिंसासंराद्ध्योः । 7.2.45 रधादिभ्यश्च इति वेट् । 7.1.61 रधिजभोरचि	उ/उ	रधँ	P	V	रध्	रध्यति	स०

1194	णश	अदर्शने	उ/उ	णशँ	P	V	नश्	नश्यति	अ०
1195	तृप	प्रीणने । प्रीणनं तृप्तिस्तर्पणं च	अ/उ	तृपँ॒	P	V	तृप्	तृप्यति	द्वि०
1196	दृप	हर्षमोहनयोः	अ/उ	दृपँ॒	P	V	दृप्	दृप्यति	अ०
1197	द्रुह	जिघांसायाम्	उ/उ	द्रुहँ	P	V	द्रुह्	द्रुह्यति	स०
1198	मुह	वैचित्ये	उ/उ	मुहँ	P	V	मुह्	मुह्यति	स०
1199	ष्णुह	उद्गिरणे	उ/उ	ष्णुहँ	P	V	स्नुह्	स्नुह्यति	स०
1200	ष्णिह	प्रीतौ । 6th case genitive । वृत् । रधादयो वेटः उदात्तेतः परस्मैभाषाः	उ/उ	ष्णिहँ	P	V	स्निह्	स्निह्यति	अ०
1201	शमु	उपशमे । 7.3.74 शमाम् अष्टानां दीर्घः श्यनि	उ/उ	शमुँ	P	सेट्	शम्	शाम्यति	अ०
1202	तमु	काङ्क्षायाम् । 7.3.74 शमाम् अष्टानां दी	उ/उ	तमुँ	P	सेट्	तम्	ताम्यति	अ०
1203	दमु	उपशमे । 7.3.74 शमाम् अष्टानां दीर्घः श्य	उ/उ	दमुँ	P	सेट्	दम्	दाम्यति	स०
1204	श्रमु	तपसि खेदे च । 7.3.74 शमाम् अष्टानां दं	उ/उ	श्रमुँ	P	सेट्	श्रम्	श्राम्यति	अ०
1205	भ्रमु	अनवस्थाने । वा श्यन् । 7.3.74 शमाम् अ	उ/उ	भ्रमुँ	P	सेट्	भ्रम्	भ्राम्यति , भ्रमति	अ०

1206	क्षमू	सहने । क्षमु तु वेट् । 7.3.74 शमाम् अष्टान	उ/उ	क्षमूँ	P	V	क्षम्	क्षाम्यति	स०
1207	क्लमु	ग्लानौ । वा श्यन् । 7.3.74 शमाम् अष्टान	उ/उ	क्लमुँ	P	सेट्	क्लम्	क्लाम्यति , क्लामति	अ०
1208	मदी	हर्षे । वृत् । शमादय उदात्ता उदात्तेतः परस्मैभाषाः । क्षमू तु वेट् । 7.3.74	उ/उ	मदीँ	P	सेट्	मद्	माद्यति	अ०
1209	असु	क्षेपणे	उ/उ	असुँ	P	सेट्	अस्	अस्यति	स०
1210	यसु	प्रयत्ने । 3.1.71 यसोऽनुपसर्गात् इति वा श्यन्	उ/उ	यसुँ	P	सेट्	यस्	यस्यति , यसति	अ०
1211	जसु	मोक्षणे	उ/उ	जसुँ	P	सेट्	जस्	जस्यति	स०
1212	तसु	उपक्षये	उ/उ	तसुँ	P	सेट्	तस्	तस्यति	स०
1213	दसु	च (उपक्षये)	उ/उ	दसुँ	P	सेट्	दस्	दस्यति	स०
1214	वसु	स्तम्भे । बसु इति केचित् (भसु)	उ/उ	वसुँ	P	सेट्	वस्	वस्यति	अ०
1215	व्युष	विभागे । व्युस इत्यन्ये । बुस इत्यपरे	उ/उ	व्युषँ	P	सेट्	व्युष्	व्युष्यति	स०
1216	प्लुष	दाहे	उ/उ	प्लुषँ	P	सेट्	प्लुष्	प्लुष्यति	स०

1217	बिस	प्रेरणे	उ/उ	बिसँ	P	सेट्	बिस्	बिस्यति	स०
1218	कुस	संश्लेषणे ।(कुंस 6.4.24 अनिदितां हल उपधायाः क्ङिति)	उ/उ	कुसँ	P	सेट्	कुस्	कुस्यति	स०
1219	बुस	उत्सर्गे	उ/उ	बुसँ	P	सेट्	बुस्	बुस्यति	स०
1220	मुस	खण्डने	उ/उ	मुसँ	P	सेट्	मुस्	मुस्यति	स०
1221	मसी	परिणामे । समी इत्येके	उ/उ	मसीँ	P	सेट्	मस्	मस्यति	अ०
1222	लुट	विलोडने	उ/उ	लुटँ	P	सेट्	लुट्	लुट्यति	अ०
1223	उच	समवाये	उ/उ	उचँ	P	सेट्	उच्	उच्यति	अ०
1224	भृशु	अधःपतने	उ/उ	भृशुँ	P	सेट्	भृश्	भृश्यति	अ०
1225	भ्रंशु	अधःपतने । 6.4.24 अनिदितां हल उपधायाः क्ङिति इति न् लोपः	उ/उ	भ्रंशुँ	P	सेट्	भ्रंश्	भ्रश्यति	अ०
1226	वृश	वरणे	उ/उ	वृशँ	P	सेट्	वृश्	वृश्यति	स०
1227	कृश	तनूकरणे	उ/उ	कृशँ	P	सेट्	कृश्	कृश्यति	स०
1228	ञितृषा	पिपासायाम्	उ/उ	ञितृषाँ	P	सेट्	तृष्	तृष्यति	अ०

1229	हृष	तुष्टौ	उ/उ	हृषँ	P	सेट्	हृष्	हृष्यति	अ०
1230	रुष	हिंसायाम्	उ/उ	रुषँ	P	सेट्	रुष्	रुष्यति	अ०
1231	रिष	हिंसायाम्	उ/उ	रिषँ	P	सेट्	रिष्	रिष्यति	स०
1232	डिप	क्षेपे	उ/उ	डिपँ	P	सेट्	डिप्	डिप्यति	स०
1233	कुप	क्रोधे	उ/उ	कुपँ	P	सेट्	कुप्	कुप्यति	अ०
1234	गुप	व्याकुलत्वे	उ/उ	गुपँ	P	सेट्	गुप्	गुप्यति	अ०
1235	युप	विमोहने	उ/उ	युपँ	P	सेट्	युप्	युप्यति	स०
1236	रुप	विमोहने	उ/उ	रुपँ	P	सेट्	रुप्	रुप्यति	स०
1237	लुप	विमोहने । ष्टुप समुच्छ्राये	उ/उ	लुपँ	P	सेट्	लुप्	लुप्यति	स०
1238	लुभ	गार्ध्ये (गार्ध्न्ये)	उ/उ	लुभँ	P	सेट्	लुभ्	लुभ्यति	स०
1239	क्षुभ	सञ्चलने	उ/उ	क्षुभँ	P	सेट्	क्षुभ्	क्षुभ्यति	अ०
1240	णभ	हिंसायाम्	उ/उ	णभँ	P	सेट्	नभ्	नभ्यति	स०

1241	तुभ	हिंसायाम् । क्षुभिनभितुभयो द्युतादौ क्र्यादौ च पठ्यन्ते	उ/उ	तुभँ	P	सेट्	तुभ्	तुभ्यति	स०
1242	क्लिदू	आर्द्रीभावे	उ/उ	क्लिदूँ	P	V	क्लिद्	क्लिद्यति	अ०
1243	ञिमिदा	स्नेहने । 7.3.82 मिदेर्गुणः	उ/उ	ञिमिदाँ	P	सेट्	मिद्	मेद्यति	अ०
1244	ञिक्ष्विदा	स्नेहनमोचनयोः	उ/उ	क्ष्विदाँ	P	सेट्	क्ष्विद्	क्ष्विद्यति	अ०
1245	ऋधु	वृद्धौ	उ/उ	ऋधुँ	P	सेट्	ऋध्	ऋध्यति	अ०
1246	गृधु	अभिकाङ्क्षायाम् । वृत् । असुप्रभृतय उदाता उदात्तेतः परस्मैभाषाः । दिवादिराकृतिगण इति केचित् । इति श्यन्विकरणा दिवादयः ॥ पुषादयो दिवादयश्च वृताः	उ/उ	गृधुँ	P	सेट्	गृध्	गृध्यति	स०

1247 0

अथ स्वादिः 5c

1247	षुञ्	अभिषवे	अ	षुञ्	U	अनि	सु	सुनोति / सुनुते	स० *
1248	षिञ्	बन्धने	अ	षिञ्	U	अनि	सि	सिनोति / सिनुते	स०
1249	शिञ्	निशाने	अ	शिञ्	U	अनि	शि	शिनोति / शिनुते	स०
1250	डुमिञ्	प्रक्षेपणे	अ	डुमिञ्	U	अनि	मि	मिनोति / मिनुते	स०
1251	चिञ्	चयने । 6.4.77अचि श्नु-धातु-भ्रुवां य्वोरियङुवङौ । 6.4.107 लोपः च अस्य अन्यतरस्यां म्वोः	अ	चिञ्	U	अनि	चि	चिनोति / चिनुते	स०
1252	स्तृञ्	आच्छादने	अ	स्तृञ्	U	अनि	स्तृ	स्तृणोति / स्तृणुते	स०
1253	कृञ्	हिंसायाम्	अ	कृञ्	U	अनि	कृ	कृणोति / कृणुते	स०
1254	वृञ्	वरणे	उ	वृञ्	U	सेट्	वृ	वृणोति /वृणुते	स०

1255 a	धुञ्	कम्पने । धूञ् इत्येके । स्वादयोऽनुदात्ता उभयतोभाषाः । वृञ् उदात्तः ॥ अथ परस्मैपदिनः अष्टौ	अ	धु॒ञ्	U	अनि	धु	धुनोति /धुनुते	स०
1255 b	धूञ्	कम्पने	अ	धू॒ञ्	U	अनि	धू	धूनोति /धूनुते	स०
1256	टुदु	उपतापे	अ	टुदु॒	P	अनि	दु	दुनोति	स०
1257	हि	गतौ वृद्धौ च	अ	हि॒	P	अनि	हि	हिनोति	स०
1258	पृ	प्रीतौ	अ	पृ॒	P	अनि	पृ	पृणोति	स०
1259	स्पृ	प्रीतिपालनयोः । प्रीतिचलनयोः इत्यन्ये । चलनं जीवनम् इति स्वामी	अ	स्पृ॒	P	अनि	स्पृ	स्पृणोति	स०
1260	आपॢ	व्याप्तौ	अ/उ	आ॒पॢँ	P	अनि	आप्	आप्नोति	स०
1261	शकॢ	शक्तौ	अ/उ	श॒कॢँ	P	अनि	शक्	शक्नोति	अ०
1262	राध	संसिद्धौ	अ/उ	रा॒धँ	P	अनि	राध्	राध्नोति	अ०
1263	साध	संसिद्धौ । दुनातिप्रभृतयोऽनुदात्ताः परस्मैभाषाः ॥ अथ द्वौ आत्मनेपदिनौ	अ/उ	सा॒धँ	P	अनि	साध्	साध्नोति	स०
1264	अशू	व्याप्तौ सङ्घाते च	उ/अ	अ॒शूँ	A	V	अश्	अश्नुते	स०

1265	ष्टिघ	आस्कन्दने । अशिस्तिघी उदात्तावनुदात्तावात्मनेभाषौ ॥ अथ आगणान्ताः परस्मैपदिनः षोडश	उ/अ	ष्टिघँ॒	A	सेट्	स्तिघ्	स्तिघ्नुते	स०
1266	तिक	गतौ च	उ/उ	तिकँ	P	सेट्	तिक्	तिक्नोति	स०
1267	तिग	गतौ च	उ/उ	तिगँ	P	सेट्	तिग्	तिग्नोति	स०
1268	षघ	हिंसायाम्	उ/उ	षघँ	P	सेट्	सघ्	सघ्नोति	स०
1269	ञिधृषा	प्रागल्भ्ये	उ/उ	ञिधृषाँ	P	सेट्	धृष्	धृष्णोति	अ०
1270	दम्भु	दम्भने । 6.4.24 अनिदितां हल उपधायाः क्ङिति इति न् लोपः	उ/उ	दम्भुँ	P	सेट्	दम्भ्	दभ्नोति	स०
1271 a	ऋधु	वृद्धौ । तृप प्रीणने इत्येके । छन्दसि ॥ अथ आगणान्ताश्छान्दसाः	उ/उ	ऋधुँ	P	सेट्	ऋध्	ऋध्नोति	अ०
1271 b	तृप	प्रीणने	उ/उ	तृपँ	P	सेट्	तृप्	तृप्नोति	अ०
1272	अह	व्याप्तौ (छान्दसः)	उ/उ	अहँ	P	सेट्	अह्	अह्नोति	स०
1273	दघ	घातने पालने च (छान्दसः)	उ/उ	दघँ	P	सेट्	दघ्	दघ्नोति	स०
1274	चमु	भक्षणे (छान्दसः)	उ/उ	चमुँ	P	सेट्	चम्	चम्नोति	स०

1275	रि	हिंसायाम् ।(छान्दसः) ।(रि+क्षि -> रिक्षिणोति वा ऋक्षिणोति)	उ/उ	रि	P	अनि	रि	रिणोति	स०
1276	क्षि	हिंसायाम् ।(छान्दसः) ।(रि+क्षि -> रिक्षिणोति वा ऋक्षिणोति)	उ/उ	क्षि	P	अनि	क्षि	क्षिणोति	स०
1277	चिरि	हिंसायाम् (छान्दसः)	उ/उ	चिरि	P	सेट्	चिरि	चिरिणोति	स०
1278	जिरि	हिंसायाम् (छान्दसः)	उ/उ	जिरि	P	सेट्	जिर्	जिरिणोति	स०
1279	दाश	हिंसायाम् (छान्दसः)	उ/उ	दाशँ	P	सेट्	दाश्	दाश्नोति	स०
1280	दृ	हिंसायाम् (छान्दसः) । क्षिर् भाषायाम् इत्येके । ऋक्षीत्येक एवाजादिरित्येके । रेफवानित्यन्ये । वृत् । तिकादय उदात्ता उदात्तेतः परस्मैभाषाः । इति श्नुविकरणाः स्वादयः ॥ । अथ षडुभयपदिनः	उ/उ	दृ	P	अनि	दृ	दृणोति	स०

1281 0

अथ तुदादिः 6c

1281	तुद	व्यथने	अ/S	तुदँ	U	अनि	तुद्	तुदति / ते	स०
1282	णुद	प्रेरणे	अ/S	णुदँ	U	अनि	नुद्	नुदति / ते	स०
1283	दिश	अतिसर्जने	अ/S	दिशँ	U	अनि	दिश्	दिशति / ते	स०
1284	भ्रस्ज	पाके । 6.1.16 इति सम्प्रसारणम् । 8.4.40 इति श्चुत्वम् । 8.4.53 इति जश्त्वम्	अ/S	भ्रस्जँ	U	अनि	भ्रस्ज्	भृजति / ते	स०
1285	क्षिप	प्रेरणे	अ/S	क्षिपँ	U	अनि	क्षिप्	क्षिपति / ते	स०
1286	कृष	विलेखने । तुदादयोऽनुदात्ताः उभयतोभाषाः	अ/S	कृषँ	U	अनि	कृष्	कृषति / ते	स०
1287	ऋषी	गतौ । उदात्त उदात्तेत् परस्मैपदी । अथ चत्वार आत्मनेपदिनः	उ/उ	ऋषीँ	P	सेट्	ऋष्	ऋषति	स०
1288	जुषी	प्रीतिसेवनयोः	उ/अ	जुषीँ	A	सेट्	जुष्	जुषते	स०
1289	ओविजी	भयचलनयोः । उत् पूर्वकः	उ/अ	ओँ विजीँ	A	सेट्	विज्	उद्विजते	अ०
1290	ओलजी	व्रीडायाम्	उ/अ	ओँलस्जीँ	A	सेट्	लज्	लजते	अ०

1291	ओलस्जी	व्रीडायाम् । जुषादय उदात्ता अनुदात्तेत आत्मनेभाषाः । 8.4.40 इति श्चुत्वम् । 8.4.53 इति जश्त्वम् । अथ परस्मैपदिनः	उ/अ	ओँलस्जीँ	A	सेट्	लस्ज्	लज्जते	अ०
1292	ओव्रश्चू	छेदने । 6.1.16 इति सम्प्रसारणम्	उ/उ	ओँव्रश्चूँ	P	सेट्	व्रश्च्	वृश्चति	स०
1293	व्यच	व्याजीकरणे । 6.1.16 इति सम्प्रसारणम्	उ/उ	व्यचँ	P	सेट्	व्यच्	विचति	स०
1294	उछि	उञ्छे	उ/उ	उछिँ	P	सेट्	उञ्छ्	उञ्छति	स०
1295	उछी	विवासे	उ/उ	उछीँ	P	सेट्	उच्छ्	उच्छति	स०
1296	ऋच्छ	गतिन्द्रिय-प्रलय-मूर्ती-भावेषु	उ/उ	ऋच्छँ	P	सेट्	ऋच्छ्	ऋच्छति	अ०
1297	मिच्छ	उत्क्लेशे	उ/उ	मिच्छँ	P	सेट्	मिच्छ्	मिच्छति	स०
1298	जर्ज	परिभाषणभर्त्सनयोः	उ/उ	जर्जँ	P	सेट्	जर्ज्	जर्जति	स०
1299	चर्च	परिभाषणभर्त्सनयोः	उ/उ	चर्चँ	P	सेट्	चर्च्	चर्चति	स०
1300	झर्झ	परिभाषणभर्त्सनयोः	उ/उ	झर्झँ	P	सेट्	झर्झ्	झर्झति	स०
1301	त्वच	संवरणे	उ/उ	त्वचँ	P	सेट्	त्वच्	त्वचति	स०

1302	ऋच	स्तुतौ	उ/उ	ऋचँ	P	सेट्	ऋच्	ऋचति	स०
1303	उब्ज	आर्जवे	उ/उ	उब्जँ	P	सेट्	उब्ज्	उब्जति	अ०
1304	उज्झ	उत्सर्गे	उ/उ	उज्झँ	P	सेट्	उज्झ्	उज्झति	स०
1305	लुभ	विमोहने	उ/उ	लुभँ	P	सेट्	लुभ्	लुभति	स०
1306	रिफ	कत्थनयुद्धनिन्दाहिंसादानेषु । रिह इत्येके	उ/उ	रिफँ	P	सेट्	रिफ्	रिफति	स०
1307	तृप	तृप्तौ	उ/उ	तृपँ	P	सेट्	तृप्	तृपति	स०
1308	तृम्फ	तृप्तौ । द्वावपि फान्तावित्येके । 6.4.24 इति न् लोपः । वा० शे तृम्फादीनां नुम्वाच्यः इति पुनः नुम् आगमः	उ/उ	तृम्फँ	P	सेट्	तृम्फ्	तृम्फति	अ०
1309	तुप	हिंसायाम्	उ/उ	तुपँ	P	सेट्	तुप्	तुपति	स०
1310	तुम्प	हिंसायाम् । 6.4.24 इति न् लोपः, वा० इति पुनः नुम्	उ/उ	तुम्पँ	P	सेट्	तुम्प्	तुम्पति	स०
1311	तुफ	हिंसायाम्	उ/उ	तुफँ	P	सेट्	तुफ्	तुफति	स०
1312	तुम्फ	हिंसायाम्	उ/उ	तुम्फँ	P	सेट्	तुम्फ्	तुम्फति	स०

1313	दृप	उत्क्लेशे	उ/उ	दृपँ	P	सेट्	दृप्	दृपति	अ०
1314	दृम्फ	उत्क्लेशे ।प्रथमोऽपि द्वितीयान्त इत्येके	उ/उ	दृम्फँ	P	सेट्	दृम्फ्	दृम्फति	अ०
1315	ऋफ	हिंसायाम्	उ/उ	ऋफँ	P	सेट्	ऋफ्	ऋफति	स०
1316	ऋम्फ	हिंसायाम्	उ/उ	ऋम्फँ	P	सेट्	ऋम्फ्	ऋम्फति	स०
1317	गुफ	ग्रन्थे	उ/उ	गुफँ	P	सेट्	गुफ्	गुफति	स०
1318	गुम्फ	ग्रन्थे	उ/उ	गुम्फँ	P	सेट्	गुम्फ्	गुम्फति	स०
1319	उभ	पूरणे	उ/उ	उभँ	P	सेट्	उभ्	उभति	स०
1320	उम्भ	पूरणे	उ/उ	उम्भँ	P	सेट्	उम्भ्	उम्भति	स०
1321	शुभ	शोभार्थे	उ/उ	शुभँ	P	सेट्	शुभ्	शुभति	अ०
1322	शुम्भ	शोभार्थे	उ/उ	शुम्भँ	P	सेट्	शुम्भ्	शुम्भति	अ०
1323	दृभी	ग्रन्थे	उ/उ	दृभीँ	P	सेट्	दृभ्	दृभति	स०
1324	चृती	हिंसाश्रन्थनयोः	उ/उ	चृतीँ	P	सेट्	चृत्	चृतति	स०

1325	विध	विधाने	उ/उ	विधँ	P	सेट्	विध्	विधति	स०
1326	जुड	गतौ । जुन इत्येके	उ/उ	जुडँ	P	सेट्	जुड्	जुडति	स०
1327	मृड	सुखने	उ/उ	मृडँ	P	सेट्	मृड्	मृडति	स०
1328	पृड	च (सुखने)	उ/उ	पृडँ	P	सेट्	पृड्	पृडति	स०
1329	पृण	प्रीणने	उ/उ	पृणँ	P	सेट्	पृण्	पृणति	स०
1330	वृण	च (प्रीणने)	उ/उ	वृणँ	P	सेट्	वृण्	वृणति	स०
1331	मृण	हिंसायाम्	उ/उ	मृणँ	P	सेट्	मृण्	मृणति	स०
1332	तुण	कौटिल्ये	उ/उ	तुणँ	P	सेट्	तुण्	तुणति	अ०
1333	पुण	कर्मणि शुभे	उ/उ	पुणँ	P	सेट्	पुण्	पुणति	अ०
1334	मुण	प्रतिज्ञाने	उ/उ	मुणँ	P	सेट्	मुण्	मुणति	स०
1335	कुण	शब्दोपकरणयोः	उ/उ	कुणँ	P	सेट्	कुण्	कुणति	अ०
1336	शुन	गतौ	उ/उ	शुनँ	P	सेट्	शुन्	शुनति	स०

1337	द्रुण	हिंसा-गति-कौटिल्येषु	उ/उ	द्रुणँ	P	सेट्	द्रुण्	द्रुणति	स०
1338	घुण	...... (भ्रमणे)	उ/उ	घुणँ	P	सेट्	घुण्	घुणति	अ०
1339	घूर्ण	भ्रमणे	उ/उ	घूर्णँ	P	सेट्	घूर्ण्	घूर्णति	अ०
1340	षुर	ऐश्वर्यदीप्त्योः	उ/उ	षुरँ	P	सेट्	सुर्	सुरति	अ०
1341	कुर	शब्दे	उ/उ	कुरँ	P	सेट्	कुर्	कुरति	अ०
1342	खुर	छेदने	उ/उ	खुरँ	P	सेट्	खुर्	खुरति	स०
1343	मुर	संवेष्टने	उ/उ	मुरँ	P	सेट्	मुर्	मुरति	स०
1344	क्षुर	विलेखने	उ/उ	क्षुरँ	P	सेट्	क्षुर्	क्षुरति	स०
1345	घुर	भीमार्थशब्दयोः	उ/उ	घुरँ	P	सेट्	घुर्	घुरति	अ०
1346	पुर	अग्रगमने	उ/उ	पुरँ	P	सेट्	पुर्	पुरति	अ०
1347 a	वृहू	उद्यमने । बृहू इत्यन्ये	उ/उ	वृहूँ	P	V	वृह्	वृहति	स०
1347 b	बृहू	उद्यमने	उ/उ	बृहूँ	P	V	बृह्	बृहति	स०

1348	तृहू	.... (हिंसायाम्)	उ/उ	तृहूँ	P	V	तृह्	तृहति	स०
1349	स्तृहू	.... (हिंसायाम्) । स्तृंहू इति क्षीरतरङ्गिणी	उ/उ	स्तृहूँ	P	V	स्तृह्	स्तृहति	स०
1350	तृन्हू	हिंसार्थाः । 6.4.24 न् लोपः । वा० शे तृम्फादीनां नुँम् वाच्य	उ/उ	तृन्हूँ	P	V	तृन्ह्	तृंहति	स०
1351	इष	इच्छायाम् । केचित् उदितं पठन्ति (इषु) । 7.3.77 इषुगमियमां छः । 6.1.73 छे च इति तुँक् आगमः	उ/उ	इषँ	P	सेट्	इष्	इच्छति	स०
1352	मिष	स्पर्धायाम्	उ/उ	मिषँ	P	सेट्	मिष्	मिषति	स०
1353	किल	श्वैत्यक्रीडनयोः	उ/उ	किलँ	P	सेट्	किल्	किलति	अ०
1354	तिल	स्नेहने	उ/उ	तिलँ	P	सेट्	तिल्	तिलति	अ०
1355	चिल	वसने	उ/उ	चिलँ	P	सेट्	चिल्	चिलति	स०
1356	चल	विलसने	उ/उ	चलँ	P	सेट्	चल्	चलति	अ०
1357	इल	स्वप्नक्षेपणयोः	उ/उ	इलँ	P	सेट्	इल्	इलति	स०
1358	विल	संवरणे । (बिल)	उ/उ	विलँ	P	सेट्	विल्	विलति	स०

1359	बिल	भेदने	उ/उ	बिलँ	P	सेट्	बिल्	बिलति	स०
1360	णिल	गहने	उ/उ	णिलँ	P	सेट्	निल्	निलति	स०
1361	हिल	भावकरणे	उ/उ	हिलँ	P	सेट्	हिल्	हिलति	स०
1362	शिल	.... (उञ्छे)	उ/उ	शिलँ	P	सेट्	शिल्	शिलति	स०
1363	षिल	उञ्छे	उ/उ	षिलँ	P	सेट्	सिल्	सिलति	स०
1364	मिल	श्लेषणे	उ/उ	मिलँ	P	सेट्	मिल्	मिलति	स०
1365	लिख	अक्षरविन्यासे	उ/उ	लिखँ	P	सेट्	लिख्	लिखति	स०
1366	कुट	कौटिल्ये । अथ कुटाद्यन्तर्गणः	उ/उ	कुटँ	P	सेट्	कुट्	कुटति	अ०
1367	पुट	संश्लेषणे	उ/उ	पुटँ	P	सेट्	पुट्	पुटति	स०
1368	कुच	सङ्कोचने । प्रायेण सम् पूर्वकः	उ/उ	कुचँ	P	सेट्	कुच्	सङ्कुचति	स०
1369	गुज	शब्दे	उ/उ	गुजँ	P	सेट्	गुज्	गुजति	अ०
1370	गुड	रक्षायाम्	उ/उ	गुडँ	P	सेट्	गुड्	गुडति	स०

1371	डिप	क्षेपे	उ/उ	डिपँ	P	सेट्	डिप्	डिपति	स०
1372	छुर	छेदने	उ/उ	छुरँ	P	सेट्	छुर्	छुरति	स०
1373	स्फुट	विकसने	उ/उ	स्फुटँ	P	सेट्	स्फुट्	स्फुटति	अ०
1374	मुट	आक्षेपमर्दनयोः	उ/उ	मुटँ	P	सेट्	मुट्	मुटति	अ०
1375	त्रुट	छेदने । 3.1.70 इति वा श्यन्	उ/उ	त्रुटँ	P	सेट्	त्रुट्	त्रुट्यति, त्रुटति	स०
1376	तुट	कलहकर्मणि	उ/उ	तुटँ	P	सेट्	तुट्	तुटति	स०
1377	चुट	.... (छेदने)	उ/उ	चुटँ	P	सेट्	चुट्	चुटति	स०
1378	छुट	छेदने	उ/उ	छुटँ	P	सेट्	छुट्	छुटति	स०
1379	जुड	बन्धने	उ/उ	जुडँ	P	सेट्	जुड्	जुडति	स०
1380	कड	मदे	उ/उ	कडँ	P	सेट्	कड्	कडति	स०
1381 a	लुट	संश्लेषणे । लुठ इत्येके । लुड इत्यन्ये	उ/उ	लुटँ	P	सेट्	लुट्	लुटति	स०
1381 b	लुठ	संश्लेषणे	उ/उ	लुठँ	P	सेट्	लुठ्	लुठति	अ०

1381 c	लुड	संश्लेषणे	उ/उ	लुडँ	P	सेट्	लुड्	लुडति	अ०
1382	कृड	घनत्वे	उ/उ	कृडँ	P	सेट्	कृड्	कृडति	अ०
1383	कुड	बाल्ये	उ/उ	कुडँ	P	सेट्	कुड्	कुडति	अ०
1384	पुड	उत्सर्गे	उ/उ	पुडँ	P	सेट्	पुड्	पुडति	स०
1385	घुट	प्रतिघाते	उ/उ	घुटँ	P	सेट्	घुट्	घुटति	स०
1386	तुड	तोडने	उ/उ	तुडँ	P	सेट्	तुड्	तुडति	स०
1387	थुड	.... (संवरणे)	उ/उ	थुडँ	P	सेट्	थुड्	थुडति	स०
1388 a	स्थुड	संवरणे । खुड छुड इत्येके	उ/उ	स्थुडँ	P	सेट्	स्थुड्	स्थुडति	स०
1388 b	खुड	संवरणे	उ/उ	खुडँ	P	सेट्	खुड्	खुडति	स०
1388 c	छुड	संवरणे	उ/उ	छुडँ	P	सेट्	छुड्	छुडति	स०
1389	स्फुर	.... (सञ्चलने)	उ/उ	स्फुरँ	P	सेट्	स्फुर्	स्फुरति	अ०
1390 a	स्फुल	सञ्चलने । स्फुर स्फुरणे । स्फल सञ्चलने इत्येके । स्फर इत्यन्ये	उ/उ	स्फुलँ	P	सेट्	स्फुल्	स्फुलति	अ०

1390 b	स्फुर	स्फुरणे	उ/उ	स्फुरँ	P	सेट्	स्फुर्	स्फुरति	अ०
1390 c	स्फल	सञ्चलने	उ/उ	स्फलँ	P	सेट्	स्फल्	स्फलति	अ०
1390 d	स्फर	सञ्चलने	उ/उ	स्फरँ	P	सेट्	स्फर्	स्फरति	अ०
1391	स्फुड	.... (संवरणे)	उ/उ	स्फुडँ	P	सेट्	स्फुड्	स्फुडति	स०
1392	चुड	.... (संवरणे)	उ/उ	चुडँ	P	सेट्	चुड्	चुडति	स०
1393	व्रुड	संवरणे	उ/उ	व्रुडँ	P	सेट्	व्रुड्	व्रुडति	स०
1394	क्रुड	.... (निमज्जने)	उ/उ	क्रुडँ	P	सेट्	क्रुड्	क्रुडति	अ०
1395	भृड	निमज्जन इत्येके । व्रश्चादय उदात्ता उदात्तेतः परस्मैभाषाः	उ/उ	भृडँ	P	सेट्	भृड्	भृडति	अ०
1396	गुरी	उद्यमने । उदात्तोऽनुदात्तेदात्मेपदी । अथ चत्वार परस्मैपदिनः	उ/अ	गुरीँ॒	A	सेट्	गुर्	गुरते	अ०
1397	णू	स्तवने । 6.4.77अचि श्नु-धातु-भ्रुवां य्वोरियङुवङौ	उ	णू	P	सेट्	नू	नुवति	स०
1398	धू	विधूनने । उदात्तौ परस्मैभाषाः	उ	धू	P	सेट्	धू	धुवति	स०
1399	गु	परिषोत्सर्गे । 6.4.77अचि श्नु-धातु-भ्रुवां य्वोरियङुवङौ	उ	गु॒	P	अनि	गु	गुवति	अ०

1400 a	ध्रु	गतिस्थैर्ययोः	अ	ध्रु॒	P	अनि	ध्रु	ध्रुवति	अ०
1400 b	ध्रुव	इत्येके ।(गतिस्थैर्ययोः)	अ/उ	ध्रु॒वँ	P	अनि	ध्रुव्	ध्रुवति	अ०
1401 a	कुङ्	शब्दे ।उदात्त आत्मनेपदी ।दीर्घान्त इति कैयटादयः ।ह्रस्वान्त इति न्यासः ।वृत् । कुटादयो गताः	उ	कुङ्	A	अनि	कु	कुवते	अ०
1401 b	कूङ्	शब्दे	अ	कू॒ङ्	A	अनि	कू	कुवते	अ०
1402	पृङ्	व्यायामे ।प्रायेण व्याङ् पूर्वः ।7.4.28 रिङ्श्यग्लिङक्षु ।6.4.77अचि श्नु-धातु-भ्रुवां य्वोरियङुवङौ	अ	पृ॒ङ्	A	अनि	पृ	व्याप्रियते	अ०
1403	मृङ्	प्राणत्यागे ।अनुदात्तावात्मनेभाषौ ।अथ परस्मैपदिनः सप्तः	अ	मृ॒ङ्	A	अनि	मृ	म्रियते	अ०
1404	रि	.... (गतौ) ।6.4.77अचि श्नु-धातु-भ्रुवां य्वोरियङुवङौ	अ	रि॒	P	अनि	रि	रियति	स०
1405	पि	गतौ	अ	पि॒	P	अनि	पि	पियति	स०
1406	धि	धारणे	अ	धि॒	P	अनि	धि	धियति	स०
1407	क्षि	निवासगत्योः ।रियत्यादयोऽनुदात्ताः परस्मैभाषाः	अ	क्षि॒	P	अनि	क्षि	क्षियति	स०

1408	षू	प्रेरणे	उ	षू	P	सेट्	सू	सुवति	स०
1409	कॄ	विक्षेपे । अथ किरादि अन्तर्गणः । 7.1.100 ॠत इद् धातोः	उ	कॄ	P	सेट्	कॄ	किरति	स०
1410	गॄ	निगरणे । उदात्ताः परस्मैभाषाः । रेफस्य लत्वं वा स्यात्	उ	गॄ	P	सेट्	गॄ	गिरति,गिलति	स०
1411	दृङ्	आदरे । प्रायेण आङ् पूर्वकः	अ	दृङ्	A	अनि	दृ	आद्रियते	स०
1412	धृङ्	अवस्थाने । अनुदात्तावात्मनेभाषौ । अथ षोडश परस्मैपदिनः	अ	धृङ्	A	अनि	धृ	ध्रियते	अ०
1413	प्रच्छ	ज्ञीप्सायाम् । वृत् । किरादयो गताः । 6.1.16 इति सम्प्रसारणम्	अ/उ	प्रच्छँ	P	अनि	प्रच्छ्	पृच्छति	द०
1414	सृज	विसर्गे	अ/उ	सृजँ	P	अनि	सृज्	सृजति	स०
1415	टुमस्जो	शुद्धौ । 8.4.40 इति श्चुत्वम् । 8.4.53 इति जश्त्वम्	अ/उ	टुमस्जोँ	P	अनि	मस्ज्	मज्जति	अ०
1416	रुजो	भङ्गे	अ/उ	रुजोँ	P	अनि	रुज्	रुजति	स०
1417	भुजो	कौटिल्ये	अ/उ	भुजोँ	P	अनि	भुज्	भुजति	अ०
1418	छुप	स्पर्शे	अ/उ	छुपँ	P	अनि	छुप्	छुपति	स०
1419	रुश	.... (हिंसायाम्)	अ/उ	रुशँ	P	अनि	रुश्	रुशति	स०

1420	रिश	हिंसायाम्	अ/उ	रि॒शँ	P	अनि	रिश्	रिशति	स०
1421	लिश	गतौ	अ/उ	लि॒शँ	P	अनि	लिश्	लिशति	स०
1422	स्पृश	संस्पर्शने	अ/उ	स्पृ॒शँ	P	अनि	स्पृश्	स्पृशति	स०
1423	विच्छ	गतौ । 3.1.28 इति स्वार्थे आयः । 6.1.73 छे च इति तुँक् आगमः	उ/उ	विच्छँ	P	सेट्	विच्छ्	विच्छायति	स०
1424	विश	प्रवेशने	अ/उ	वि॒शँ	P	अनि	विश्	विशति	स०
1425	मृश	आमर्शने	अ/उ	मृ॒शँ	P	अनि	मृश्	मृशति	स०
1426	णुद	प्रेरणे	अ/उ	णु॒दँ	P	अनि	नुद्	नुदति	स०
1427	षद्लृ	विशरण-गति-अवसादनेषु । 7.3.78 इति	अ/उ	ष॒द्लृँ	P	अनि	सद्	सीदति उप+नि+सद	अ०
1428	शद्लृ	शातने । 7.3.78 इति शीयः आदेशः । आत्मनेपदी । पृच्छत्यादयोऽनुदात्ता उदात्तेतः परस्मैभाषाः । विच्छस्तूदात्तः ॥ अथ षट् स्वरितेतः	अ/उ	श॒द्लृँ	A	अनि	शद्	शीयते	अ०
1429	मिल	सङ्गमे । उदात्तः स्वरितेदुभयतोभाषः	उ/S	मिलँ	U	सेट्	मिल्	मिलति / ते	अ०
1430	मुच्लृ	मोक्षणे । अयं मुचादि अन्तर्गणः । 7.1.59	अ/S	मु॒च्लृँ	U	अनि	मुच्	मुञ्चति / ते	स०

1431	लुपॢ	छेदने । नुम् आगमः	अ/S	लुपॢँ	U	अनि	लुप्	लुम्पति / ते	स०
1432	विद्लृ	लाभे । नुम् आगमः	अ/S	विद्लृँ	U	अनि*	विद्	विन्दति / ते	स०
1433	लिप	उपदेहे । नुम् आगमः	अ/S	लिपँ	U	अनि	लिप्	लिम्पति / ते	स०
1434	षिच	क्षरणे । नुम् आगमः । मुचादयोऽनुदात्ताः स्वरितेत उभयतोभाषाः । विन्दतिस्तूदात्तः	अ/S	षिचँ	U	अनि	षिच्	सिञ्चति / ते	स०
1435	कृती	छेदने । नुम् आगमः । उदात्त उदात्तेत् परस्मैपदी	उ/उ	कृतीँ	P	सेट्	कृत्	कृन्तति	स०
1436	खिद	परिघाते । नुम् आगमः । अनुदात्त उदात्तेत् परस्मैपदी	अ/उ	खिदँ	P	अनि	खिद्	खिन्दति	स०
1437	पिश	अवयवे । नुम् आगमः । अयं दीपनायामपि । उदात्त उदात्तेत् परस्मैपदी । वृत् । मुचादयः तुदादयश्च वृत्ताः । इति शविकरणास्तुदादयः ॥ । आद्या नव स्वरितेतः	उ/उ	पिशँ	P	सेट्	पिश्	पिंशति	अ०

1438 0

अथ रुधादिः 7c

1438	रुधिर्	आवरणे । 1.1.47 मिदचोऽन्यात् परः इति श्नम् मित् विकरणः व्यवस्था । 6.4.111 श्नसोरल्लोपः	अ/S	रुधिँर्	U	अनि	रुध्	रुणद्धि / रुन्धे	द्वि०
1439	भिदिर्	विदारणे	अ/S	भिदिँर्	U	अनि	भिद्	भिनत्ति/भिन्ते	स०
1440	छिदिर्	द्वैधीकरणे	अ/S	छिदिँर्	U	अनि	छिद्	छिनत्ति/छिन्ते	स०
1441	रिचिर्	विरेचने	अ/S	रिचिँर्	U	अनि	रिच्	रिणक्ति/रिङ्क्ते	स०
1442	विचिर्	पृथग्भावे	अ/S	विचिँर्	U	अनि	विच्	विनक्ति /विङ्क्ते	स०
1443	क्षुदिर्	सम्पेषणे [संप्रेषणे]	अ/S	क्षुदिँर्	U	अनि	क्षुन्द्	क्षुणत्ति / क्षुन्ते	स०
1444	युजिर्	योगे । रुधादयोऽनुदात्ताः स्वरितेत उभयतोभाषाः	अ/S	युजिँर्	U	अनि	युज्	युनक्ति / युङ्क्ते	स०
1445	उछृदिर्	दीप्तिदेवनयोः	उ/S	उँच्छृदिँर्	U	सेट्	छृद्	छृणत्ति / छृन्ते	स०
1446	उतृदिर्	हिंसाऽनादरयोः । उदात्तौ स्वरितेतावुभयतोभाषौ	उ/S	उँतृदिँर्	U	सेट्	तृद्	तृणत्ति / तृन्ते	स०
1447	कृती	वेष्टने । उदात्त उदात्तेत् परस्मैपदी	उ/उ	कृतीँ	P	सेट्	कृत्	कृणत्ति	स०

1448	ञिइन्धी	दीप्तौ । उदात्तोऽनुदात्तेदात्मनेपदी । 6.4.23 श्नान्नलोपः । अयं इजादि गुरुमान्	उ/अ	ञिइन्धीँ	A	सेट्	इन्ध्	इन्धे	अ०
1449	खिद	दैन्ये	अ/अ	खिदँ	A	अनि	खिद्	खिन्ते	अ०
1450	विद	विचारणे । अनुदात्तावनुदात्तेतावात्मनेपदिनौ । अथ परस्मैपदिनः	अ/अ	विदँ	A	अनि	विद्	विन्ते	स०
1451	शिषॢ	विशेषणे	अ/उ	शिषॢँ	P	अनि	शिष्	शिनष्टि	स०
1452	पिषॢ	सञ्चूर्णने	अ/उ	पिषॢँ	P	अनि	पिष्	पिनष्टि	स०
1453	भञ्जो	आमर्दने । 6.4.23 श्नान्नलोपः	अ/उ	भञ्जोँ	P	अनि	भञ्ज्	भनक्ति	स०
1454	भुज	पालनाभ्यवहारयोः	अ/उ	भुजँ	U	अनि	भुज्	भुनक्ति / भुङ्क्ते	स०
1455	तृह	.... (हिंसायाम्)	उ/उ	तृहँ	P	सेट्	तृह्	तृणेढि	स०
1456	हिसि	हिंसायाम्	उ/उ	हिसिँ	P	सेट्	हिस्	हिनस्ति	स०
1457	उन्दी	क्लेदने । 6.4.23 श्नान्नलोपः । अयं इजादि गुरुमान्	उ/उ	उन्दीँ	P	सेट्	उन्द्	उनत्ति	स०
1458	अञ्जू	व्यक्तिम्रक्षणकान्तिगतिषु	उ/उ	अञ्जूँ	P	सेट्*	अञ्ज्	अनक्ति	स०

1459	तञ्चू	सङ्कोचने (तञ्चु । तञ्चू) ।6.4.23 श्नान्नलोपः	उ/उ	तञ्चूँ	P	V	तञ्च्	तनक्ति	स०
1460	ओविजी	भयचलनयोः	उ/उ	ओँ विजीँ	P	सेट्	विज्	विनक्ति	अ०
1461	वृजी	वर्जने	उ/उ	वृजीँ	P	सेट्	वृज्	वृणक्ति	स०
1462	पृची	सम्पर्के । तृहादय उदात्ता उदात्तेतः परस्मैपदिनः । वृत् । इति श्नम्-विकरणा रुधादयः ।। आद्याः सप्त स्वरितेतः	उ/उ	पृचीँ	P	सेट्	पृच्	पृणक्ति	स०

1463 0

अथ तनादिः 8c

1463	तनु	विस्तारे	उ/S	तनुँ	U	सेट्	तन्	तनोति/तनुते	स०
1464	षणु	दाने	उ/S	षणुँ	U	सेट्	सन्	सनोति/सनुते	स०
1465	क्षणु	हिंसायाम्	उ/S	क्षणुँ	U	सेट्	क्षण्	क्षणोति/क्षणुते	स०
1466	क्षिणु	च । हिंसायाम् । उ प्रत्यय-निमित्तः लघू उपधा गुणः संज्ञापूर्वकः विधिः अनित्यः इति	उ/S	क्षिणुँ	U	सेट्	क्षिण्	क्षिणोति/क्षिणुते, क्षेणोति / क्षेणुते	स०
1467	ऋणु	गतौ । उ प्रत्यय-निमित्तः लघू उपधा गुणः संज्ञापूर्वकः विधिः अनित्यः इति	उ/S	ऋणुँ	U	सेट्	ऋण्	ऋणोति / ऋणुते, अर्णोति / अर्णुते	स०
1468	तृणु	अदने । उ प्रत्यय-निमित्तः लघू उपधा गुणः संज्ञापूर्वकः विधिः अनित्यः इति	उ/S	तृणुँ	U	सेट्	तृण्	तृणोति/तृणुते तर्णोति/तर्णुते	स०

1469	घृणु	दीप्तौ । तनादय उदात्ताः स्वरितेत उभयतोभाषाः । उ प्रत्यय-निमित्तः लघू उपधा गुणः संज्ञापूर्वकः विधिः अनित्यः इति	उ/S	घृणुँ	U	सेट्	घृण्	घृणोति / घृणुते, घर्णोति / घर्णुते	स०
1470	वनु	याचने । अयं चन्द्रमते परस्मैपदी	उ/अ	वनुँ	A*	सेट्	वन्	वनुते	स०
1471	मनु	अवबोधने । उदात्तावनुदात्तेतावात्मनेभाषौ	उ/अ	मनुँ	A	सेट्	मन्	मनुते	स०
1472	डुकृञ्	करणे । अनुदात्त उभयतोभाषः । वृत् । इति उविकरणाः तनादयः ॥	अ	डुकृञ्	U	अनि	कृ	करोति, कुरुते	स०

1473 0

अथ क्र्यादिः 9c

1473	डुक्रीञ्	द्रव्यविनिमये	अ	डु॒क्री॒ञ्	U	अनि	क्री	क्रीणाति / क्रीणीते	स०
1474	प्रीञ्	तर्पणे कान्तौ च	अ	प्री॒ञ्	U	अनि	प्री	प्रीणाति / प्रीणीते	स०
1475	श्रीञ्	पाके	अ	श्री॒ञ्	U	अनि	श्री	श्रीणाति / श्रीणीते	स०
1476	मीञ्	हिंसायाम्	अ	मी॒ञ्	U	अनि	मी	मीनाति / मीनीते	स०
1477	षिञ्	बन्धने	अ	षि॒ञ्	U	अनि	षि	सिनाति / सिनीते	स०
1478 a	स्कुञ्	आप्रवणे । स्तम्भु स्तुम्भु स्कम्भु स्कुम्भु रोधन इत्येके । प्रथमतृतीयौ स्तम्भे इति माधवः । द्वितियो निष्कोषणे । चतुर्थो धारण इत्यन्ये । चत्वार इमे परस्मैपदिनः सौत्राश्च	अ	स्कु॒ञ्	U	अनि	स्कु	स्कुनाति / स्कुनीते	स०
1478 b	स्तम्भु	रोधने । प्रतिबन्धे । सौत्र	अ/उ	स्त॒म्भुँ	P	अनि	स्तम्भ्	स्तभ्नाति , स्तभ्नोति	स०

1478 c	स्तुम्भु	रोधने । प्रतिबन्धे । सौत्र	अ/उ	स्तुम्भुँ	P	अनि	स्तुम्भ्	स्तुभ्नाति , स्तुभ्नोति	स०
1478 d	स्कम्भु	रोधने । प्रतिबन्धे । सौत्र	अ/उ	स्कम्भुँ	P	अनि	स्कम्भ्	स्कभ्नाति , स्कभ्नोति	स०
1478 e	स्कुम्भु	रोधने । प्रतिबन्धे । सौत्र	अ/उ	स्कुम्भुँ	P	अनि	स्कुम्भ्	स्कुभ्नाति , स्कुभ्नोति	स०
1479	युञ्	बन्धने । क्र्यादयोऽनुदात्ता उभयतोभाषाः	अ	युञ्	U	अनि	यु	युनाति / युनीते	स०
1480	क्नूञ्	शब्दे	उ	क्नूञ्	U	सेट्	क्नू	क्नूनाति / क्नूनीते	अ०
1481	द्रूञ्	हिंसायाम् । अथ प्वादिः अन्तर्गणः	उ	द्रूञ्	U	सेट्	द्रू	द्रूणाति / द्रूणीते	स०
1482	पूञ्	पवने । 7.3.80 प्वादीनां ह्रस्वः । अथ ल्वादिः अन्तर्गणः	उ	पूञ्	U	अनि	पू	पुनाति / पुनीते	स०
1483	लूञ्	छेदने । 8.2.44 ल्वादिभ्यः	उ	लूञ्	U	सेट्	लू	लुनाति / लुनीते	स०
1484	स्तॄञ्	आच्छादने	उ	स्तॄञ्	U	सेट्	स्तॄ	स्तृणाति / स्तृणीते	स०

1485	कॄञ्	हिंसायाम्	उ	कॄञ्	U	सेट्	कॄ	कृणाति / कृणीते	स०
1486	वॄञ्	वरणे	उ	वॄञ्	U	सेट्	वॄ	वृणाति / वृणीते	स०
1487	धूञ्	कम्पने । क्नूप्रभृतय उदात्ता उभयतोभाषाः । अथ बध्नात्यन्ताः परस्मैपदिनः	उ	धूञ्	U	V	धू	धुनाति / धुनीते	स०
1488	शॄ	हिंसायाम्	उ	शॄ	P	सेट्	शॄ	शृणाति	स०
1489	पॄ	पालनपूरणयोः	उ	पॄ	P	सेट्	पॄ	पृणाति	स०
1490	वॄ	वरणे । भरण इत्येके	उ	वॄ	P	सेट्	वॄ	वृणाति	स०
1491	भॄ	भर्त्सने । भरणेऽप्येके	उ	भॄ	P	सेट्	भॄ	भृणाति	स०
1492	मॄ	हिंसायाम्	उ	मॄ	P	सेट्	मॄ	मृणाति	स०
1493	दॄ	विदारणे	उ	दॄ	P	सेट्	दॄ	दृणाति	स०
1494 a	जॄ	वयोहानौ । झॄ इत्येके । धॄ इत्यन्ये	उ	जॄ	P	सेट्	जॄ	जृणाति	अ०
1494 b	झॄ	वयोहानौ	उ	झॄ	P	सेट्	झॄ	झृणाति	अ०

1495	नॄ	नये	उ	नॄ	P	सेट्	नॄ	नृणाति	स०
1496	कॄ	हिंसायाम्	उ	कॄ	P	सेट्	कॄ	कृणाति	स०
1497	ॠ	गतौ	उ	ॠ	P	सेट्	ॠ	ॠणाति	स०
1498	गॄ	शब्दे । शॄणातिप्रभृतय उदात्ता उदात्तेतः परस्मैपदिनः	उ	गॄ	P	सेट्	गॄ	गृणाति	अ०
1499	ज्या	वयोहानौ । 6.1.16 इति सम्प्रसारणम्	अ	ज्या	P	अनि	ज्या	जिनाति	अ०
1500	री	गतिरेषणयोः	अ	री	P	अनि	री	रिणाति	स०
1501	ली	श्लेषणे	अ	ली	P	अनि	ली	लिनाति	अ०
1502	व्ली	वरणे	अ	व्ली	P	अनि	व्ली	व्लिनाति	स०
1503	प्ली	गतौ । वृत् । ल्वादयो गताः । प्वादयोऽपित्येके	अ	प्ली	P	अनि	प्ली	प्लिनाति	स०
1504	व्री	वरणे	अ	व्री	P	अनि	व्री	व्रीणाति	स०
1505	भ्री	भये । भरणे इत्येके	अ	भ्री	P	अनि	भ्री	भ्रीणाति	अ०
1506	क्षीष्	हिंसायाम्	अ	क्षीष्	P	अनि	क्षी	क्षीणाति	स०

1507	ज्ञा	अवबोधने । 7.3.79 ज्ञाजनोर्जा	अ	ज्ञा॒	U	अनि	ज्ञा	जानाति / जानीते	स०
1508	बन्ध	बन्धने । ज्यादयोऽनुदात्ता उदात्तेतः परस्मैभाषाः । 6.4.24 अनिदितां हल उपधायाः क्ङिति इति न् लोपः	अ/उ	ब॒न्धँ	P	अनि	बन्ध्	बध्नाति	स०
1509	वृङ्	संभक्तौ । उदात्त आत्मनेपदी	उ	वृङ्	A	सेट्	वृ	वृणीते	स०
1510	श्रन्थ	विमोचनप्रतिहर्षयोः । 6.4.24 इति न् लोपः	उ/उ	श्रन्थँ	P	सेट्	श्रन्थ्	श्रथ्नाति	स०
1511	मन्थ	विलोडने । 6.4.24 इति न् लोपः	उ/उ	मन्थँ	P	सेट्	मन्थ्	मथ्नाति	द्वि०
1512	श्रन्थ	.... (सन्दर्भे) । 6.4.24 इति न् लोपः	उ/उ	श्रन्थँ	P	सेट्	श्रन्थ्	श्रथ्नाति	स०
1513	ग्रन्थ	सन्दर्भे । 6.4.24 इति न् लोपः	उ/उ	ग्रन्थँ	P	सेट्	ग्रन्थ्	ग्रथ्नाति	स०
1514 a	कुन्थ	संश्लेषणे । संक्लेशे इत्येके । कुथ इति दुर्गः । 6.4.24 इति न् लोपः	उ/उ	कुन्थँ	P	सेट्	कुन्थ्	कुथ्नाति	स०
1514 b	कुथ	संश्लेषणे । इति दुर्गः	उ/उ	कुथँ	P	सेट्	कुथ्	कुथ्नाति	स०
1515	मृद	क्षोदे	उ/उ	मृदँ	P	सेट्	मृद्	मृद्नाति	स०
1516	मृड	च । (क्षोदे) । अयं सुखे अपि	उ/उ	मृडँ	P	सेट्	मृड्	मृड्णाति	स०

1517	गुध	रोषे	उ/उ	गुधँ	P	सेट्	गुध्	गुध्नाति	अ०
1518	कुष	निष्कर्षे	उ/उ	कुषँ	P	सेट्	कुष्	कुष्णाति	स०
1519	क्षुभ	सञ्चलने	उ/उ	क्षुभँ	P	सेट्	क्षुभ्	क्षुभ्नाति	अ०
1520	णभ	.... (हिंसायाम्)	उ/उ	णभँ	P	सेट्	नभ्	नभ्नाति	स०
1521	तुभ	हिंसायाम्	उ/उ	तुभँ	P	सेट्	तुभ्	तुभ्नाति	स०
1522	क्लिशू	विबाधने	उ/उ	क्लिशूँ	P	V	क्लिश्	क्लिश्नाति	स०
1523	अश	भोजने	उ/उ	अशँ	P	सेट्	अश्	अश्नाति	स०
1524	उध्रस	उञ्छे। उकारः धातु-अवयव इत्येके। न इति अन्ये	उ	उँध्रसँ	P	सेट्	ध्रस्	ध्रस्नाति, उध्रस्नाति	स०
1525	इष	आभीक्ष्ण्ये	उ/उ	इषँ	P	सेट्	इष्	इष्णाति	स०
1526	विष	विप्रयोगे	अ/उ	विषँ	P	अनि	विष्	विष्णाति	अ०
1527	प्रुष	.... (स्नेहनसेवनपूरणेषु)	उ/उ	प्रुषँ	P	सेट्	प्रुष्	प्रुष्णाति	स०
1528	प्लुष	स्नेहनसेवनपूरणेषु	उ/उ	प्लुषँ	P	सेट्	प्लुष्	प्लुष्णाति	स०

1529	पुष	पुष्टौ	उ/उ	पुषँ	P	सेट्	पुष्	पुष्णाति	स०
1530	मुष	स्तेये	उ/उ	मुषँ	P	सेट्	मुष्	मुष्णाति	द्वि०
1531	खच	भूतप्रादुर्भावे । वान्तोऽयमित्येके । स्वामी अपि खच्ञाति इत्युक्त्वा खौनातिः इति सभ्याः	उ/उ	खचँ	P	सेट्	खच्	खच्ञाति, खौनाति	अ०
1532 a	हिठ	भूतप्रादुर्भावे	उ/उ	हिठँ	P	सेट्	हिठ्	हिठ्णाति	स०
1532 b	हेठ	च [भूतप्रादुर्भावे] । हिठ इत्येके । श्रन्थादय उदात्ता उदात्तेतः परस्मैभाषाः । क्लिशिस्तु वेट् । विषस्त्वनुदात्तः	उ/उ	हेठँ	P	सेट्	हेठ्	हेठ्णाति	स०
1533	ग्रह	उपादाने । उदात्तः स्वरितेदुभयतोभाषः । इति श्नाविकरणाः क्र्यादयः ‖ 6.1.16 इति सम्प्रसारणम्	उ/S	ग्रहँ	U	V	ग्रह्	गृह्णाति / गृह्णीते	स०

1534 0

अथ चुरादिः 10c

1534	चुर	स्तेये । 3.1.25 इति स्वार्थे णिच् । 1.3.74 णिचश्च इति उभयपदिनः । इदित् धात्वः तु वैकल्पिक णिच्	उ/उ	चुरँ	U	सेट्	चुर्	चोरयति / ते	स०
1535	चिति	स्मृत्याम् । इदित् वैकल्पिक णिच् 1.3.74 णिचश्च इति उभयपदिनः । 1.3.78 शेषात् कर्त्तरि परस्मैपदम् इति पक्षे परस्मैपदिनः	उ/उ	चितिँ	U	सेट्	चिन्त्	चिन्तयति / ते, चिन्तति	स०
1536	यत्रि	सङ्कोचने । अयं नित्यं णिच्	उ/उ	यत्रिँ	U	सेट्	यन्त्र्	यन्त्रयति / ते	स०
1537	स्फुडि	परिहासे । स्फुटि इत्यपि	उ/उ	स्फुडिँ	U	सेट्	स्फुण्ड्	स्फुण्डयति / ते, स्फुण्डति	स०
1538	लक्ष	दर्शनाङ्कनयोः	उ/उ	लक्षँ	U	सेट्	लक्ष्	लक्षयति / ते	स०
1539	कुद्रि	अनृतभाषणे । कुदृ इत्येके । कुडि इत्यपरे । अयं नित्यं णिच्	उ/उ	कुद्रिँ	U	सेट्	कुन्द्र्	कुन्द्रयति / ते	स०
1540	लड	उपसेवायाम्	उ/उ	लडँ	U	सेट्	लड्	लाडयति / ते	स०
1541	मिदि	स्नेहने । अयमनिदिति क्षीरस्वामिकौशिकौ	उ/उ	मिदिँ	U	सेट्	मिन्द्	मिन्दयति / ते, मिन्दति, मिदयति	स०

1542	ओलडि	उत्क्षेपणे । ओकारः धातु अवयव इत्येके । न इति अपरे । उलडि इत्यन्ये	उ/उ	ओलडिँ	U	सेट्	ओलण्ड्	ओलण्डयति / ते, ओलण्डति, लण्डयति / ते, लण्डति	स०
1543	जल	अपवारणे । लज इत्येके	उ/उ	जलँ	U	सेट्	जल्	जालयति / ते	स०
1544	पीड	अवगाहने	उ/उ	पीडँ	U	सेट्	पीड्	पीडयति	स०
1545	णट	अवस्यन्दने (अवस्पन्दने)	उ/उ	णटँ	U	सेट्	नट्	नाटयति / ते	स०
1546	श्रथ	प्रयत्ने । प्रस्थाने इत्येके	उ/उ	श्रथँ	U	सेट्	श्रथ्	श्राथयति / ते	अ०
1547	बध	संयमने । बन्ध इति चान्द्राः	उ/उ	बधँ	U	सेट्	बध्	बाधयति / ते	स०
1548	पॄ	पूरणे	उ	पॄ	U	सेट्	पॄ	पारयति / ते, परति	स०
1549	ऊर्ज	बलप्राणनयोः	उ/उ	ऊर्जँ	P	सेट्	ऊर्ज्	ऊर्जयति / ते	अ०
1550	पक्ष	परिग्रहे । (चूर्ण पेषणे)	उ/उ	पक्षँ	P	सेट्	पक्ष्	पक्षयति / ते	स०
1551	वर्ण	.... (प्रेरणे)	उ/उ	वर्णँ	P	सेट्	वर्ण्	वर्णयति / ते	स०

1552	चूर्ण	प्रेरणे (वर्ण-क्रिया-विस्तार-गुण-वचनेषु) । वर्ण वर्णन इत्येके	उ/उ	चूर्णँ	U	सेट्	चूर्ण्	चूर्णयति / ते	स०
1553	प्रथ	प्रख्याने	उ/उ	प्रथँ	U	सेट्	प्रथ्	प्राथयति / ते	स०
1554	पृथ	प्रक्षेपे । पथ इत्येके	उ/उ	पृथँ	U	सेट्	पृथ्	पर्थयति / ते	स०
1555	षम्ब	सम्बन्धने	उ/उ	षम्बँ	U	सेट्	सम्ब्	सम्बयति / ते	स०
1556	शम्ब	च (सम्बन्धने) । साम्ब इत्येके	उ/उ	शम्बँ	U	सेट्	शम्ब्	शम्बयति / ते	स०
1557	भक्ष	अदने	उ/उ	भक्षँ	U	सेट्	भक्ष्	भक्षयति / ते	स०
1558	कुट्ट	छेदनभर्त्सर्योः । पूरण इत्येके	उ/उ	कुट्टँ	P*	सेट्	कुट्ट्	कुट्टयति / ते	स०
1559	पुट्ट	.... (अल्पीभावे)	उ/उ	पुट्टँ	P	सेट्	पुट्ट्	पुट्टयति / ते	अ०
1560	चुट्ट	अल्पीभावे	उ/उ	चुट्टँ	U	सेट्	चुट्ट्	चुट्टयति / ते	अ०
1561	अट्ट	.... (अनादरे)	उ/उ	अट्टँ	U	सेट्	अट्ट्	अट्टयति / ते	स०
1562	षुट्ट	अनादरे	उ/उ	षुट्टँ	U	सेट्	सुट्ट्	सुट्टयति / ते	स०
1563 a	लुण्ठ	स्तेये	उ/उ	लुण्ठँ	U	सेट्	लुण्ठ्	लुण्ठयति / ते	स०

1563 b	लुण्ट	स्तेये । लुण्ठ इति केचित्	उ/उ	लुण्टँ	U	सेट्	लुण्ट्	लुण्टयति / ते	स०
1564	शठ	.... (असंस्कारगत्योः)	उ/उ	शठँ	U	सेट्	शठ्	शाठयति / ते	स०
1565 a	श्वठ	असंस्कारगत्योः । श्वठि इत्येके	उ/उ	श्वठँ	U	सेट्	श्वठ्	श्वाठयति / ते	स०
1565 b	श्वठि	असंस्कारगत्योः	उ/उ	श्वठिँ	U	सेट्	श्वण्ठ्	श्वण्ठयति / ते, श्वण्ठति	स०
1566	तुजि	.... (हिंसाबलादाननिकेतनेषु)	उ/उ	तुजिँ	U	सेट्	तुञ्ज्	तुञ्जयति / ते, तुञ्जति	स०
1567 a	पिजि	हिंसाबलादाननिकेतनेषु । तुज पिज इति केचित् । लजि लुजि इत्येके	उ/उ	पिजिँ	U	सेट्	पिञ्ज्	पिञ्जयति / ते, पिञ्जति	स०
1567 b	तुज	हिंसाबलादाननिकेतनेषु	उ/उ	तुजँ	U	सेट्	तुज्	तुजयति / ते	स०
1567 c	पिज	हिंसाबलादाननिकेतनेषु	उ/उ	पिजँ	U	सेट्	पिज्	पिजयति / ते	स०
1567 d	लजि	हिंसाबलादाननिकेतनेषु	उ/उ	लजिँ	U	सेट्	लञ्ज्	लञ्जयति / ते, लञ्जति	स०
1567 e	लुजि	हिंसाबलादाननिकेतनेषु	उ/उ	लुजिँ	U	सेट्	लुञ्ज्	लुञ्जयति / ते, लुञ्जति	स०
1568	पिस	गतौ	उ/उ	पिसँ	U	सेट्	पिस्	पेसयति /ते	स०

1569	षान्त्व	सामप्रयोगे	उ/उ	षान्त्वँ	U	सेट्	सान्त्व्	सान्त्वयति / ते	स०
1570	श्वल्क	.... (परिभाषणे)	उ/उ	श्वल्कँ	U	सेट्	श्वल्क्	श्वल्कयति / ते	स०
1571	वल्क	परिभाषणे	उ/उ	वल्कँ	U	सेट्	वल्क्	वल्कयति / ते	स०
1572 a	ष्णिह	स्नेहने । स्फिट इत्येके	उ/उ	ष्णिहँ	U	सेट्	स्निह्	स्नेहयति / ते	अ०
1572 b	स्फिट	स्नेहने	उ/उ	स्फिटँ	U	सेट्	स्फिट्	स्फेटयति / ते	स०
1573 a	स्मिट	अनादरे । ष्मिङ् इत्येके	उ/उ	स्मिटँ	U	सेट्	स्मिट्	स्मेटयति / ते	स०
1573 b	ष्मिङ्	अनादरे । 6.1.57 नित्यं स्मयतेः , इति आत्व । 1.3.68 भीस्म्योर्हेतुभये , इति पुक् आगमः	उ/उ	ष्मिङ्	A	सेट्	स्मि	स्मापयते	स०
1574	श्लिष	श्लेषणे	उ/उ	श्लिषँ	U	सेट्	श्लिष्	श्लेषयति / ते	स०
1575	पथि	गतौ	उ/उ	पथिँ	U	सेट्	पन्थ्	पन्थयति / ते, पन्थति	स०
1576	पिच्छ	कुट्टने । (पिछ्) । पिच्च इति क्षीरतरङ्गिणी	उ/उ	पिच्छँ	U	सेट्	पिच्छ्	पिच्छयति / ते	स०
1577	छदि	संवरणे	उ/उ	छदिँ	U	सेट्	छन्द्	छन्दयति / ते, छन्दति	स०

1578	श्रण	दाने	उ/उ	श्रणँ	U	सेट्	श्रण्	श्राणयति / ते	स०
1579	तड	आघाते	उ/उ	तडँ	U	सेट्	तड्	ताडयति / ते	स०
1580	खड	.... (भेदने)	उ/उ	खडँ	U	सेट्	खड्	खाडयति / ते	स०
1581	खडि	.... (भेदने)	उ/उ	खडिँ	A	सेट्	खण्ड्	खण्डयति / ते, खण्डति	स०
1582	कडि	भेदने	उ/उ	कडिँ	U	सेट्	कण्ड्	कण्डयति / ते, कण्डति	स०
1583	कुडि	रक्षणे	उ/उ	कुडिँ	U	सेट्	कुण्ड्	कुण्डयति / ते , कुण्डति	स०
1584 a	गुडि	वेष्टने । रक्षणे इत्येके । कुठि इत्यन्ये । गुठि इत्यपरे	उ/उ	गुडिँ	U	सेट्	गुण्ड्	गुण्डयति / ते, गुण्डति	स०
1584 b	कुठि	वेष्टने । रक्षणे	उ/उ	कुठिँ	U	सेट्	कुण्ठ्	कुण्ठयति / ते, कुण्ठति	स०
1584 c	गुठि	वेष्टने । रक्षणे इत्येके	उ/उ	गुठिँ	U	सेट्	गुण्ठ्	गुण्ठयति / ते, गुण्ठति	स०
1585	खुडि	खण्डने	उ/उ	खुडिँ	U	सेट्	खुण्ड्	खुण्डयति / ते, खुण्डति	स०

1586 a	वटि	विभाजने । पडि इति केचित् । (चडि कपि चण्डे) । वडि इति क्षीरतरङ्गिणी	उ/उ	वटिँ	U	सेट्	वण्ट्	वण्टयति / ते, वण्टति	स०
1586 b	वडि	विभाजने	उ/उ	वडिँ	U	सेट्	वण्ड्	वण्डयति / ते, वण्डति	स०
1587	मडि	भूषायां हर्षे च	उ/उ	मडिँ	U	सेट्	मण्ड्	मण्डयति / ते, मण्डति	स०
1588	भडि	कल्याणे	उ/उ	भडिँ	U	सेट्	भण्ड्	भण्डयति / ते, भण्डति	स०
1589	छर्द	वमने	उ/उ	छर्दँ	U	सेट्	छर्द्	छर्दयति / ते	अ०
1590	पुस्त	.... (आदरानादरयोः)	उ/उ	पुस्तँ	U	सेट्	पुस्त्	पुस्तयति / ते	स०
1591	बुस्त	आदरानादरयोः	उ/उ	बुस्तँ	U	सेट्	बुस्त्	बुस्तयति / ते	स०
1592	चुद	सञ्चोदने	उ/उ	चुदँ	U	सेट्	चुद्	चोदयति / ते	स०
1593	नक्क	.... (नाशने)	उ/उ	नक्कँ	U	सेट्	नक्क्	नक्कयति / ते	स०
1594	धक्क	नाशने	उ/उ	धक्कँ	U	सेट्	धक्क्	धक्कयति / ते	स०
1595	चक्क	.... (व्यथने)	उ/उ	चक्कँ	U	सेट्	चक्क्	चक्कयति / ते	स०

1596	चुक्क	व्यथने	उ/उ	चुक्कँ	U	सेट्	चुक्क्	चुक्कयति / ते	स०
1597	क्षल	शौचकर्मणि	उ/उ	क्षलँ	U	सेट्	क्षल्	क्षालयति / ते	स०
1598	तल	प्रतिष्ठायाम्	उ/उ	तलँ	U	सेट्	तल्	तालयति / ते	स०
1599	तुल	उन्माने	उ/उ	तुलँ	U	सेट्	तुल्	तोलयति / ते	स०
1600	दुल	उत्क्षेपे	उ/उ	दुलँ	U	सेट्	दुल्	दोलयति / ते	स०
1601	पुल	महत्त्वे । षुल समुच्छ्राये, बुल निमज्जने इत्यानुपूर्व्या क्षीरतरङ्गिणी	उ/उ	पुलँ	U	सेट्	पुल्	पोलयति / ते	अ०
1602	चुल	समुच्छ्राये । (षुल समुच्छ्राये)	उ/उ	चुलँ	U	सेट्	चुल्	चोलयति / ते	स०
1603	मूल	रोहणे	उ/उ	मूलँ	U	सेट्	मूल्	मूलयति / ते	स०
1604	कल	.... (क्षेपे) । कल किल पिल इति क्षीरतरङ्गिणी	उ/उ	कलँ	U	सेट्	कल्	कालयति / ते	स०
1605	विल	क्षेपे	उ/उ	विलँ	U	सेट्	विल्	वेलयति / ते	स०
1606	बिल	भेदने	उ/उ	बिलँ	U	सेट्	बिल्	बेलयति / ते	स०
1607	तिल	स्नेहने	उ/उ	तिलँ	U	सेट्	तिल्	तेलयति / ते	अ०

1608	चल	भृतौ	उ/उ	चलँ	U	सेट्	चल्	चालयति / ते	अ०
1609	पाल	रक्षणे	उ/उ	पालँ	U	सेट्	पाल्	पालयति / ते	स०
1610	लूष	हिंसायाम्	उ/उ	लूषँ	U	सेट्	लूष्	लूषयति / ते	स०
1611	शुल्ब	माने	उ/उ	शुल्बँ	U	सेट्	शुल्ब्	शुल्बयति / ते	स०
1612	शूर्प	च (माने)	उ/उ	शूर्पँ	U	सेट्	शूर्प्	शूर्पयति / ते	स०
1613	चुट	छेदने	उ/उ	चुटँ	U	सेट्	चुट्	चोटयति / ते	स०
1614	मुट	सञ्चूर्णने	उ/उ	मुटँ	U	सेट्	मुट्	मोटयति / ते	स०
1615	पडि	.... (नाशने)	उ/उ	पडिँ	U	सेट्	पण्ड्	पण्डयति / ते, पण्डति	स०
1616	पसि	नाशने	उ/उ	पसिँ	U	सेट्	पंस्	पंसयति / ते, पंसति	स०
1617	व्रज	मार्गसंस्कारगत्योः	उ/उ	व्रजँ	U	सेट्	व्रज्	व्राजयति / ते	स०
1618	शुल्क	अतिस्पर्शने । अतिसर्जन इत्येके	उ/उ	शुल्कँ	U	सेट्	शुल्क्	शुल्कयति / ते	स०

1619	चपि	गत्याम्	उ/उ	चपिँ	U	सेट्	चम्प्	चम्पयति / ते, चम्पति / ते	स०
1620	क्षपि	क्षान्त्याम्	उ/उ	क्षपिँ	U	सेट्	क्षम्प्	क्षम्पयति / ते, क्षम्पति	स०
1621	छजि	कृच्छ्रजीवने	उ/उ	छजिँ	U	सेट्	छञ्ज्	छञ्जयति / ते, छञ्जति	अ०
1622	श्वर्त	गत्याम्	उ/उ	श्वर्तँ	U	सेट्	श्वर्त्	श्वर्तयति / ते	स०
1623	श्वभ्र	च (गत्याम्)	उ/उ	श्वभ्रँ	U	सेट्	श्वभ्र्	श्वभ्रयति / ते	स०
1624	ज्ञप	ज्ञानज्ञापनमारणतोषणनिशान-निशामनेषु । मिच्च इत्येके । नान्ये मितोऽहेतौ गणसूत्र इति ज्ञपादि षट् मित् । 6.4.92 मितां ह्रस्वः इति उपधा ह्रस्वः	उ/उ	ज्ञपँ	U	सेट्	ज्ञप्	ज्ञपयति / ते	स०
1625	यम	च परिवेषणे । मित् । चान्मित्	उ/उ	यमँ	U	सेट्	यम्	यमयति / ते	स०
1626 a	चप	परिकल्कने	उ/उ	चपँ	U	सेट्	चप्	चपयति / ते	स०
1626 b	चह	परिकल्कने । चप इत्येके	उ/उ	चहँ	U	सेट्	चह्	चहयति / ते	स०

1627	रह	त्यागे	उ/उ	रहँ	U	सेट्	रह्	रहयति / ते	स०
1628	बल	प्राणने	उ/उ	बलँ	U	सेट्	बल्	बलयति / ते	स०
1629	चिञ्	चयने । नान्ये मितोऽहेतौ गणसूत्र वृत्	उ	चिञ्	U	सेट्	चि	चपयति / ते, चयति / ते, चययति / ते	स०
1630	घट्ट	चलने	उ/उ	घट्टँ	U	सेट्	घट्ट्	घट्टयति / ते	अ०
1631	मुस्त	सङ्घाते	उ/उ	मुस्तँ	U	सेट्	मुस्त्	मुस्तयति / ते	अ०
1632	खट्ट	संवरणे	उ/उ	खट्टँ	U	सेट्	खट्ट्	खट्टयति / ते	स०
1633	षट्ट	.... (हिंसायाम्)	उ/उ	षट्टँ	U	सेट्	सट्ट्	सट्टयति / ते	स०
1634	स्फिट्ट	.... (हिंसायाम्)	उ/उ	स्फिट्टँ	U	सेट्	स्फिट्ट्	स्फिट्टयित / ते	स०
1635	चुबि	हिंसायाम्	उ/उ	चुबिँ	U	सेट्	चुम्ब्	चुम्बयति / ते, चुम्बति	स०
1636	पूल	सङ्घाते । पूर्ण इत्येके । पुण इत्यन्ये	उ/उ	पूलँ	U	सेट्	पूल्	पोलयति / ते	स०
1637	पुंस	अभिवर्धने	उ/उ	पुंसँ	U	सेट्	पुंस्	पुंसयति / ते	स०

1638	टकि	बन्धने ।(व्यप क्षेपे । व्यय विप इत्येके)	उ/उ	टकिँ	U	सेट्	टङ्क्	टङ्कयति / ते, टङ्कति	स०
1639	धूस	कान्तिकरणे । मूर्धन्यान्त इत्येके । तालव्यान्त इत्यन्ये	उ/उ	धूसँ	U	सेट्	धूस्	धूसयति / ते	स०
1640	कीट	वर्णे	उ/उ	कीटँ	U	सेट्	कीट्	कीटयति / ते	स०
1641	चूर्ण	सङ्कोचने	उ/उ	चूर्णँ	U	सेट्	चूर्ण्	चूर्णयति / ते	स०
1642	पूज	पूजायाम्	उ/उ	पूजँ	U	सेट्	पूज्	पूजयति / ते	स०
1643	अर्क	स्तवने तपने च	उ/उ	अर्कँ	U	सेट्	अर्क्	अर्कयति / ते	स०
1644	शुठ	आलस्ये	उ/उ	शुठँ	U	सेट्	शुठ्	शोठयति / ते	स०
1645	शुठि	शोषणे	उ/उ	शुठिँ	U	सेट्	शुण्ठ्	शुण्ठयति / ते, शुण्ठति	स०
1646	जुड	प्रेरणे	उ/उ	जुडँ	U	सेट्	जुड्	जोडयति /ते	स०
1647	गज	.... (शब्दार्थः)	उ/उ	गजँ	U	सेट्	गज्	गाजयति / ते	अ०
1648	मार्ज	शब्दार्थौ	उ/उ	मार्जँ	U	सेट्	मार्ज्	मार्जयति / ते	अ०

1649	मर्च	च (शब्दार्थेः)	उ/उ	मर्चँ	U	सेट्	मर्च्	मर्चयति / ते	अ०
1650	घृ	प्रस्रवणे । स्रावण इत्येके	उ	घृ	U	सेट्	घृ	घारयति / ते	स०
1651	पचि	विस्तारवचने	उ/उ	पचिँ	U	सेट्	पञ्च्	पञ्चयति / ते, पञ्चति	स०
1652	तिज	निशातने । नित्य सन्नन्तः लोट्	उ/उ	तिजँ	U	सेट्	तिज्	तेजयति / ते	स०
1653	कृत	संशब्दने	उ/उ	कृतँ	U	सेट्	कृत्	कीर्तयति / ते	स०
1654	वर्ध	छेदनपूरणयोः	उ/उ	वर्धँ	U	सेट्	वर्ध्	वर्धयति / ते	स०
1655 a	कुबि	आच्छादने । कुभि इत्येके	उ/उ	कुबिँ	U	सेट्	कुम्ब्	कुम्बयति / ते, कुम्बति	स०
1655 b	कुभि	आच्छादने	उ/उ	कुभिँ	U	सेट्	कुम्भ्	कुम्भयति / ते, कुम्भति	स०
1656	लुबि	.... (अदर्शने)	उ/उ	लुबिँ	U	सेट्	लुम्ब्	लुम्बयति / ते, लुम्बति	स०
1657	तुबि	अदर्शने । अर्दने च	उ/उ	तुबिँ	U	सेट्	तुम्ब्	तुम्बयति / ते, तुमब्ति	स०

1658 a	ह्लप	व्यक्तायां वाचि । क्लप इत्येके । ह्वप इत्यन्ये	उ/उ	ह्लपँ	U	सेट्	ह्लप्	ह्लापयति / ते	स०
1658 b	क्लप	व्यक्तायां वाचि	उ/उ	क्लपँ	U	सेट्	क्लप्	क्लापयति / ते	स०
1658 c	ह्वप	व्यक्तायां वाचि	उ/उ	ह्वपँ	U	सेट्	ह्वप्	ह्वापयति / ते	स०
1659	चुटि	छेदने	उ/उ	चुटिँ	U	सेट्	चुण्ट्	चुण्टयति / ते, चुण्टति	स०
1660	इल	प्रेरणे	उ/उ	इलँ	U	सेट्	इल्	एलयति / ते	स०
1661	म्रक्ष	म्लेच्छने	उ/उ	म्रक्षँ	U	सेट्	म्रक्ष्	म्रक्षयति / ते	अ०
1662	म्लेच्छ	अव्यक्तायां वाचि	उ/उ	म्लेच्छँ	U	सेट्	म्लेच्छ्	म्लेच्छयति / ते	अ०
1663	ब्रूस	.... हिंसायाम् । (ब्रीस , ब्रुसे)	उ/उ	ब्रूसँ	U	सेट्	ब्रूस्	ब्रूसयति / ते	स०
1664 a	बर्ह	हिंसायाम् । केचित् इह गर्ज गर्द शब्दे, गर्ध अभिकाङ्क्षायाम इति पठन्ति	उ/उ	बर्हँ	U	सेट्	बर्ह्	बर्हयति / ते	अ०
1664 b	गर्ज	शब्दे	उ/उ	गर्जँ	U	सेट्	गर्ज्	गर्जयति / ते	अ०
1664 c	गर्द	शब्दे	उ/उ	गर्दँ	U	सेट्	गर्द्	गर्दयति / ते	अ०
1664 d	गर्ध	अभिकाङ्क्षायाम्	उ/उ	गर्धँ	U	सेट्	गर्ध्	गर्धयति / ते	अ०

1665	गुर्द	पूर्वनिकेतने । पूर्व निकेतने इति धातुप्रदीपे, पूर्वयति	उ/उ	गुर्दँ	U	सेट्	गुर्द्	गुर्दयति / ते	अ०
1666	जसि	रक्षणे । मोक्षणे इति केचित्	उ/उ	जसिँ	U	सेट्	जंस्	जंसयति / ते, जंसति	स०
1667	ईड	स्तुतौ	उ/उ	ईडँ	U	सेट्	ईड्	ईडयति / ते	स०
1668	जसु	हिंसायाम्	उ/उ	जसुँ	U	सेट्	जस्	जासयति / ते, जसति	स०
1669	पिडि	सङ्घाते	उ/उ	पिडिँ	U	सेट्	पिण्ड्	पिण्डयति / ते, पिण्डति	अ०
1670 a	रुष	रोषे । रुट इत्येके	उ/उ	रुषँ	U	सेट्	रुष्	रोषयति / ते	अ०
1670 b	रुट	रोषे	उ/उ	रुटँ	U	सेट्	रुट्	रोतयति / ते	अ०
1671	डिप	क्षेपे	उ/उ	डिपँ	U	सेट्	डिप्	डेपयति / ते	स०
1672	ष्टुप	समुच्छ्राये । अथ आकुस्मीय अन्तर्गणः नवत्रिंशत् आत्मनेपदिनः	उ/उ	ष्टुपँ	U	सेट्	स्तुप्	स्तोपयति / ते	स०
1673	चित	सञ्चेतने	उ/अ	चितँ॒	A	सेट्	चित्	चेतयते	स०
1674	दशि	दंशने	उ/अ	दशिँ॒	A	सेट्	दंश्	दंशयते,दंशति	स०

1675	दसि	दर्शनदंशनयोः । दस इत्यप्येके	उ/अ	दसिँ॒	A	सेट्	दंस्	दंसयते,दंसति	स०
1676	डप	.... (संघाते)	उ/अ	डपँ॒	A	सेट्	डप्	डापयते	स०
1677	डिप	संघाते	उ/अ	डिपँ॒	A	सेट्	डिप्	डेपयते	स०
1678	तत्रि	कुटुम्बधारणे । कुटुम्ब धात्वन्तरमिति चान्द्राः । अयं नित्यं णिच्	उ/अ	तत्रिँ॒	A	सेट्	तन्त्र्	तन्त्रयते	अ०
1679	मत्रि	गुप्तपरिभाषणे । अयं नित्यं णिच्	उ/अ	मत्रिँ॒	A	सेट्	मन्त्र्	मन्त्रयते	स०
1680	स्पश	ग्रहणसंश्लेषणयोः	उ/अ	स्पशँ॒	A	सेट्	स्पश्	स्पाशयते	स०
1681	तर्ज	.... (तर्जने)	उ/अ	तर्जँ॒	A	सेट्	तर्ज्	तर्जयते	स०
1682	भर्त्स	तर्जने । सन्तर्जने इति	उ/अ	भर्त्सँ॒	A	सेट्	भर्त्स्	भर्त्सयते	स०
1683	बस्त	.... (अर्दने)	उ/अ	बस्तँ॒	A	सेट्	बस्त्	बस्तयते	स०
1684	गन्ध	अर्दने	उ/अ	गन्धँ॒	A	सेट्	गन्ध्	गन्धयते	स०
1685 a	विष्क	हिंसायाम् । हिष्क इत्येके	उ/अ	विष्कँ॒	A	सेट्	विष्क्	विष्कयते	स०
1685 b	हिष्क	हिंसायाम्	उ/अ	हिष्कँ॒	A	सेट्	हिष्क्	हिष्कयते	स०

1686	निष्क	परिमाणे	उ/अ	निष्कँ	A	सेट्	निष्क्	निष्कयते	स०
1687	लल	ईप्सायाम्	उ/अ	ललँ	A	सेट्	लल्	लालयते	स०
1688	कूण	सङ्कोचे	उ/अ	कूणँ	A	सेट्	कूण्	कूणयते	स०
1689	तूण	पूरणे	उ/अ	तूणँ	A	सेट्	तूण्	तूणयते	स०
1690	भ्रूण	आशाविशङ्कयोः	उ/अ	भ्रूणँ	A	सेट्	भ्रूण्	भ्रूणयते	स०
1691	शठ	श्लाघायाम्	उ/अ	शठँ	A	सेट्	शठ्	शाठयते	स०
1692	यक्ष	पूजायाम्	उ/अ	यक्षँ	A	सेट्	यक्ष्	यक्षयते	स०
1693	स्यम	वितर्के	उ/अ	स्यमँ	A	सेट्	स्यम्	स्यामयते	स०
1694	गूर	उद्यमने	उ/अ	गूरँ	A	सेट्	गूर्	गूरयते	स०
1695	शम	.... (आलोचने) । नान्ये मितोऽहेतौ	उ/अ	शमँ	A	सेट्	शम्	शामयते	स०
1696	लक्ष	आलोचने	उ/अ	लक्षँ	A	सेट्	लक्ष्	लक्षयते	स०
1697	कुत्स	अवक्षेपणे (निन्दने)	उ/अ	कुत्सँ	A	सेट्	कुत्स्	कुत्सयते	स०

1698 a	कुट	छेदने	उ/अ	कुटँ॒	A	सेट्	कुट्	कोटयते	स०
1698 b	त्रुट	छेदने । कुट इत्येके	उ/अ	त्रुटँ॒	A	सेट्	त्रुट्	त्रोटयते	स०
1699	गल	स्रवणे	उ/अ	गलँ॒	A	सेट्	गल्	गालयते	अ०
1700	भल	आभण्डने	उ/अ	भलँ॒	A	सेट्	भल्	भालयते	स०
1701	कूट	आप्रदाने । अवसादन इत्येके	उ/अ	कूटँ॒	A	सेट्	कूट्	कूटयते	स०
1702	कुट्ट	प्रतापने	उ/अ	कुट्टँ॒	A	सेट्	कुट्ट्	कुट्टयते	स०
1703	वञ्चु	प्रलम्भने । णिच् अनित्यः	उ/अ	वञ्चुँ॒	A	सेट्	वञ्च्	वञ्चयते,वञ्चति	स०
1704	वृष	शक्तिबन्धने	उ/अ	वृषँ॒	A	सेट्	वृष्	वर्षयते	अ०
1705	मद	तृप्तियोगे	उ/अ	मदँ॒	A	सेट्	मद्	मादयते	स०
1706	दिवु	परिकूजने	उ/अ	दिवुँ॒	A	सेट्	दिव्	देवयते	अ०
1707	गॄ	विज्ञाने	उ	गॄ	A	सेट्	गॄ	गारयते	स०
1708	विद	चेतनाख्याननिवासेषु	उ/अ	विदँ॒	A	सेट्	विद्	वेदयते	स०

1709	मान	(मन) स्तम्भे	उ/अ	मानँ॒	A	सेट्	मान्	मानयते	अ०
1710	यु	जुगुप्सायाम्	उ	यु	A	सेट्	यु	यावयते	स०
1711	कुस्म	नाम्नो वा कुत्सितस्मयने । इत्याकुस्मीयाः वृत्	उ/अ	कुस्मँ॒	A	सेट्	कुस्म्	कुस्मयते	अ०
1712	चर्च	अध्ययने	-	चर्चँ	U	सेट्	चर्च्	चर्चयति / ते	स०
1713	बुक्क	भाषणे	-	बुक्कँ	U	सेट्	बुक्क्	बुक्कयति / ते	अ०
1714	शब्द	उपसर्गाद्आविष्कारे च	-	शब्दँ	U	सेट्	शब्द्	शब्दयति / ते	स०
1715	कण	निमीलने	-	कणँ	U	सेट्	कण्	काणयति / ते	स०
1716	जभि	नाशने	-	जभिँ	U	सेट्	जम्भ्	जम्भयति / ते, जम्भति	स०
1717	षूद	क्षरणे	-	षूदँ	U	सेट्	सूद्	सूदयति / ते	स०
1718	जसु	ताडने (जस्) । णिच् विकल्पितः	-	जसुँ	U	सेट्	जस्	जासयति / ते, जसति	स०
1719	पश	बन्धने	-	पशँ	U	सेट्	पश्	पाशयति / ते	स०

1720	अम	रोगे	-	अमँ	U	सेट्	अम्	आमयति / ते	स०
1721	चट	.... (भेदने)	-	चटँ	U	सेट्	चट्	चाटयति / ते	स०
1722	स्फुट	भेदने	-	स्फुटँ	U	सेट्	स्फुट्	स्फोटयति / ते	अ०
1723	घट	सङ्घाते । हन्त्यार्थाः च	-	घटँ	U	सेट्	घट्	घाटयति / ते	स०
1724	दिवु	मर्दने	-	दिवुँ	U	सेट्	दिव्	देवयति / ते, देवति	स०
1725	अर्ज	प्रतियत्ने	-	अर्जँ	U	सेट्	अर्ज्	अर्जयति / ते	स०
1726	घुषिर्	विशब्दने	-	घुषिँर्	U	सेट्	घुष्	घोषयति / ते	स०
1727	आङःक्रन्द	सातत्ये	-	आङः क्रन्दँ	U	सेट्	आक्रन्द्	आक्रन्दयति / ते	अ०
1728	लस	शिल्पयोगे	-	लसँ	U	सेट्	लस्	लासयति / ते	अ०
1729	तसि	.... (अलङ्करणे)	-	तसिँ	U	सेट्	तंस्	तंसयति / ते, तंसति	स०
1730 a	भूष	अलङ्करणे । घोष असने , मोक्ष आसने	-	भूषँ	U	सेट्	भूष्	भूषयति / ते	स०

1730 b	मोक्ष	असने	-	मोक्षँ	U	सेट्	मोक्ष्	मोक्षयति / ते	स०
1731	अर्ह	पूजायाम्	-	अर्हँ	U	सेट्	अर्ह्	अर्हयति / ते, अर्हीते	स०
1732	ज्ञा	नियोगे	-	ज्ञा	U	सेट्	ज्ञा	आज्ञापयति/ते	स०
1733	भज	विश्राणने	-	भजँ	U	सेट्	भज्	भाजयति / ते	स०
1734	शृधु	प्रसहने	-	शृधुँ	U	सेट्	शृध्	शर्धयति / ते, शर्धति	स०
1735	यत	निकारोपस्कारयोः	-	यतँ	U	सेट्	यत्	यातयति / ते	अ०
1736	रक	.... (आस्वादने)	-	रकँ	U	सेट्	रक्	राकयति / ते	स०
1737 a	लग	आस्वादने । रघ इत्येके । रग इत्यन्ये	-	लगँ	U	सेट्	लग्	लागयति / ते	स०
1737 b	रघ	आस्वादने	-	रघँ	U	सेट्	रघ्	राघयति / ते	स०
1737 c	रग	आस्वादने	-	रगँ	U	सेट्	रग्	रागयति / ते	स०
1738	अञ्चु	विशेषणे	-	अञ्चुँ	U	सेट्	अञ्च्	अञ्चयति / ते, अञ्चति	स०

1739	लिगि	चित्रीकरणे	-	लिगिँ	U	सेट्	लिङ्ग्	लिङ्गयति / ते, लिङ्गति	स०
1740	मुद	संसर्गे	-	मुदँ	U	सेट्	मुद्	मोदयति / ते	स०
1741	त्रस	धारणे । ग्रहण इत्येके । वारण इत्यन्ये	-	त्रसँ	U	सेट्	त्रस्	त्रासयति / ते	स०
1742	उध्रस	उञ्छे । उकारो धात्ववयव इत्येके । नेत्यन्ये	-	उध्रसँ	U	सेट्	उध्रस्	उध्रासयति / ते, उध्रसति, ध्रसति	स०
1743	मुच	प्रमोचने मोदने च	-	मुचँ	U	सेट्	मुच्	मोचयति / ते	स०
1744	वस	स्नेहच्छेदापहरणेषु	-	वसँ	U	सेट्	वस्	वासयति / ते	स०
1745	चर	संशये	-	चरँ	U	सेट्	चर्	चारयति / ते	स०
1746 a	च्यु	सहने । हसने च इत्येके । च्युस इत्येके	-	च्यु	U	सेट्	च्यु	च्यावयति / ते	स०
1746 b	च्युस	सहने हसने च	-	च्युसँ	U	सेट्	च्युस्	च्योसयति / ते	स०
1747	भू	अवकल्कने । भुवोऽवकल्कने । चिन्तन इत्येके	-	भू	U	सेट्	भू	भावयति / ते	स०

1748	कृप	च । कृपेश्च [अवकल्कने] । अथ आस्वदीय अन्तर्गणः । गणसूत्र आस्वदः सकर्मकात् इति स० णिच् अ० अणिच् । अतः परं स्वदिमभिव्याप्य सम्भवत्कर्मकेभ्य एव णिच्	-	कृपँ	U	सेट्	कृप्	कल्पयति / ते	अ०
1749	ग्रस	ग्रहणे	-	ग्रसँ	U	सेट्	ग्रस्	ग्रासयति / ते, ग्रसति	स०
1750	पुष	धारणे	-	पुषँ	U	सेट्	पुष्	पोषयति / ते, पोषति	स०
1751	दल	विदारणे	-	दलँ	U	सेट्	दल्	दालयति / ते, दलति	स०
1752	पट	.... भाषार्थः [ग्रन्थे]	-	पटँ	U	सेट्	पट्	पाटयति / ते, पटति	स०
1753	पुट	.... भाषार्थः	-	पुटँ	U	सेट्	पुट्	पोटयति / ते, पोटति	स०
1754	लुट	.... भाषार्थः	-	लुटँ	U	सेट्	लुट्	लोटयति / ते, लोटति	स०
1755	तुजि	...हिंसाबलादाननिकेतनेषु भाषायां च	-	तुजिँ	U	सेट्	तुञ्ज्	तुञ्जयति/ते, तुञ्जति	स०

1756	मिजि	.... भाषायाम्	-	मिजिँ	U	सेट्	मिञ्ज्	मिञ्जयति / ते, मिञ्जति	स०
1757	पिजि	.... भाषायाम्	-	पिजिँ	U	सेट्	पिञ्ज्	पिञ्जयति / ते, पिञ्जति	स०
1758	लुजि	.... भाषायाम्	-	लुजिँ	U	सेट्	लुञ्ज्	लुञ्जयति / ते, लुञ्जति	स०
1759	भजि	.... भाषायाम्	-	भजिँ	U	सेट्	भञ्ज्	भञ्जयति / ते, भञ्जति	स०
1760	लघि	.... भाषायाम्	-	लघिँ	U	सेट्	लङ्घ्	लङ्घयति / ते, लङ्घति	स०
1761	त्रसि	.... भाषायाम्	-	त्रसिँ	U	सेट्	त्रंस्	त्रंसयति / ते, त्रंसति	स०
1762	पिसि	.... भाषायाम्	-	पिसिँ	U	सेट्	पिंस्	पिंसयति / ते, पिंसति	स०
1763	कुसि	.... भाषायाम्	-	कुसिँ	U	सेट्	कुंस्	कुंसयति / ते, कुंसति	स०
1764	दशि	.... भाषायाम्	-	दशिँ	U	सेट्	दंश्	दंशयति / ते, दंशति	स०

1765	कुशि	.... भाषायाम्	-	कुशिँ	U	सेट्	कुंश्	कुंशयति / ते, कुंशति	स०
1766	घट	.... भाषायाम्	-	घटँ	U	सेट्	घट्	घाटयति / ते, घटति	स०
1767	घटि	.... भाषायां भासार्थो वा	-	घटिँ	U	सेट्	घण्ट्	घण्टयति / ते, घण्टति	स०
1768	बृहि	.... भाषायाम्	-	बृहिँ	U	सेट्	बृंह्	बृंहयति / ते, बृंहति	स०
1769	बर्ह	.... भाषायाम्	-	बर्हँ	U	सेट्	बर्ह्	बर्हयति / ते, बर्हते	स०
1770	बल्ह	.... भाषायाम्	-	बल्हँ	U	सेट्	बल्ह्	बल्हयति / ते, बल्हते	स०
1771	गुप	.... भाषायाम् । आये शपि । व्याकुलत्वे श्यनि	-	गुपँ	U	सेट्	गुप्	गोपयति / ते, गोपति, गोपायति, गुप्यति	स०
1772	धूप	.... भाषायाम् । आये शपि	-	धूपँ	U	सेट्	धूप्	धूपयति / ते, धूपति, धूपायति	स०

1773	विच्छ	.... भाषायाम्	-	विच्छँ	U	सेट्	विच्छ्	विच्छयति / ते, विच्छाययति	स०
1774	चीव	.... भाषार्थः । भासार्थः	-	चीवँ	U	सेट्	चीव्	चीवयति / ते, चीवति	स०
1775	पुथ	.... भाषायाम्	-	पुथँ	U	सेट्	पुथ्	पोथयति / ते, पोथति	स०
1776	लोकृ	.... भाषायाम्	-	लोकृँ	U	सेट्	लोक्	लोकयति / ते, लोकति	स०
1777	लोचृ	.... भाषायाम्	-	लोचृँ	U	सेट्	लोच्	लोचयति / ते, लोचति	स०
1778	णद	.... भाषायाम्	-	णदँ	U	सेट्	नद्	नादयति / ते, नदति	स०
1779	कुप	.... भाषायाम्	-	कुपँ	U*	सेट्	कुप्	कोपयति / ते, कोपति	स०
1780	तर्क	.... भाषायाम्	-	तर्कँ	U	सेट्	तर्क्	तर्कयति / ते, तर्कति	स०
1781	वृतु	.... भाषायाम्	-	वृतुँ	U	सेट्	वृत्	वर्तयति / ते, वर्तति	स०

1782	वृधु	भाषार्थाः	-	वृधुँ	U	सेट्	वृध्	वर्धयति / ते, वर्धति	स०
1783	रुट	.... भाषायाम्	-	रुटँ	U	सेट्	रुट्	रोटयति / ते, रोटति	स०
1784	लजि	.... भाषायाम्	-	लजिँ	U	सेट्	लञ्ज्	लञ्जयति / ते, लञ्जति	स०
1785	अजि	.... भाषायाम्	-	अजिँ	U	सेट्	अञ्ज्	अञ्जयति / ते, अञ्जति	स०
1786	दसि	.... भाषायाम्	-	दसिँ	U	सेट्	दंस्	दंसयति / ते, दंसति	स०
1787	भृशि	.... भाषायाम्	-	भृशिँ	U	सेट्	भृंश्	भृंशयति / ते, भृंशति	स०
1788	रुशि	.... भाषायाम्	-	रुशिँ	U	सेट्	रुंश्	रुंशयति / ते, रुंशति	स०
1789	शीक	.... भाषायाम्	-	शीकँ	U	सेट्	शीक्	शीकयति / ते	स०
1790	रुसि	.... भाषायाम्	-	रुसिँ	U	सेट्	रुंस्	रुंसयति / ते, रुंसति	स०

1791	नट	.... भाषायाम्	-	नटँ	U	सेट्	नट्	नाटयति / ते, नटति	स०
1792	पुटि	.... भाषायाम्	-	पुटिँ	U	सेट्	पुण्ट्	पुण्टयति / ते, पुण्टति	स०
1793	जि	.... भाषार्थः । भासार्थः	-	जि	U	सेट्	जि	जाययति / ते, जयति	स०
1794 a	चि	.... भाषार्थः । भासार्थः (जुचि)	-	चि	U	सेट्	चि	चाययति / ते, चयति	स०
1794 b	जुचि	भाषार्थः । भासार्थः	-	जुचिँ	U	सेट्	जुञ्च्	जुञ्चयति / ते	स०
1795	रघि	.... भाषायाम्	-	रघिँ	U	सेट्	रङ्घ्	रङ्घयति / ते, रङ्घति	स०
1796	लघि	.... भाषायाम्	-	लघिँ	U	सेट्	लङ्घ्	लङ्घयति / ते, लङ्घति	स०
1797	अहि	.... भाषायाम्	-	अहिँ	U	सेट्	अंह्	अंहयति / ते, अंहति	स०
1798	रहि	.... भाषायाम्	-	रहिँ	U	सेट्	रंह्	रंहयति / ते, रंहति	स०
1799	महि	च (भाषार्थः)	-	महिँ	U	सेट्	मंह्	मंहयति / ते, मंहति	स०

1800	लडि	.... भाषायाम्	-	लडिँ	U	सेट्	लण्ड्	लण्डयति / ते, लण्डति	स०
1801	तड	.... भाषायाम् (तुड)	-	तडँ	U	सेट्	तड्	ताडयति / ते, तडति	स०
1802	नल	च (भाषायाम्)	-	नलँ	U	सेट्	नल्	नालयति / ते, नलति	स०
1803	पूरी	आप्यायने	-	पूरीँ	U	सेट्	पूर्	पूरयति / ते, पूरति	स०
1804	रुज	हिंसायाम्	-	रुजँ	U	सेट्	रुज्	रोजयति / ते, रोजति	स०
1805 a	ष्वद	आस्वादने । स्वाद इत्येके । आस्वदीय अन्तर्गणः वृत् ॥ गणसूत्र आ धृषाद् वा । इत ऊर्ध्व धृषधातुम् अभिव्याप्य वैकल्पिक णिचः ॥ अथ आधृषीय अन्तर्गणः	-	ष्वदँ	U	सेट्	स्वद्	स्वादयति / ते, स्वदते	स०
1805 b	स्वाद	आस्वादने	-	स्वादँ	U	सेट्	स्वाद्	स्वादयति / ते, स्वादते	स०
1806	युज	.... संयमने (युजादि अन्तर्गणः)	-	युजँ	U	सेट्	युज्	योजयति / ते, योजति	स०

1807	पृच	संयमने	-	पृचँ	U	सेट्	पृच्	पर्चयति / ते, पर्चति	स०
1808	अर्च	पूजायाम्	-	अर्चँ	U	सेट्	अर्च्	अर्चयति / ते, अर्चीते	स०
1809	षह	मर्षणे	-	षहँ	U	सेट्	सह्	साहयति / ते, सहति	स०
1810	ईर	क्षेपे	-	ईरँ	U	सेट्	ईर्	ईरयति / ते, ईरति	स०
1811	ली	द्रवीकरणे	-	ली	U	सेट्	ली	लाययति / ते, लयति	स०
1812	वृजी	वर्जने	-	वृजीँ	U	सेट्	वृज्	वर्जयति / ते, वर्जति	स०
1813	वृञ्	आवरणे। पक्षे शप्	-	वृञ्	U	सेट्	वृ	वारयति / ते, वरति / ते	स०
1814	जॄ	वयोहानौ	-	जॄ	U	सेट्	जॄ	जारयति / ते, जरति	स०
1815	ज्रि	च (वयोहानौ)	-	ज्रि	U	सेट्	ज्रि	ज्राययति / ते, ज्रयति	स०

1816	रिच	वियोजनसम्पर्चनयोः	-	रिचँ	U	सेट्	रिच्	रेचयति / ते, रेचति	स०
1817	शिष	असर्वोपयोगे	-	शिषँ	U	सेट्	शिष्	शेषयति / ते, शेषति	स०
1818	तप	दाहे	-	तपँ	U	सेट्	तप्	तापयति / ते, तपति	स०
1819	तृप	तृप्तौ संदीपने च	-	तृपँ	U	सेट्	तृप्	तर्पयति / ते, तर्पति	स०
1820 a	छृदी	सन्दीपने । चृप छृप तृप दृप सन्दीपन इत्येके	-	छृदीँ	U	सेट्	छृद्	छर्दयति / ते, छर्दति	स०
1820 b	चृप	सन्दीपने	-	चृपँ	U	सेट्	चृप्	चर्पयति / ते, चर्पति	स०
1820 c	छृप	सन्दीपने	-	छृपँ	U	सेट्	छृप्	छर्पयति / ते, छर्पति	स०
1820 d	दृप	सन्दीपने	-	दृपँ	U	सेट्	दृप्	दर्पयति / ते, दर्पति	स०
1821	दृभी	गन्थे (भये)	-	दृभीँ	U	सेट्	दृभ्	दर्भयति / ते दर्भति	स०

1822	दृभ	सन्दर्भे	-	दृभँ	U	सेट्	दृभ्	दर्भयति / ते दर्भति	स०
1823	श्रथ	मोक्षणे । हिंसायाम् इत्यन्ये	-	श्रथँ	U	सेट्	श्रथ्	श्राथयति / ते, श्रथति	स०
1824	मी	गतौ	-	मी	U	सेट्	मी	माययति / ते, मयति	स०
1825	ग्रन्थ	बन्धने	-	ग्रन्थँ	U	सेट्	ग्रन्थ्	ग्रन्थयति / ते, ग्रन्थति	स०
1826	शीक	आमर्षणे	-	शीकँ	U	सेट्	शीक्	शीकयति / ते, शीकति	स०
1827	चीक	च (आमर्षणे)	-	चीकँ	U	सेट्	चीक्	चीकयति / ते, चीकति	स०
1828	अर्द	हिंसायाम् । स्वरितेत्	-	अर्दँ	U	सेट्	अर्द्	अर्दयति / ते, अर्दति	स०
1829	हिसि	हिंसायाम्	-	हिसिँ	U	सेट्	हिंस्	हिंसयति / ते, हिंसति	स०
1830	अर्ह	पूजायाम्	-	अर्हँ	U	सेट्	अर्ह्	अर्हयति / ते, अर्हते	स०

1831	आङः षद	पद्यर्थे (गतौ)	-	आङः षदँ	U	सेट्*	आसद्	आसादयति / ते, आसीदति	स०
1832	शुन्ध	शौचकर्मणि	-	शुन्धँ	U	सेट्	शुन्ध्	शुन्धयति / ते, शुन्धति	अ०
1833	छद	अपवारणे । स्वरितेत्	-	छदँ	U	सेट्	छद्	छादयति / ते, छदति / ते	स०
1834	जुष	परितर्कणे । परितर्पण इत्यन्ये	-	जुषँ	U	सेट्	जुष्	जोषयति / ते, जोषति	स०
1835	धूञ्	कम्पने । धूञ्-प्रीञोर्नुग्वचनम् इति नुक्	-	धूञ्	U	सेट्	धू	धूनयति / ते, धवति / ते, धावयति/ते	स०
1836	प्रीञ्	तर्पणे	-	प्रीञ्	U	सेट्	प्री	प्रीणयति / ते, प्रयति / ते, प्राययति	स०
1837	श्रन्थ	.... सन्दर्भे	-	श्रन्थँ	U	सेट्	श्रन्थ्	श्रन्थयति / ते, श्रन्थति	स०
1838	ग्रन्थ	सन्दर्भे	-	ग्रन्थँ	U	सेट्	ग्रन्थ्	ग्रन्थयति / ते, ग्रन्थति	स०

1839	आपॣ	लम्भने । स्वरितेदयमित्येके	-	आपॢँ	U	सेट्	आप्	आपयति / ते, आपति / ते	स०
1840 a	तनु	श्रद्धोपकरणयोः । उपसर्गान् च दैर्घ्ये । चन श्रद्धोपहननयोरित्येके	-	तनुँ	U	सेट्	तन्	तानयति / ते, तनति	स०
1840 b	चन	श्रद्धोपहननयोः	-	चनँ	U	सेट्	चन्	चनयति / ते, चनति	स०
1841	वद	सन्देशवचने । स्वरितेत् । अनुदात्तेदित्येके	-	वदँ	U	सेट्	वद्	वादयति / ते, वदति / ते	स०
1842	वच	परिभाषणे	-	वचँ	U	सेट्	वच्	वाचयति / ते, वचति	स०
1843	मान	पूजायाम्	-	मानँ	U	सेट्	मान्	मानयति / ते, मानति	स०
1844	भू	प्राप्तौ । आत्मनेपदी । णिच् सन्नियोगेनैव आत्मनेपदम् इत्येके	-	भू	A	सेट्	भू	भावयते, भवते / ति	स०
1845	गर्ह	विनिन्दने	-	गर्हँ	U	सेट्	गर्ह्	गर्हयति / ते, गर्हति	स०
1846	मार्ग	अन्वेषणे	-	मार्गँ	U	सेट्	मार्ग्	मार्गयति / ते, मार्गति	स०

1847	कठि	शोके । प्रायेण उत् पूर्वः उत् कण्ठावचनः	-	कठिँ	U	सेट्	कण्ठ्	कण्ठयति / ते, कण्ठति	अ०
1848	मृजू	शौचालङ्करणयोः	-	मृजूँ	U	सेट्	मृज्	मार्जयति / ते	स०
1849	मृष	तितिक्षायाम् । स्वरितेत्	-	मृषँ	U	सेट्	मृष्	मर्षयति / ते, मर्षति	स०
1850	धृष	प्रसहने । इति आधृषीयाः वृत् । अथ अदन्ताः	-	धृषँ	U	सेट्	धृष्	धर्षयति / ते, धर्षति	स०
1851	कथ	वाक्यप्रबन्धे	-	कथँ	U	सेट्	कथ्	कथयति / ते	स०
1852	वर	ईप्सायाम्	-	वरँ	U	सेट्	वर्	वरयति / ते	स०
1853	गण	सङ्ख्याने	-	गणँ	U	सेट्	गण्	गणयति / ते	स०
1854	शठ	.... सम्यगवभाषणे	-	शठँ	U	सेट्	शठ्	शठयति / ते	स०
1855	श्वठ	सम्यगवभाषणे	-	श्वठँ	U	सेट्	श्वठ्	श्वठयति / ते	स०
1856	पट	.... ग्रन्थे	-	पटँ	U	सेट्	पट्	पटयति / ते	स०
1857	वट	ग्रन्थे	-	वटँ	U	सेट्	वट्	वटयति / ते	स०

1858	रह	त्यागे	-	रहँ	U	सेट्	रह्	रहयति / ते	स०
1859	स्तन	.... देवशब्दे	-	स्तनँ	U	सेट्	स्तन्	स्तनयति / ते	स०
1860	गदी	देवशब्दे	-	गदीँ	U	सेट्	गद्	गदयति / ते	स०
1861	पत	गतौ वा । वा अदन्त इत्येके । गणसूत्र वा णिजन्तः	-	पतँ	U	सेट्	पत्	पतयति / ते, पतति	स०
1862	पष	अनुपसर्गात् (गतौ)	-	पषँ	U	सेट्	पष्	पषयति / ते	स०
1863	स्वर	आक्षेपे	-	स्वरँ	U	सेट्	स्वर्	स्वरयति / ते	स०
1864	रच	प्रतियत्ने	-	रचँ	U	सेट्	रच्	रचयति / ते	स०
1865	कल	गतौ सङ्ख्याने च	-	कलँ	U	सेट्	कल्	कलयति / ते	स०
1866	चह	परिकल्कने	-	चहँ	U	सेट्	चह्	चहयति / ते	अ०
1867	मह	पूजायाम्	-	महँ	U	सेट्	मह्	महयति / ते	स०
1868	सार	.... दौर्बल्ये	-	सारँ	U	सेट्	सार्	सारयति / ते	स०
1869	कृप	.... दौर्बल्ये	-	कृपँ	A*	सेट्	कृप्	कृपयति / ते	अ०

1870	श्रथ	दौर्बल्ये	-	श्रथँ	U	सेट्	श्रथ्	श्रथयति / ते	अ०
1871	स्पृह	ईप्सायाम्	-	स्पृहँ	U	सेट्	स्पृह्	स्पृहयति / ते	स०
1872	भाम	क्रोधे	-	भामँ	U	सेट्	भाम्	भामयति / ते	अ०
1873	सूच	पैशुन्ये	-	सूचँ	U	सेट्	सूच्	सूचयति / ते	स०
1874 a	खेट	भक्षणे । तृतीयान्त इत्येके । खोट इत्यन्ये	-	खेटँ	U	सेट्	खेट्	खेटयति / ते	स०
1874 b	खेड	भक्षणे	-	खेडँ	U	सेट्	खेड्	खेडयति / ते	स०
1875	क्षोट	क्षेपे	-	क्षोटँ	U	सेट्	क्षोट्	क्षोटयति / ते	स०
1876	गोम	उपलेपने	-	गोमँ	U	सेट्	गोम्	गोमयति / ते	स०
1877	कुमार	क्रीडायाम्	-	कुमारँ	U*	सेट्	कुमार्	कुमारयति / ते	स०
1878	शील	उपधारणे । (अभ्यासः । परिचयः)	-	शीलँ	U	सेट्	शील्	शीलयति / ते	स०
1879	साम	सान्त्वप्रयोगे	-	सामँ	U	सेट्	साम्	सामयति / ते	स०
1880 a	वेल	कालोपदेशे । काल इति पृथग्धातुः इत्येके	-	वेलँ	U	सेट्	वेल्	वेलयति / ते	स०

1880 b	काल	कालोपदेशे	-	कालँ	U	सेट्	काल्	कालयति / ते	स०
1881	पल्पूल	लवनपवनयोः	-	पल्पूलँ	U	सेट्	पल्पूल्	पल्पूलयति/ते	स०
1882	वात	सुखसेवनयोः । गतिसुखसेवनेषु इत्येके	-	वातँ	U	सेट्	वात्	वातयति / ते	स०
1883	गवेष	मार्गणे	-	गवेषँ	U	सेट्	गवेष्	गवेषयति / ते	स०
1884	वास	उपसेवायाम्	-	वासँ	U	सेट्	वास्	वासयति / ते	स०
1885	निवास	आच्छादने	-	निवासँ	U	सेट्	निवास्	निवासयति/ते	स०
1886	भाज	पृथक्कर्मणि	-	भाजँ	U	सेट्	भाज्	भाजयति / ते	स०
1887	सभाज	प्रीतिदर्शनयोः । प्रीतिसेवनयोः इत्येके	-	सभाजँ	U	सेट्	सभाज्	सभाजयति/ते	स०
1888	ऊन	परिहाणे	-	ऊनँ	U	सेट्	ऊन्	ऊनयति / ते	स०
1889	ध्वन	शब्दे	-	ध्वनँ	U	सेट्	ध्वन्	ध्वनयति / ते	अ०
1890	कूट	परितापे । परिदाह इति अन्ये	-	कूटँ	U	सेट्	कूट्	कूटयति / ते	अ०
1891	सङ्केत	.... आमन्त्रणे	-	सङ्केतँ	U	सेट्	सङ्केत्	सङ्केतयति ते	स०

1892	ग्राम	.... आमन्त्रणे	-	ग्रामँ	U	सेट्	ग्राम्	ग्रामयति / ते	स०
1893	कुण	.... आमन्त्रणे	-	कुणँ	U	सेट्	कुण्	कुणयति / ते	स०
1894	गुण	च आमन्त्रणे । च आत् कूटो अपि इति मैत्रेयः । चकारात् केत च इति, कूण सङ्कोचने इति च अत्र पठन्ति	-	गुणँ	U	सेट्	गुण्	गुणयति / ते	स०
1895	केत	श्रावणे निमन्त्रणे च	-	केतँ	U	सेट्	केत्	केतयति / ते	स०
1896	कूट	सङ्कोचनेऽपि (कूण)	-	कूटँ	U	सेट्	कूट्	कूटयति / ते	स०
1897	स्तेन	चौर्ये ॥ अथ आगर्वीय अन्तर्गणः दश आत्मनेपदिनः । इतः परे गर्व माने इति वक्ष्यमाणपर्यन्ता आत्मनेपदिनः	-	स्तेनँ	U	सेट्	स्तेन्	स्तेनयति / ते	स०
1898	पद	गतौ । अदन्तः अन्तर्गणः इति अँ न इत् संज्ञकः । 6.4.48 अतो लोपः	-	पदँ	A	सेट्	पद्	पदयते	स०
1899	गृह	ग्रहणे	-	गृहँ	A	सेट्	गृह्	गृहयते	स०
1900	मृग	अन्वेषणे	-	मृगँ	A	सेट्	मृग्	मृगयते	स०
1901	कुह	विस्मापने	-	कुहँ	A	सेट्	कुह्	कुहयते	स०
1902	शूर	.... विक्रान्तौ	-	शूरँ	A	सेट्	शूर्	शूरयते	स०

1903	वीर	विक्रान्तौ	-	वीरँ	A	सेट्	वीर्	वीरयते	स०
1904	स्थूल	परिबृंहणे	-	स्थूलँ	A	सेट्	स्थूल्	स्थूलयते	अ०
1905	अर्थ	उपयाच्ञायाम् । वैकल्पिक णिच्	-	अर्थँ	A*	सेट्	अर्थ्	अर्थयते,अर्थते	स०
1906	सत्र	सन्तानक्रियायाम्	-	सत्रँ	A	सेट्	सत्र्	सत्रयते	अ०
1907	गर्व	माने । इति आगर्वीयाः वृत् । वैकल्पिक णिच्	-	गर्वँ	A	सेट्	गर्व्	गर्वयते, गर्वते	अ०
1908	सूत्र	वेष्टने । अथ उभयपदिनः	-	सूत्रँ	U	सेट्	सूत्र्	सूत्रयति / ते	स०
1909	मूत्र	प्रस्रवणे । वैकल्पिक णिच्	-	मूत्रँ	U	सेट्	मूत्र्	मूत्रयति / ते, मूत्रति	स०
1910	रुक्ष	पारुष्ये	-	रुक्षँ	U	सेट्	रुक्ष्	रुक्षयति / ते	अ०
1911	पार	.... कर्मसमाप्तौ	-	पारँ	U	सेट्	पार्	पारयति / ते	स०
1912	तीर	कर्मसमाप्तौ	-	तीरँ	U	सेट्	तीर्	तीरयति / ते	अ०
1913	पुट	संसर्गे	-	पुटँ	U	सेट्	पुट्	पुटयति / ते	स०
1914	धेक	दर्शन इत्येके	-	धेकँ	U	सेट्	धेक्	धेकयति / ते	स०

1915 a	कत्र	शैथिल्ये । कर्त इत्यप्येके । वैकल्पिक णिच् । प्रातिपदिकात् धात्वर्थे बहुलम् इष्ठवञ् च (ग० सू० १८६) । तत् करोति तदाचष्टे (१८७) । तेनातिक्रामति (१८८) । धातुरूपं च (१८९) । आख्यानात् कृतस्तदाचष्टे कृल्लुक्प्रकृतिप्रत्यापत्तिः प्रकृतिवच्च कारकम् (वा० १७६८) । कर्तृकरणाद् धात्वर्थे (१९०)	-	कत्रँ	U	सेट्	कत्र्	कत्रयति / ते, कत्रति	अ०
1915 b	कर्त	शैथिल्ये । वैकल्पिक णिच्	-	कर्तँ	U	सेट्	कर्त्	कर्तयति / ते, कर्तति	स०
1916	वल्क	दर्शने । अयं नामधातुः । अत्र नामधात्वः	-	वल्कँ	U	सेट्	वल्क्	वल्कयति / ते	स०
1917	चित्र	चित्रीकरणे । कदाचित् दर्शने	-	चित्रँ	U	सेट्	चित्र्	चित्रयति / ते	स०
1918	अंस	समाघाते	-	अंसँ	U	सेट्	अंस्	अंसयति / ते	अ०
1919	वट	विभाजने	-	वटँ	U	सेट्	वट्	वटयति / ते	स०
1920 a	लज	प्रकाशने । वटि लजि इत्येके	-	लजँ	U	सेट्	लज्	लजयति / ते	अ०
1920 b	वटि	प्रकाशने	-	वटिँ	U	सेट्	वण्ट्	वण्टयति / ते	अ०

1920 c	लजि	प्रकाशने	-	लजिँ	U	सेट्	लञ्ज्	लञ्जयति / ते	अ०
1921	मिश्र	सम्पर्के	-	मिश्रँ	U	सेट्	मिश्र्	मिश्रयति / ते	स०
1922	सङ्ग्राम	युद्धे । अनुदात्तेत्	-	सङ्ग्रामँ	A	सेट्	सङ्ग्राम्	सङ्ग्रामयते	अ०
1923	स्तोम	श्लाघायाम्	-	स्तोमँ	U	सेट्	स्तोम्	स्तोमयति / ते	स०
1924 a	छिद्र	कर्णभेदने । करणभेदन इत्येके । कर्ण इति धात्वन्तरमित्यपरे	-	छिद्रँ	U	सेट्	छिद्र्	छिद्रयति / ते	स०
1924 b	कर्ण	भेदने इत्येके। छिद्र	-	कर्णँ	U	सेट्	कर्ण्	कर्णयति / ते	स०
1925	अन्ध	दृष्ट्युपघाते । उपसंहार इत्यन्ये	-	अन्धँ	U	सेट्	अन्ध्	अन्धयति / ते	स०
1926	दण्ड	दण्डनिपातने	-	दण्डँ	U	सेट्	दण्ड्	दण्डयति / ते	द्वि०
1927	अङ्क	पदे लक्षणे च	-	अङ्कँ	U	सेट्	अङ्क्	अङ्कयति / ते	स०
1928	अङ्ग	च (पदे लक्षणे च)	-	अङ्गँ	U	सेट्	अङ्ग्	अङ्गयति / ते	स०
1929	सुख	.... तत्क्रियायाम् (सुखक्रियायाम्)	-	सुखँ	U	सेट्	सुख्	सुखयति / ते	स०
1930	दुःख	तत्क्रियायाम्	-	दुःखँ	U	सेट्	दुःख्	दुःखयति / ते	स०

1931	रस	आस्वादनस्नेहनयोः	-	रसँ	U	सेट्	रस्	रसयति / ते	स०
1932	व्यय	वित्तसमुत्सर्गे	-	व्ययँ	U	सेट्	व्यय्	व्यययति / ते	स०
1933	रूप	रूपक्रियायाम्	-	रूपँ	U	सेट्	रूप्	रूपयति / ते	स०
1934	छेद	द्वैधीकरणे	-	छेदँ	U	सेट्	छेद्	छेदयति / ते	स०
1935	छद	अपवारणे	-	छदँ	U	सेट्	छद्	छदयति / ते	स०
1936	लाभ	प्रेरणे	-	लाभँ	U	सेट्	लाभ्	लाभयति / ते	स०
1937	व्रण	गात्रविचूर्णने	-	व्रणँ	U	सेट्	व्रण्	व्रणयति / ते	स०
1938	वर्ण	वर्णक्रियाविस्तारगुणवचनेषु । बहुलमेतन्निदर्शनम् इत्येके	-	वर्णँ	U	सेट्	वर्ण्	वर्णयति / ते	स०
1939	पर्ण	हरितभावे	-	पर्णँ	U	सेट्	पर्ण्	पर्णयति / ते	अ०
1940	विष्क	दर्शने	-	विष्कँ	U	सेट्	विष्क्	विष्कयति / ते	स०
1941	क्षिप	प्रेरणे	-	क्षिपँ	U	सेट्	क्षिप्	क्षिपयति / ते	अ०
1942	वस	निवासे	-	वसँ	U	सेट्	वस्	वसयति / ते	स०

1943	तुत्थ	आवरणे । एवं आन्दोलयति प्रेङ्खोलयति विडम्बयति अवधीरयति इत्यादि । इति स्वार्थे णिच् अन्ताः चुरादयः ॥	-	तुत्थँ	U	सेट्	तुत्थ्	तुत्थयति / ते	स०

इति श्रीपाणिनिमुनिप्रणीतः धातुपाठः समाप्तः ॥

A short Dhatu IDentity Handy Reference
Contains 2056 Dhatus

Col 1		Col 2	Col 3	Col 4	Col 5	Col 6
SN	a	धातु	Conjugation Group	Parasmayepadi / Atmanepadi / Ubhayepadi	सेट् / अनि / Vet	सकर्मक / अकर्मक / द्विकर्मक
1 to 1943			1c…10c	P/A/U		

We need to make our base in knowledge very strong.
It is knowledge that helps us move through chaos with a smile.

Sri Sri Ravi Shankar

जय गुरुदेव

0	0 अथ भ्वादयः				
1	भू	1c	P	सेट्	अ०
2	एध	1c	A	सेट्	अ०
3	स्पर्ध	1c	A	सेट्	अ०
4	गाधृ	1c	A	सेट्	स०
5	बाधृ	1c	A	सेट्	स०
6	नाथृ	1c	A*	सेट्	स०
7	नाधृ	1c	A	सेट्	स०
8	दध	1c	A	सेट्	स०
9	स्कुदि	1c	A	सेट्	स०
10	श्विदि	1c	A	सेट्	अ०
11	वदि	1c	A	सेट्	स०
12	भदि	1c	A	सेट्	अ०
13	मदि	1c	A	सेट्	अ०
14	स्पदि	1c	A	सेट्	अ०
15	क्लिदि	1c	A	सेट्	अ०
16	मुद	1c	A	सेट्	अ०
17	दद	1c	A	सेट्	स०
18	ष्वद	1c	A	सेट्	स०
19	स्वर्द	1c	A	सेट्	स०
20	उर्द	1c	A	सेट्	अ०
21	कुर्द	1c	A	सेट्	अ०
22	खुर्द	1c	A	सेट्	अ०
23	गुर्द	1c	A	सेट्	अ०
24	गुद	1c	A	सेट्	अ०
25	षूद	1c	A	सेट्	अ०
26	ह्राद	1c	A	सेट्	अ०
27	ह्लादी	1c	A	सेट्	अ०
28	स्वाद	1c	A	सेट्	स०
29	पर्द	1c	A	सेट्	अ०
30	यती	1c	A	सेट्	अ०
31	युतृ	1c	A	सेट्	अ०
32	जुतृ	1c	A	सेट्	अ०
33	विथृ	1c	A	सेट्	द्वि०
34	वेथृ	1c	A	सेट्	द्वि०
35	श्रथि	1c	A	सेट्	अ०
36	ग्रथि	1c	A	सेट्	अ०
37	कत्थ	1c	A	सेट्	स०
38	अत	1c	P	सेट्	स०
39	चिती	1c	P	सेट्	अ०
40	च्युतिर्	1c	P	सेट्	स०
41	श्च्युतिर्	1c	P	सेट्	स०
42	मन्थ	1c	P	सेट्	स०
43	कुथि	1c	P	सेट्	स०
44	पुथि	1c	P	सेट्	स०
45	लुथि	1c	P	सेट्	स०
46	मथि	1c	P	सेट्	स०
47	षिध	1c	P	सेट्	स०
48	षिधू	1c	P	V	स०
49	खादृ	1c	P	सेट्	स०
50	खद	1c	P	सेट्	स०
51	बद	1c	P	सेट्	अ०
52	गद	1c	P	सेट्	स०
53	रद	1c	P	सेट्	स०

54	णद	1c	P	सेट्	अ०	80	रेकृ	1c	A	सेट्	स०
55	अर्द	1c	P	सेट्	स०	81	सेकृ	1c	A	सेट्	स०
56	नर्द	1c	P	सेट्	अ०	82	स्रेकृ	1c	A	सेट्	स०
57	गर्द	1c	P	सेट्	अ०	83	स्रकि	1c	A	सेट्	स०
58	तर्द	1c	P	सेट्	स०	84	श्रकि	1c	A	सेट्	स०
59	कर्द	1c	P	सेट्	अ०	85	श्लकि	1c	A	सेट्	स०
60	खर्द	1c	P	सेट्	स०	86	शकि	1c	A	सेट्	स०
61	अति	1c	P	सेट्	स०	87	अकि	1c	A	सेट्	स०
62	अदि	1c	P	सेट्	स०	88	वकि	1c	A	सेट्	अ०
63	इदि	1c	P	सेट्	अ०	89	मकि	1c	A	सेट्	स०
64 a	बिदि	1c	P	सेट्	अ०	90	कक	1c	A	सेट्	अ०
64 b	भिदि	1c	P	सेट्	अ०	91	कुक	1c	A	सेट्	स०
65	गडि	1c	P	सेट्	अ०	92	वृक	1c	A	सेट्	स०
66	णिदि	1c	P	सेट्	स०	93	चक	1c	A	सेट्	स०
67	टुनदि	1c	P	सेट्	अ०	94	ककि	1c	A	सेट्	स०
68	चदि	1c	P	सेट्	स०	95	वकि	1c	A	सेट्	स०
69	त्रदि	1c	P	सेट्	अ०	96	श्वकि	1c	A	सेट्	स०
70	कदि	1c	P	सेट्	स०	97	त्रकि	1c	A	सेट्	स०
71	क्रदि	1c	P	सेट्	स०	98	ढौकृ	1c	A	सेट्	स०
72	क्लदि	1c	P	सेट्	स०	99	त्रौकृ	1c	A	सेट्	स०
73	क्लिदि	1c	P	सेट्	स०	100	ष्वष्क	1c	A	सेट्	स०
74	शुन्ध	1c	P	सेट्	अ०	101	वस्क	1c	A	सेट्	स०
75	शीकृ	1c	A	सेट्	स०	102	मस्क	1c	A	सेट्	स०
76	लोकृ	1c	A	सेट्	स०	103	टिकृ	1c	A	सेट्	स०
77	श्लोकृ	1c	A	सेट्	स०	104	टीकृ	1c	A	सेट्	स०
78	द्रेकृ	1c	A	सेट्	अ०	105	तिकृ	1c	A	सेट्	स०
79	ध्रेकृ	1c	A	सेट्	अ०	106	तीकृ	1c	A	सेट्	स०

107	रघि	1c	A	सेट्	स०	133	मखि	1c	P	सेट्	स०
108	लघि	1c	A	सेट्	द्वि०	134	णख	1c	P	सेट्	स०
109	अघि	1c	A	सेट्	अ०	135	णखि	1c	P	सेट्	स०
110	वघि	1c	A	सेट्	स०	136	रख	1c	P	सेट्	स०
111	मघि	1c	A	सेट्	स०	137	रखि	1c	P	सेट्	स०
112	राघृ	1c	A	सेट्	अ०	138	लख	1c	P	सेट्	स०
113	लाघृ	1c	A	सेट्	अ०	139	लखि	1c	P	सेट्	स०
114 a	द्राघृ	1c	A	सेट्	अ०	140	इख	1c	P	सेट्	स०
114 b	ध्राघृ	1c	A	सेट्	अ०	141	इखि	1c	P	सेट्	स०
115	श्लाघृ	1c	A	सेट्	स०	142	ईखि	1c	P	सेट्	स०
116	फक्क	1c	P	सेट्	स०	143	वल्ग	1c	P	सेट्	स०
117	तक	1c	P	सेट्	अ०	144	रगि	1c	P	सेट्	स०
118	तकि	1c	P	सेट्	अ०	145	लगि	1c	P	सेट्	स०
119	बुक्क	1c	P	सेट्	अ०	146	अगि	1c	P	सेट्	स०
120	कख	1c	P	सेट्	अ०	147	वगि	1c	P	सेट्	स०
121	ओखृ	1c	P	सेट्	स०	148	मगि	1c	P	सेट्	स०
122	राखृ	1c	P	सेट्	स०	149	तगि	1c	P	सेट्	स०
123	लाखृ	1c	P	सेट्	स०	150	त्वगि	1c	P	सेट्	स०
124	द्राखृ	1c	P	सेट्	स०	151	श्रगि	1c	P	सेट्	स०
125	ध्राखृ	1c	P	सेट्	स०	152	श्लगि	1c	P	सेट्	स०
126	शाखृ	1c	P	सेट्	स०	153	इगि	1c	P	सेट्	स०
127	श्लाखृ	1c	P	सेट्	स०	154	रिगि	1c	P	सेट्	स०
128	उख	1c	P	सेट्	स०	155 a	लिगि	1c	P	सेट्	स०
129	उखि	1c	P	सेट्	स०	155 b	रिख	1c	P	सेट्	स०
130	वख	1c	P	सेट्	स०	155 c	त्रख	1c	P	सेट्	स०
131	वखि	1c	P	सेट्	स०	155 d	त्रिखि	1c	P	सेट्	स०
132	मख	1c	P	सेट्	स०	155 e	शिखि	1c	P	सेट्	स०

156	युगि	1c	P	सेट्	स०	183	शुच	1c	P	सेट्	अ०
157	जुगि	1c	P	सेट्	स०	184	कुच	1c	P	सेट्	स०
158	बुगि	1c	P	सेट्	अ०	185	कुञ्च	1c	P	सेट्	अ०
159	घघ	1c	P	सेट्	स०	186	क्रुञ्च	1c	P	सेट्	अ०
160	मघि	1c	P	सेट्	अ०	187	लुञ्च	1c	P	सेट्	स०
161	शिघि	1c	P	सेट्	स०	188	अञ्चु	1c	P	सेट्	स०
162	वर्च	1c	A	सेट्	अ०	189	वञ्चु	1c	P	सेट्	स०
163	षच	1c	A	सेट्	स०	190	चञ्चु	1c	P	सेट्	स०
164	लोचृ	1c	A	सेट्	स०	191	तञ्चु	1c	P	सेट्	स०
165	शच	1c	A	सेट्	स०	192	त्वञ्चु	1c	P	सेट्	स०
166	श्वच	1c	A	सेट्	स०	193	म्रुञ्चु	1c	P	सेट्	स०
167	श्वचि	1c	A	सेट्	स०	194	म्लुञ्चु	1c	P	सेट्	स०
168	कच	1c	A	सेट्	स०	195	म्रुचु	1c	P	सेट्	स०
169	कचि	1c	A	सेट्	स०	196	म्लुचु	1c	P	सेट्	स०
170	काचि	1c	A	सेट्	स०	197	ग्रुचु	1c	P	सेट्	स०
171	मच	1c	A	सेट्	अ०	198	ग्लुचु	1c	P	सेट्	स०
172	मुचि	1c	A	सेट्	अ०	199	कुजु	1c	P	सेट्	स०
173	मचि	1c	A	सेट्	स०	200	खुजु	1c	P	सेट्	स०
174	पचि	1c	A	सेट्	स०	201	ग्लुञ्चु	1c	P	सेट्	स०
175	ष्टुच	1c	A	सेट्	अ०	202	षस्ज	1c	P	सेट्	स०
176	ऋज	1c	A	सेट्	स०	203	गुजि	1c	P	सेट्	अ०
177	ऋजि	1c	A	सेट्	स०	204	अर्च	1c	P	सेट्	स०
178	भृजी	1c	A	सेट्	स०	205	म्लेच्छ	1c	P	सेट्	अ०
179	एजृ	1c	A	सेट्	अ०	206	लछ	1c	P	सेट्	स०
180	भ्रेजृ	1c	A	सेट्	अ०	207	लाछि	1c	P	सेट्	स०
181	भ्राजृ	1c	A	सेट्	अ०	208	वाछि	1c	P	सेट्	स०
182	ईज	1c	A	सेट्	स०	209	आछि	1c	P	सेट्	स०

210	ह्रीछ	1c	P	सेट्	अ०	236	क्षि	1c	P	अनि	अ०
211	हुर्छा	1c	P	सेट्	अ०	237	क्षीज	1c	P	सेट्	अ०
212	मुर्च्छा	1c	P	सेट्	अ०	238	लज	1c	P	सेट्	स०
213	स्फुर्छा	1c	P	सेट्	अ०	239	लजि	1c	P	सेट्	स०
214	युच्छ	1c	P	सेट्	अ०	240	लाज	1c	P	सेट्	स०
215	उछि	1c	P	सेट्	स०	241	लाजि	1c	P	सेट्	स०
216	उछी	1c	P	सेट्	स०	242	जज	1c	P	सेट्	अ०
217	ध्रज	1c	P	सेट्	स०	243	जजि	1c	P	सेट्	अ०
218	ध्रजि	1c	P	सेट्	स०	244	तुज	1c	P	सेट्	स०
219	धृज	1c	P	सेट्	स०	245	तुजि	1c	P	सेट्	स०
220	धृजि	1c	P	सेट्	स०	246	गज	1c	P	सेट्	अ०
221	ध्वज	1c	P	सेट्	स०	247	गजि	1c	P	सेट्	अ०
222 a	ध्वजि	1c	P	सेट्	स०	248	गृज	1c	P	सेट्	अ०
222 b	ध्रिज	1c	P	सेट्	स०	249	गृजि	1c	P	सेट्	अ०
223	कूज	1c	P	सेट्	अ०	250	मुज	1c	P	सेट्	अ०
224	अर्ज	1c	P	सेट्	स०	251	मुजि	1c	P	सेट्	अ०
225	षर्ज	1c	P	सेट्	स०	252	वज	1c	P	सेट्	स०
226	गर्ज	1c	P	सेट्	अ०	253	व्रज	1c	P	सेट्	स०
227	तर्ज	1c	P	सेट्	स०	254	अट्ट	1c	A	सेट्	स०
228	कर्ज	1c	P	सेट्	स०	255	वेष्ट	1c	A	सेट्	स०
229	खर्ज	1c	P	सेट्	स०	256	चेष्ट	1c	A	सेट्	अ०
230	अज	1c	P	सेट्	स०	257	गोष्ट	1c	A	सेट्	अ०
231	तेज	1c	P	सेट्	स०	258	लोष्ट	1c	A	सेट्	अ०
232	खज	1c	P	सेट्	स०	259	घट्ट	1c	A	सेट्	अ०
233	खजि	1c	P	सेट्	अ०	260	स्फुट	1c	A	सेट्	अ०
234	एजृ	1c	P	सेट्	अ०	261	अठि	1c	A	सेट्	स०
235	टुओस्फूर्जा	1c	P	सेट्	अ०	262	वठि	1c	A	सेट्	अ०

263	मठि	1c	A	सेट्	स०	290	शौट्ट	1c	P	सेट्	अ०
264	कठि	1c	A	सेट्	स०	291	यौट्ट	1c	P	सेट्	स०
265	मुठि	1c	A	सेट्	स०	292	म्लेट्ट	1c	P	सेट्	अ०
266	हेठ	1c	A	सेट्	स०	293	म्रेड्ट	1c	P	सेट्	अ०
267	एठ	1c	A	सेट्	स०	294 a	कटे	1c	P	सेट्	स०
268	हिडि	1c	A	सेट्	स०	294 b	चटे	1c	P	सेट्	स०
269	हुडि	1c	A	सेट्	स०	295	अट	1c	P	सेट्	स०
270	कुडि	1c	A	सेट्	स०	296	पट	1c	P	सेट्	स०
271	वडि	1c	A	सेट्	स०	297	रट	1c	P	सेट्	स०
272	मडि	1c	A	सेट्	स०	298	लट	1c	P	सेट्	अ०
273	भडि	1c	A	सेट्	स०	299	शट	1c	P	सेट्	स०
274	पिडि	1c	A	सेट्	अ०	300	वट	1c	P	सेट्	स०
275	मुडि	1c	A	सेट्	स०	301	किट	1c	P	सेट्	अ०
276	तुडि	1c	A	सेट्	स०	302	खिट	1c	P	सेट्	अ०
277	हुडि	1c	A	सेट्	स०	303	शिट	1c	P	सेट्	स०
278	चडि	1c	A	सेट्	अ०	304	षिट	1c	P	सेट्	स०
279	शडि	1c	A	सेट्	अ०	305	जट	1c	P	सेट्	अ०
280	तडि	1c	A	सेट्	स०	306	झट	1c	P	सेट्	अ०
281	पडि	1c	A	सेट्	स०	307	भट	1c	P	सेट्	स०
282	कडि	1c	A	सेट्	अ०	308	तट	1c	P	सेट्	अ०
283	खडि	1c	A	सेट्	स०	309	खट	1c	P	सेट्	स०
284	हेड्ट	1c	A	सेट्	स०	310	णट	1c	P	सेट्	अ०
285	होड्ट	1c	A	सेट्	स०	311	पिट	1c	P	सेट्	अ०
286	बाड्ट	1c	A	सेट्	अ०	312	हट	1c	P	सेट्	अ०
287	द्राड्ट	1c	A	सेट्	अ०	313	षट	1c	P	सेट्	अ०
288	ध्राड्ट	1c	A	सेट्	अ०	314	लुट	1c	P	सेट्	स०
289	शाड्ट	1c	A	सेट्	स०	315	चिट	1c	P	सेट्	अ०

316	विट	1c	P	सेट्	अ०	335	हठ	1c	P	सेट्	अ०
317 a	बिट	1c	P	सेट्	स०	336	रुठ	1c	P	सेट्	स०
317 b	हिट	1c	P	सेट्	स०	337	लुठ	1c	P	सेट्	स०
318	इट	1c	P	सेट्	स०	338 a	उठ	1c	P*	सेट्	स०
319	किट	1c	P	सेट्	अ०	338 b	ऊठ	1c	P	सेट्	स०
320	कटी	1c	P	सेट्	स०	339	पिठ	1c	P	सेट्	स०
321	मडि	1c	P	सेट्	स०	340	शठ	1c	P	सेट्	स०
322	कुडि	1c	P	सेट्	अ०	341	शुठ	1c	P	सेट्	स०
323	मुड	1c	P	सेट्	स०	342	कुठि	1c	P	सेट्	स०
324	प्रुड	1c	P	सेट्	स०	343	लुठि	1c	P	सेट्	स०
325	चुडि	1c	P	सेट्	अ०	344	शुठि	1c	P	सेट्	स०
326 a	मुडि	1c	P	सेट्	स०	345	रुठि	1c	P	सेट्	स०
326 b	पुडि	1c	P	सेट्	स०	346	लुठि	1c	P	सेट्	स०
327	रुटि	1c	P	सेट्	स०	347	चुड्ड	1c	P	सेट्	अ०
328 a	लुटि	1c	P	सेट्	अ०	348	अड्ड	1c	P	सेट्	स०
328 b	रुठि	1c	P	सेट्	स०	349	कड्ड	1c	P	सेट्	अ०
328 c	लुठि	1c	P	सेट्	अ०	350	क्रीडृ	1c	P	सेट्	अ०
328 d	रुडि	1c	P	सेट्	अ०	351	तुडृ	1c	P	सेट्	स०
328 e	लुडि	1c	P	सेट्	अ०	352	हुडृ	1c	P	सेट्	स०
329 a	स्फुटिर्	1c	P	सेट्	अ०	353	हूडृ	1c	P	सेट्	स०
329 b	स्फुटि	1c	P	सेट्	अ०	354	होडृ	1c	P	सेट्	स०
330	पठ	1c	P	सेट्	स०	355	रौडृ	1c	P	सेट्	स०
331	वठ	1c	P	सेट्	अ०	356	रोडृ	1c	P	सेट्	अ०
332	मठ	1c	P	सेट्	अ०	357	लोडृ	1c	P	सेट्	अ०
333	कठ	1c	P	सेट्	अ०	358	अड	1c	P	सेट्	स०
334 a	रट	1c	P	सेट्	स०	359 a	लड	1c	P	सेट्	अ०
334 b	रठ	1c	P	सेट्	स०	359 b	लल	1c	P	सेट्	अ०

360 a	कड	1c	P	सेट्	अ०	385 b	अभि	1c	A	सेट्	अ०
360 b	कडि	1c	P	सेट्	अ०	385 c	रभि	1c	A	सेट्	अ०
361	गडि	1c	P	सेट्	अ०	385 d	लभि	1c	A	सेट्	अ०
362	तिपृ	1c	A	सेट्*	अ०	386	ष्टभि	1c	A	सेट्	स०
363	तेपृ	1c	A	सेट्	अ०	387	स्कभि	1c	A	सेट्	स०
364	ष्टिपृ	1c	A	सेट्	अ०	388	जभी	1c	A	सेट्	अ०
365	ष्टेपृ	1c	A	सेट्	अ०	389	जृभि	1c	A	सेट्	अ०
366	ग्लेपृ	1c	A	सेट्	स०	390	शल्भ	1c	A	सेट्	स०
367	टुवेपृ	1c	A	सेट्	अ०	391	वल्भ	1c	A	सेट्	स०
368	केपृ	1c	A	सेट्	अ०	392	गल्भ	1c	A	सेट्	अ०
369	गेपृ	1c	A	सेट्	स०	393	श्रम्भु	1c	A	सेट्	अ०
370	ग्लेपृ	1c	A	सेट्	स०	394	ष्टुभु	1c	A	सेट्	अ०
371	मेपृ	1c	A	सेट्	स०	395	गुपू	1c	P	सेट्*	स०
372	रेपृ	1c	A	सेट्	स०	396	धूप	1c	P	सेट्	स०
373	लेपृ	1c	A	सेट्	स०	397	जप	1c	P	सेट्	स०
374	त्रपूष्	1c	A	V	अ०	398	जल्प	1c	P	सेट्	स०
375	कपि	1c	A	सेट्	अ०	399	चप	1c	P	सेट्	स०
376	रबि	1c	A	सेट्	अ०	400	षप	1c	P	सेट्	स०
377	लबि	1c	A	सेट्	अ०	401	रप	1c	P	सेट्	स०
378	अबि	1c	A	सेट्	अ०	402	लप	1c	P	सेट्	अ०
379	लबि	1c	A	सेट्	अ०	403	चुप	1c	P	सेट्	अ०
380	कबृ	1c	A	सेट्	अ०	404	तुप	1c	P	सेट्	स०
381	क्लीबृ	1c	A	सेट्	अ०	405	तुम्प	1c	P	सेट्	स०
382	क्षीबृ	1c	A	सेट्	अ०	406	त्रुप	1c	P	सेट्	स०
383	शीभृ	1c	A	सेट्	स०	407	त्रुम्प	1c	P	सेट्	स०
384	चीभृ	1c	A	सेट्	स०	408	तुफ	1c	P	सेट्	स०
385 a	रेभृ	1c	A	सेट्	अ०	409	तुम्फ	1c	P	सेट्	स०

410	त्रुफ	1c	P	सेट्	स०	435	घुणि	1c	A	सेट्	स०
411	त्रुम्फ	1c	P	सेट्	स०	436	घृणि	1c	A	सेट्	स०
412	पर्प	1c	P	सेट्	स०	437	घुण	1c	A	सेट्	अ०
413	रफ	1c	P	सेट्	स०	438	घूर्ण	1c	A	सेट्	अ०
414	रफि	1c	P	सेट्	स०	439	पण	1c	A*	सेट्	स०
415	अर्ब	1c	P	सेट्	स०	440	पन	1c	A*	सेट्	स०
416	पर्ब	1c	P	सेट्	स०	441	भाम	1c	A	सेट्	अ०
417	लर्ब	1c	P	सेट्	स०	442	क्षमूष्	1c	A	V	स०
418	बर्ब	1c	P	सेट्	स०	443	कमु	1c	A	सेट्	स०
419	मर्ब	1c	P	सेट्	स०	444	अण	1c	P	सेट्	स०
420	कर्ब	1c	P	सेट्	स०	445	रण	1c	P	सेट्	अ०
421	खर्ब	1c	P	सेट्	स०	446	वण	1c	P	सेट्	अ०
422	गर्ब	1c	P	सेट्	स०	447	भण	1c	P	सेट्	अ०
423	शर्ब	1c	P	सेट्	स०	448	मण	1c	P	सेट्	अ०
424	षर्ब	1c	P	सेट्	स०	449	कण	1c	P	सेट्	अ०
425	चर्ब	1c	P	सेट्	स०	450	क्वण	1c	P	सेट्	अ०
426	कुबि	1c	P	सेट्	स०	451	व्रण	1c	P	सेट्	अ०
427	लुबि	1c	P	सेट्	स०	452	भ्रण	1c	P	सेट्	अ०
428	तुबि	1c	P	सेट्	स०	453	ध्वण	1c	P	सेट्	स०
429	चुबि	1c	P	सेट्	स०	454	ओणृ	1c	P	सेट्	स०
430	षृभु	1c	P	सेट्	स०	455	शोणृ	1c	P	सेट्	अ०
431 a	षृम्भु	1c	P	सेट्	स०	456	श्रोणृ	1c	P	सेट्	अ०
431 b	षिभु	1c	P	सेट्	स०	457	श्लोणृ	1c	P	सेट्	अ०
431 c	षिम्भु	1c	P	सेट्	स०	458 a	पैणृ	1c	P	सेट्	स०
432	शुभ	1c	P	सेट्	स०	458 b	प्रैणृ	1c	P	सेट्	स०
433	शुम्भ	1c	P	सेट्	स०	459 a	ध्रण	1c	P	सेट्	स०
434	घिणि	1c	A	सेट्	स०	459 b	वण	1c	P	सेट्	स०

460	कनी	1c	P	सेट्	अ०	487	स्फायी	1c	A	सेट्	अ०
461	ष्टन	1c	P	सेट्	अ०	488	ओप्यायी	1c	A	सेट्	अ०
462	वन	1c	P	सेट्	स०	489	तायृ	1c	A	सेट्	स०
463	वन	1c	P	सेट्	स०	490	शल	1c	A	सेट्	अ०
464	षण	1c	P	सेट्	स०	491	वल	1c	A	सेट्	स०
465	अम	1c	P	सेट्	स०	492	वल्ल	1c	A	सेट्	स०
466	द्रम	1c	P	सेट्	स०	493	मल	1c	A	सेट्	स०
467	हम्म	1c	P	सेट्	स०	494	मल्ल	1c	A	सेट्	स०
468	मीमृ	1c	P	सेट्	स०	495	भल	1c	A	सेट्	स०
469	चमु	1c	P	सेट्	स०	496	भल्ल	1c	A	सेट्	स०
470	छमु	1c	P	सेट्	स०	497	कल	1c	A	सेट्	अ०
471	जमु	1c	P	सेट्	स०	498	कल्ल	1c	A	सेट्	स०
472	झमु	1c	P	सेट्	स०	499	तेवृ	1c	A	सेट्	अ०
473	क्रमु	1c	P	सेट्	स०	500	देवृ	1c	A	सेट्	अ०
474	अय	1c	A*	सेट्	स०	501	षेवृ	1c	A	सेट्	स०
475	वय	1c	A	सेट्	स०	502	गेवृ	1c	A	सेट्	स०
476	पय	1c	A	सेट्	स०	503	ग्लेवृ	1c	A	सेट्	स०
477	मय	1c	A	सेट्	स०	504	पेवृ	1c	A	सेट्	स०
478	चय	1c	A	सेट्	स०	505	मेवृ	1c	A	सेट्	स०
479	तय	1c	A	सेट्	स०	506 a	म्लेवृ	1c	A	सेट्	स०
480	णय	1c	A	सेट्	स०	506 b	शेवृ	1c	A	सेट्	स०
481	दय	1c	A	सेट्	स०	506 c	खेवृ	1c	A	सेट्	स०
482	रय	1c	A	सेट्	स०	506 d	क्लेवृ	1c	A	सेट्	स०
483	ऊयी	1c	A	सेट्	स०	507	रेवृ	1c	A	सेट्	अ०
484	पूयी	1c	A	सेट्	अ०	508	मव्य	1c	P	सेट्	स०
485	क्नूयी	1c	A	सेट्	स०	509	सूर्क्ष्य	1c	P	सेट्	अ०
486	क्ष्मायी	1c	A	सेट्	स०	510	ईर्क्ष्य	1c	P	सेट्	अ०

511	ईर्ष्य	1c	P	सेट्	अ०	537	केलृ	1c	P	सेट्	अ०
512	हय	1c	P	सेट्	स०	538	खेलृ	1c	P	सेट्	अ०
513 a	शुच्य	1c	P	सेट्	अ०	539	क्ष्वेलृ	1c	P	सेट्	अ०
513 b	चुच्य	1c	P	सेट्	अ०	540	वेल्ल	1c	P	सेट्	अ०
514	हर्य	1c	P	सेट्	स०	541	पेलृ	1c	P	सेट्	स०
515	अल	1c	P*	सेट्	स०	542	फेलृ	1c	P	सेट्	स०
516	ञिफला	1c	P	सेट्	अ०	543	शेलृ	1c	P	सेट्	स०
517	मील	1c	P	सेट्	अ०	544	स्खल	1c	P	सेट्	अ०
518	श्मील	1c	P	सेट्	अ०	545	खल	1c	P	सेट्	स०
519	स्मील	1c	P	सेट्	अ०	546	गल	1c	P	सेट्	स०
520	क्ष्मील	1c	P	सेट्	अ०	547	षल	1c	P	सेट्	स०
521	पील	1c	P	सेट्	स०	548	दल	1c	P	सेट्	अ०
522	णील	1c	P	सेट्	अ०	549	श्वल	1c	P	सेट्	अ०
523	शील	1c	P	सेट्	अ०	550	श्वल्ल	1c	P	सेट्	अ०
524	कील	1c	P	सेट्	स०	551	खोलृ	1c	P	सेट्	अ०
525	कूल	1c	P	सेट्	स०	552	खोरृ	1c	P	सेट्	अ०
526	शूल	1c	P	सेट्	स०	553	धोरृ	1c	P	सेट्	अ०
527	तूल	1c	P	सेट्	स०	554	त्सर	1c	P	सेट्	अ०
528	पूल	1c	P	सेट्	अ०	555	क्मर	1c	P	सेट्	अ०
529	मूल	1c	P	सेट्	अ०	556	अभ्र	1c	P	सेट्	स०
530	फल	1c	P	सेट्	अ०	557	वभ्र	1c	P	सेट्	स०
531	चुल्ल	1c	P	सेट्	अ०	558	मभ्र	1c	P	सेट्	स०
532	फुल्ल	1c	P	सेट्	अ०	559	चर	1c	P	सेट्	स०
533	चिल्ल	1c	P	सेट्	अ०	560	ष्ठिवु	1c	P	सेट्	अ०
534	तिल	1c	P	सेट्	स०	561	जि	1c	P	अनि	अ०
535	वेलृ	1c	P	सेट्	स०	562	जीव	1c	P	सेट्	अ०
536	चेलृ	1c	P	सेट्	अ०	563	पीव	1c	P	सेट्	अ०

564	मीव	1c	P	सेट्	अ०	590	णिवि	1c	P	सेट्	स०
565	तीव	1c	P	सेट्	अ०	591	हिवि	1c	P	सेट्	स०
566	णीव	1c	P	सेट्	अ०	592	दिवि	1c	P	सेट्	स०
567 a	क्षीवु	1c	P	सेट्	स०	593	धिवि	1c	P	सेट्	स०
567 b	क्षिवु	1c	P	सेट्	स०	594	जिवि	1c	P	सेट्	स०
568	क्षेवु	1c	P	सेट्	स०	595	रिवि	1c	P	सेट्	स०
569	उर्वी	1c	P	सेट्	स०	596	रवि	1c	P	सेट्	स०
570	तुर्वी	1c	P	सेट्	स०	597	धवि	1c	P	सेट्	स०
571	थुर्वी	1c	P	सेट्	स०	598	कृवि	1c	P	सेट्	स०
572	दुर्वी	1c	P	सेट्	स०	599	मव	1c	P	सेट्	स०
573	धुर्वी	1c	P	सेट्	स०	600	अव	1c	P	सेट्	स०
574	गुर्वी	1c	P	सेट्	अ०	601	धावु	1c	U	सेट्	स०
575	मुर्वी	1c	P	सेट्	स०	602	धुक्ष	1c	A	सेट्	स०
576	पुर्व	1c	P	सेट्	स०	603	धिक्ष	1c	A	सेट्	स०
577	पर्व	1c	P	सेट्	अ०	604	वृक्ष	1c	A	सेट्	स०
578	मर्व	1c	P	सेट्	स०	605	शिक्ष	1c	A	सेट्	स०
579	चर्व	1c	P	सेट्	स०	606	भिक्ष	1c	A	सेट्	स०
580	भर्व	1c	P	सेट्	स०	607	क्लेश	1c	A	सेट्	स०
581	कर्व	1c	P	सेट्	अ०	608	दक्ष	1c	A	सेट्	अ०
582	खर्व	1c	P	सेट्	अ०	609	दीक्ष	1c	A	सेट्	अ०
583	गर्व	1c	P	सेट्	अ०	610	ईक्ष	1c	A	सेट्	स०
584	अर्व	1c	P	सेट्	स०	611	ईष	1c	A	सेट्	स०
585	शर्व	1c	P	सेट्	स०	612	भाष	1c	A	सेट्	स०
586	षर्व	1c	P	सेट्	स०	613	वर्ष	1c	A	सेट्	अ०
587	इवि	1c	P	सेट्	स०	614 a	गेषृ	1c	A	सेट्	स०
588	पिवि	1c	P	सेट्	स०	614 b	ग्लेषृ	1c	A	सेट्	स०
589	मिवि	1c	P	सेट्	स०	615	पेषृ	1c	A	सेट्	स०

616	जेषृ	1c	A	सेट्	स०	643	वेहृ	1c	A	सेट्	अ०
617	णेषृ	1c	A	सेट्	स०	644	जेहृ	1c	A	सेट्	अ०
618	एषृ	1c	A	सेट्	स०	645 a	वाहृ	1c	A	सेट्	अ०
619	प्रेषृ	1c	A	सेट्	स०	645 b	बाहृ	1c	A	सेट्	अ०
620	रेषृ	1c	A	सेट्	अ०	646	द्राहृ	1c	A	सेट्	अ०
621	हेषृ	1c	A	सेट्	अ०	647	काशृ	1c	A	सेट्	अ०
622	ह्लेषृ	1c	A	सेट्	अ०	648	ऊह	1c	A	सेट्	स०
623	कासृ	1c	A	सेट्	अ०	649	गाहू	1c	A	V	स०
624	भासृ	1c	A	सेट्	अ०	650	गृहू	1c	A	V	स०
625	णासृ	1c	A	सेट्	अ०	651	ग्लह	1c	A	सेट्	स०
626	रासृ	1c	A	सेट्	अ०	652	घुषि	1c	A	सेट्	स०
627	णस	1c	A	सेट्	अ०	653	घुषिर्	1c	P	सेट्	स०
628	भ्यस	1c	A	सेट्	अ०	654	अक्षू	1c	P	V	स०
629	आङःशसि	1c	A	सेट्	स०	655	तक्षू	1c	P	V	स०
630	ग्रसु	1c	A	सेट्	स०	656	त्वक्षू	1c	P	V	स०
631	ग्लसु	1c	A	सेट्	स०	657	उक्ष	1c	P	सेट्	स०
632	ईह	1c	A	सेट्	अ०	658	रक्ष	1c	P	सेट्	स०
633	बहि	1c	A	सेट्	अ०	659	णिक्ष	1c	P	सेट्	स०
634	महि	1c	A	सेट्	अ०	660	त्रक्ष	1c	P	सेट्	स०
635	अहि	1c	A	सेट्	स०	661 a	ष्ट्रक्ष	1c	P	सेट्	स०
636	गर्ह	1c	A	सेट्	स०	661 b	तृक्ष	1c	P	सेट्	स०
637	गल्ह	1c	A	सेट्	स०	661 c	ष्ट्रक्ष	1c	P	सेट्	स०
638	बर्ह	1c	A	सेट्	स०	662	णक्ष	1c	P	सेट्	स०
639	बल्ह	1c	A	सेट्	स०	663	वक्ष	1c	P	सेट्	अ०
640	वर्ह	1c	A	सेट्	स०	664	मृक्ष	1c	P	सेट्	अ०
641	वल्ह	1c	A	सेट्	स०	665	तक्ष	1c	P	सेट्	स०
642	प्लिह	1c	A	सेट्	स०	666	सूर्क्ष	1c	P	सेट्	स०

667	काक्षि	1c	P	सेट्	स०	694	रिष	1c	P	सेट्	स०
668	वाक्षि	1c	P	सेट्	स०	695	भष	1c	P	सेट्	अ०
669	माक्षि	1c	P	सेट्	स०	696	उष	1c	P	सेट्	स०
670	द्राक्षि	1c	P	सेट्	अ०	697	जिषु	1c	P	सेट्	स०
671	ध्राक्षि	1c	P	सेट्	अ०	698	विषु	1c	P	सेट्	स०
672	ध्वाक्षि	1c	P	सेट्	अ०	699	मिषु	1c	P	सेट्	स०
673	चूष	1c	P	सेट्	स०	700	पुष	1c	P	सेट्	स०
674	तूष	1c	P	सेट्	अ०	701	श्रिषु	1c	P	सेट्	स०
675	पूष	1c	P	सेट्	अ०	702	श्लिषु	1c	P	सेट्	स०
676	मूष	1c	P	सेट्	स०	703	प्रुषु	1c	P	सेट्	स०
677	लूष	1c	P	सेट्	स०	704	प्लुषु	1c	P	सेट्	स०
678	रूष	1c	P	सेट्	स०	705	पृषु	1c	P	सेट्	स०
679	शूष	1c	P	सेट्	स०	706	वृषु	1c	P	सेट्	स०
680	यूष	1c	P	सेट्	स०	707	मृषु	1c	P	सेट्	स०
681	जूष	1c	P	सेट्	स०	708	घृषु	1c	P	सेट्	स०
682	भूष	1c	P	सेट्	स०	709	हृषु	1c	P	सेट्	अ०
683	ऊष	1c	P	सेट्	स०	710	तुस	1c	P	सेट्	अ०
684	ईष	1c	P	सेट्	स०	711	ह्रस	1c	P	सेट्	अ०
685	कष	1c	P	सेट्	स०	712	ह्लस	1c	P	सेट्	अ०
686	खष	1c	P	सेट्	स०	713	रस	1c	P	सेट्	अ०
687	शिष	1c	P	सेट्	स०	714	लस	1c	P	सेट्	अ०
688	जष	1c	P	सेट्	स०	715	घस ऌ	1c	P	अनि	स०
689	झष	1c	P	सेट्	स०	716	जर्ज	1c	P	सेट्	स०
690	शष	1c	P	सेट्	स०	717	चर्च	1c	P	सेट्	स०
691	वष	1c	P	सेट्	स०	718	झर्झ	1c	P	सेट्	स०
692	मष	1c	P	सेट्	स०	719	पिसृ	1c	P	सेट्	स०
693	रुष	1c	P	सेट्	स०	720	पेसृ	1c	P	सेट्	स०

721	हसे	1c	P	सेट्	अ०	746	घुट	1c	A	सेट्	स०
722	णिश	1c	P	सेट्	अ०	747	रुट	1c	A	सेट्	स०
723	मिश	1c	P	सेट्	अ०	748	लुट	1c	A	सेट्	स०
724	मश	1c	P	सेट्	अ०	749	लुठ	1c	A	सेट्	स०
725	शव	1c	P	सेट्	स०	750	शुभ	1c	A	सेट्	अ०
726	शश	1c	P	सेट्	अ०	751	क्षुभ	1c	A	सेट्	अ०
727	शसु	1c	P	सेट्	स०	752	णभ	1c	A	सेट्	स०
728	शंसु	1c	P	सेट्	स०	753	तुभ	1c	A	सेट्	स०
729	चह	1c	P	सेट्	अ०	754	स्रंसु	1c	A	सेट्	अ०
730	मह	1c	P	सेट्	स०	755	ध्वंसु	1c	A	सेट्	अ०
731	रह	1c	P	सेट्	स०	756 a	भ्रंसु	1c	A	सेट्	अ०
732	रहि	1c	P	सेट्	स०	756 b	भ्रंशु	1c	A	सेट्	अ०
733	दृह	1c	P	सेट्	अ०	757	स्रम्भु	1c	A	सेट्	अ०
734	दृहि	1c	P	सेट्	अ०	758	वृतु	1c	A	सेट्	अ०
735	बृह	1c	P	सेट्	अ०	759	वृधु	1c	A	सेट्	अ०
736 a	बृहि	1c	P	सेट्	अ०	760	शृधु	1c	A	सेट्	अ०
736 b	बृहिर्	1c	P	सेट्	अ०	761	स्यन्दू	1c	A	सेट्	अ०
737	तुहिर्	1c	P	सेट्	स०	762	कृपू	1c	A	वेट्	अ०
738	दुहिर्	1c	P	सेट्	स०	763	घट	1c	A	सेट्	अ०
739	उहिर्	1c	P	सेट्	स०	764	व्यथ	1c	A	सेट्	अ०
740	अर्ह	1c	P	सेट्	स०	765	प्रथ	1c	A	सेट्	अ०
741	द्युत	1c	A	सेट्	अ०	766	प्रस	1c	A	सेट्	स०
742	श्विता	1c	A	सेट्	अ०	767	म्रद	1c	A	सेट्	स०
743	ञिमिदा	1c	A	सेट्	अ०	768	स्खद	1c	A	सेट्	स०
744 a	ञिष्विदा	1c	A	सेट्	अ०	769	क्षजि	1c	A	सेट्	स०
744 b	ञिक्ष्विदा	1c	A	सेट्	अ०	770	दक्ष	1c	A*	सेट्	स०
745	रुच	1c	A	सेट्	अ०	771	क्रप	1c	A	सेट्	स०

772	कदि	1c	A	सेट्	अ०	799	श्रथ	1c	P	सेट्	स०
773	क्रदि	1c	A	सेट्	अ०	800	क्नथ	1c	P	सेट्	स०
774	क्लदि	1c	A	सेट्	अ०	801	क्रथ	1c	P	सेट्	स०
775	ञित्वरा	1c	A	सेट्	अ०	802	क्लथ	1c	P	सेट्	स०
776	ज्वर	1c	P	सेट्	अ०	803	वन	1c	P	सेट्	स०
777	गड	1c	P	सेट्	स०	804	ज्वल	1c	P	सेट्	अ०
778	हेड	1c	P	सेट्	स०	805	ह्वल	1c	P	सेट्	अ०
779	वट	1c	P	सेट्	स०	806	ह्मल	1c	P	सेट्	अ०
780	भट	1c	P	सेट्	स०	807	स्मृ	1c	P	सेट्	स०
781	णट	1c	P	सेट्	अ०	808	दॄ	1c	P	सेट्	अ०
782	ष्टक	1c	P	सेट्	स०	809	नॄ	1c	P	सेट्	स०
783	चक	1c	P	सेट्	अ०	810	श्रा	1c	P	सेट्	स०
784	कखे	1c	P	सेट्	अ०	811	ज्ञा	1c	P	सेट्	स०
785	रगे	1c	P	सेट्	स०	812	चलिः	1c	P	सेट्	अ०
786	लगे	1c	P	सेट्	अ०	813	छदिर्	1c	P	सेट्	अ०
787	ह्रगे	1c	P	सेट्	स०	814	लडिः	1c	P	सेट्	अ०
788	ह्लगे	1c	P	सेट्	स०	815	मदी	1c	P	सेट्	अ०
789	षगे	1c	P	सेट्	स०	816 a	ध्वन	1c	P	सेट्	अ०
790	ष्टगे	1c	P	सेट्	स०	816 b	दल	1c	P	सेट्	अ०
791	कगे	1c	P	सेट्	स०	816 c	वल	1c	P	सेट्	अ०
792	अक	1c	P	सेट्	अ०	816 d	स्खल	1c	P	सेट्	अ०
793	अग	1c	P	सेट्	अ०	816 e	क्षै	1c	P	सेट्	अ०
794	कण	1c	P	सेट्	अ०	816 f	त्रपूष्	1c	P	सेट्	अ०
795	रण	1c	P	सेट्	स०	817	स्वन	1c	P	सेट्	अ०
796	चण	1c	P	सेट्	स०	818	शमो	1c	P	सेट्	स०
797	शण	1c	P	सेट्	स०	819	यमो	1c	P	सेट्	स०
798	श्रण	1c	P	सेट्	स०	820	स्खदिर्	1c	P	सेट्	स०

821	फण	1c	P	सेट्	स०	848	मथे	1c	P	सेट्	स०
822	राजृ	1c	U	सेट्	अ०	849	टुवम	1c	P	सेट्	स०
823	टुभ्राजृ	1c	A	सेट्	अ०	850	भ्रमु	1c	P	सेट्	अ०
824	टुभ्राशृ	1c	A	सेट्	अ०	851	क्षर	1c	P	सेट्	अ०
825	टुभ्लाशृ	1c	A	सेट्	अ०	852	षह	1c	A	सेट्	स०
826	स्यमु	1c	P	सेट्	अ०	853	रमु	1c	A	अनि	अ०
827	स्वन	1c	P	सेट्	अ०	854	षदॢ	1c	P	अनि	स०
828	ध्वन	1c	P	सेट्	अ०	855	शदॢ	1c	M	अनि	अ०
829	षम	1c	P	सेट्	अ०	856	क्रुश	1c	P	अनि	स०
830	ष्टम	1c	P	सेट्	अ०	857	कुच	1c	P	सेट्	स०
831	ज्वल	1c	P	सेट्	अ०	858	बुध	1c	P	सेट्	स०
832	चल	1c	P	सेट्	अ०	859	रुह	1c	P	अनि	अ०
833	जल	1c	P	सेट्	स०	860	कस	1c	P	सेट्	स०
834	टल	1c	P	सेट्	अ०	861	हिक्क	1c	U	सेट्	अ०
835	ट्वल	1c	P	सेट्	अ०	862 a	अञ्चु	1c	U	सेट्	स०
836	ष्ठल	1c	P	सेट्	अ०	862 b	अचु	1c	U	सेट्	स०
837	हल	1c	P	सेट्	स०	862 c	अचि	1c	U	सेट्	स०
838	णल	1c	P	सेट्	स०	863	टुयाचृ	1c	U	सेट्	स०
839	पल	1c	P	सेट्	स०	864	रेटृ	1c	U	सेट्	स०
840	बल	1c	P	सेट्	अ०	865	चते	1c	U	सेट्	स०
841	पुल	1c	P	सेट्	अ०	866	चदे	1c	U	सेट्	स०
842	कुल	1c	P	सेट्	अ०	867	प्रोथृ	1c	U	सेट्	अ०
843	शल	1c	P	सेट्	स०	868	मिदृ	1c	U	सेट्	स०
844	हुल	1c	P	सेट्	स०	869	मेदृ	1c	U	सेट्	स०
845	पतॢ	1c	P	सेट्	अ०	870	मेधृ	1c	U	सेट्	स०
846	क्वथे	1c	P	सेट्	अ०	871	णिदृ	1c	U	सेट्	स०
847	पथे	1c	P	सेट्	स०	872	णेदृ	1c	U	सेट्	स०

873	शृधु	1c	U	सेट्	अ०	899	हृञ्	1c	U	अनि	द्वि०
874	मृधु	1c	U	सेट्	अ०	900	धृञ्	1c	U	अनि	द्वि०
875	बुधिर्	1c	U	सेट्	स०	901	णीञ्	1c	U	अनि	द्वि०
876	उबुन्दिर्	1c	U	सेट्	स०	902	धेट्	1c	P	अनि	स०
877	वेणृ	1c	U	सेट्	स०	903	ग्लै	1c	P	अनि	अ०
878	खनु	1c	U	सेट्	स०	904	म्लै	1c	P	अनि	अ०
879	चीवृ	1c	U	सेट्	स०	905	द्यै	1c	P	अनि	स०
880	चायृ	1c	U	सेट्	स०	906	द्रै	1c	P	अनि	अ०
881	व्यय	1c	U	सेट्	स०	907	ध्रै	1c	P	अनि	स०
882	दाशृ	1c	U	सेट्	स०	908	ध्यै	1c	P	अनि	स०
883	भेषृ	1c	U	सेट्	अ०	909	रै	1c	P	अनि	अ०
884	भ्रेषृ	1c	U	सेट्	स०	910	स्त्यै	1c	P	अनि	अ०
885	भ्लेषृ	1c	U	सेट्	अ०	911	ष्ट्यै	1c	P	अनि	अ०
886 a	असं	1c	U	सेट्	स०	912	खै	1c	P	अनि	स०
886 b	अष	1c	U	सेट्	स०	913	क्षै	1c	P	अनि	अ०
887	स्पश	1c	U	सेट्	स०	914	जै	1c	P	अनि	अ०
888	लष	1c	U	सेट्	स०	915	षै	1c	P	अनि	अ०
889	चष	1c	U	सेट्	स०	916	कै	1c	P	अनि	अ०
890	छष	1c	U	सेट्	स०	917	गै	1c	P	अनि	अ०
891	झष	1c	U	सेट्	स०	918	शै	1c	P	अनि	स०
892	भ्रक्ष	1c	U	सेट्	स०	919	श्रै	1c	P	अनि	स०
893	भ्लक्ष	1c	U	सेट्	स०	920	पै	1c	P	अनि	अ०
894	दासृ	1c	U	सेट्	स०	921	ओवै	1c	P	अनि	अ०
895	माहृ	1c	U	सेट्	स०	922	ष्टै	1c	P	अनि	स०
896	गुहू	1c	U	V	स०	923	ष्णै	1c	P	अनि	स०
897	श्रिञ्	1c	U	सेट्	स०	924	दैप्	1c	P	अनि	स०
898	भृञ्	1c	U	अनि	स०	925	पा	1c	P	अनि	स०

926	घ्रा	1c	P	अनि	स०	953	उङ्	1c	A	अनि	अ०
927	ध्मा	1c	P	अनि	स०	954 a	ङुङ्	1c	A	अनि	स०
928	ष्ठा	1c	P	अनि	अ०	954 b	उङ्	1c	A	अनि	अ०
929	म्ना	1c	P	अनि	स०	954 c	कुङ्	1c	A	अनि	स०
930	दाण्	1c	P	अनि	स०	954 d	खुङ्	1c	A	अनि	स०
931	ह्वृ	1c	P	अनि	अ०	954 e	गुङ्	1c	A	अनि	स०
932	स्वृ	1c	P	अनि	अ०	954 f	घुङ्	1c	A	अनि	स०
933	स्मृ	1c	P	अनि	स०	955	च्युङ्	1c	A	अनि	स०
934	ह्वृ	1c	P	अनि	स०	956	ज्युङ्	1c	A	अनि	स०
935	सृ	1c	P	अनि	स०	957	प्रुङ्	1c	A	अनि	स०
936	ॠ	1c	P	अनि	स०	958 a	प्लुङ्	1c	A	अनि	स०
937	गृ	1c	P	अनि	स०	958 b	क्लुङ्	1c	A	अनि	स०
938	घृ	1c	P	अनि	स०	959	रुङ्	1c	A	अनि	स०
939	ध्वृ	1c	P	अनि	अ०	960	धृङ्	1c	A	अनि	अ०
940	स्रु	1c	P	अनि	स०	961	मेङ्	1c	A	अनि	स०
941	षु	1c	P	अनि	स०	962	देङ्	1c	A	अनि	स०
942	श्रु	1c	P	अनि	स०	963	श्यैङ्	1c	A	अनि	स०
943	ध्रु	1c	P	अनि	अ०	964	प्यैङ्	1c	A	अनि	अ०
944	दु	1c	P	अनि	स०	965	त्रैङ्	1c	A	अनि	स०
945	द्रु	1c	P	अनि	स०	966	पूङ्	1c	A	सेट्	स०
946	जि	1c	P	अनि	द्वि०	967	मूङ्	1c	A	सेट्	स०
947	ज्रि	1c	P	अनि	द्वि०	968	डीङ्	1c	A	सेट्	स०
948	ष्मिङ्	1c	A	अनि	अ०	969	तॄ	1c	P	सेट्	स०
949	गुङ्	1c	A	अनि	अ०	970	गुप	1c	A	सेट्	स०
950	गाङ्	1c	A	अनि	स०	971	तिज	1c	A	सेट्	स०
951	कुङ्	1c	A	अनि	अ०	972	मान	1c	A	सेट्	स०
952	घुङ्	1c	A	अनि	अ०	973	बध	1c	A	सेट्	स०

974	रभ	1c	A	अनि	स०	1001	त्विष	1c	U	अनि	अ०
975	डुलभष्	1c	A	अनि	स०	1002	यज	1c	U	अनि	स०
976	ष्वञ्ज	1c	A	अनि	स०	1003	डुवप्	1c	U	अनि	स०
977	हद	1c	A	अनि	अ०	1004	वह	1c	U	अनि	द्वि०
978	ञिष्विदा	1c	P	सेट्	अ०	1005	वस	1c	P	अनि	अ०
979	स्कन्दिर्	1c	P	अनि	स०	1006	वेञ्	1c	U	अनि	स०
980	यभ	1c	P	अनि	अ०	1007	व्येञ्	1c	U	अनि	स०
981	णम	1c	P	अनि	स०	1008	ह्वेञ्	1c	U	अनि	स०
982	गमॢ	1c	P	अनि	स०	1009	वद	1c	P	सेट्	स०
983	सृपॢ	1c	P	अनि	स०	1010	टुओश्वि	1c	P	सेट्	अ०
984	यम	1c	P	अनि	स०						
985	तप	1c	P	अनि	स०						
986	त्यज	1c	P	अनि	स०						
987	षञ्ज	1c	P	अनि	स०						
988	दृशिर्	1c	P	अनि	स०						
989	दंश	1c	P	अनि	स०						
990	कृष	1c	P	अनि	द्वि०						
991	दह	1c	P	अनि	स०						
992	मिह	1c	P	अनि	स०						
993	कित	1c	P	सेट्	स०						
994	दान	1c	U	सेट्	स०						
995	शान	1c	U	सेट्	स०						
996	डुपचष्	1c	U	अनि	स०						
997	षच	1c	U	सेट्	अ०						
998	भज	1c	U	अनि	स०						
999	रञ्ज	1c	U	अनि	अ०						
1000	शप	1c	U	अनि	स०						

1011	0 अथ अदादयः				
1011	अद	2c	P	अनि	स०
1012	हन	2c	P	अनि*	स०
1013	द्विष	2c	U	अनि	स०
1014	दुह	2c	U	अनि	द्वि०
1015	दिह	2c	U	अनि	अ०
1016	लिह	2c	P	अनि	स०
1017	चक्षिङ्	2c	A	अनि	स०
1018	ईर	2c	A	सेट्	स०
1019	ईड	2c	A	सेट्	स०
1020	ईश	2c	A	सेट्	अ०
1021	आस	2c	A	सेट्	अ०
1022	आङःशासु	2c	A	सेट्	स०
1023	वस	2c	A	सेट्	स०
1024 a	कसि	2c	A	सेट्	स०
1024 b	कस	2c	A	सेट्	स०
1024 c	कश	2c	A*	सेट्	स०
1025	णिसि	2c	A	सेट्	स०
1026	णिजि	2c	A	सेट्	स०
1027	शिजि	2c	A	सेट्	अ०
1028	पिजि	2c	A	सेट्	द्वि०
1029 a	वृजी	2c	A	सेट्	स०
1029 b	वृजि	2c	A	सेट्	स०
1030	पृची	2c	A	सेट्	स०
1031	षूङ्	2c	A	सेट्	स०
1032	शीङ्	2c	A	सेट्	अ०
1033	यु	2c	P	सेट्	स०
1034	रु	2c	P	सेट्	स०
1035	णु	2c	P	सेट्	स०
1036	टुक्षु	2c	P	सेट्	अ०
1037	क्ष्णु	2c	P	सेट्	स०
1038	ष्णु	2c	P	सेट्	अ०
1039	ऊर्णुञ्	2c	U	सेट्	स०
1040	द्यु	2c	P	अनि	स०
1041	षु	2c	P	अनि	स०
1042	कु	2c	P	अनि	अ०
1043	ष्टुञ्	2c	P	अनि	स०
1044	ब्रूञ्	2c	U	अनि	द्वि०
1045	इण्	2c	P	अनि	स०
1046	इङ्	2c	A	अनि	स०
1047	इक्	2c	P	अनि	स०
1048	वी	2c	P	अनि	स०
1049	या	2c	P	अनि	स०
1050	वा	2c	P	अनि	स०
1051	भा	2c	P	अनि	अ०
1052	ष्णा	2c	P	अनि	अ०
1053	श्रा	2c	P	अनि	स०
1054	द्रा	2c	P	अनि	अ०
1055	प्सा	2c	P	अनि	स०
1056	पा	2c	P	अनि	स०
1057	रा	2c	P	अनि	स०
1058	ला	2c	P	अनि	स०
1059	दाप्	2c	P	अनि	स०
1060	ख्या	2c	P	अनि	स०

1061	प्रा	2c	P	अनि	स०
1062	मा	2c	P	अनि	स०
1063	वच	2c	P	अनि	द्वि०
1064	विद	2c	P	सेट्	स०
1065	असु	2c	P	सेट्	अ०
1066	मृजू	2c	P	V	स०
1067	रुदिर्	2c	P	सेट्	अ०
1068	ञिष्वप	2c	P	अनि	अ०
1069	श्वस	2c	P	सेट्	अ०
1070	अन	2c	P	सेट्	अ०
1071	जक्ष	2c	P	सेट्	स०
1072	जागृ	2c	P	सेट्	अ०
1073	दरिद्रा	2c	P	सेट्	अ०
1074	चकासृ	2c	P	सेट्	अ०
1075	शासु	2c	P	सेट्	द्वि०
1076	दीधीङ्	2c	A	सेट्	अ०
1077	वेवीङ्	2c	A	सेट्	द्वि०
1078	षस	2c	P	सेट्	अ०
1079	षस्ति	2c	P	सेट्	अ०
1080	वश	2c	P	सेट्	स०
1081	चर्करीतं	2c	-	-	-
1082	ह्नुङ्	2c	A	अनि	अ०

1083 0 अथ जुहोत्यादयः

1083	हु	3c	P	अनि	स०
1084	ञिभि	3c	P	अनि	अ०
1085	ह्री	3c	P	अनि	अ०
1086	पॄ	3c	P	सेट्	स०
1087	डुभृञ्	3c	U	अनि	स०
1088	माङ्	3c	A	अनि	द्वि०
1089	ओहाङ्	3c	A	अनि	स०
1090	ओहाक्	3c	P	अनि	स०
1091	डुदाञ्	3c	U	अनि	स०
1092	डुधाञ्	3c	U	अनि	स०
1093	णिजिर्	3c	U	अनि	स०
1094	विजिर्	3c	U	अनि	अ०
1095	विषॢ	3c	U	अनि	स०
1096	घृ	3c	P	अनि	स०
1097	हृ	3c	P	अनि	स०
1098	ऋ	3c	P	अनि	स०
1099	सृ	3c	P	अनि	स०
1100	भस	3c	P	सेट्	अ०
1101	कि	3c	P	अनि	स०
1102	तुर	3c	P	सेट्	अ०
1103	धिष	3c	P	सेट्	अ०
1104	धन	3c	P	सेट्	अ०
1105	जन	3c	P	सेट्	द्वि०
1106	गा	3c	P	अनि	स०

1107 0 अथ दिवादयः

1107	दिवु	4c	P	सेट्	स०	1133	दूङ्	4c	A	सेट्	अ०
1108	षिवु	4c	P	सेट्	स०	1134	दीङ्	4c	A	अनि	अ०
1109	स्रिवु	4c	P	सेट्	स०	1135	डीङ्	4c	A	सेट्	अ०
1110	ष्ठिवु	4c	P	सेट्	स०	1136	धीङ्	4c	A	अनि	स०
1111	ष्णुसु	4c	P	सेट्	स०	1137	मीङ्	4c	A	अनि	अ०
1112	ष्णसु	4c	P	सेट्	स०	1138	रीङ्	4c	A	अनि	स०
1113	क्नसु	4c	P	सेट्	अ०	1139	लीङ्	4c	A	अनि	अ०
1114	व्युष	4c	P	सेट्	स०	1140	व्रीङ्	4c	A	अनि	स०
1115	प्लुष	4c	P	सेट्	स०	1141	पीङ्	4c	A	अनि	स०
1116	नृती	4c	P	सेट्	अ०	1142	माङ्	4c	A	अनि	स०
1117	त्रसी	4c	P	सेट्	अ०	1143	ईङ्	4c	A	अनि	स०
1118	कुथ	4c	P	सेट्	अ०	1144	प्रीङ्	4c	A	अनि	स०
1119	पुथ	4c	P	सेट्	स०	1145	शो	4c	P	अनि	स०
1120	गुध	4c	P	सेट्	स०	1146	छो	4c	P	अनि	स०
1121	क्षिप	4c	P	अनि	स०	1147	षो	4c	P	अनि	स०
1122	पुष्प	4c	P	सेट्	अ०	1148	दो	4c	P	अनि	स०
1123	तिम	4c	P	सेट्	अ०	1149	जनी	4c	A	सेट्	अ०
1124	ष्टिम	4c	P	सेट्	अ०	1150	दीपी	4c	A	सेट्	अ०
1125	ष्टीम	4c	P	सेट्	अ०	1151	पूरी	4c	A	सेट्	स०
1126	व्रीड	4c	P	सेट्	स०	1152	तूरी	4c	A	सेट्	स०
1127	इष	4c	P	सेट्	स०	1153	धूरी	4c	A	सेट्	स०
1128	षह	4c	P	सेट्	अ०	1154	गूरी	4c	A	सेट्	स०
1129	षुह	4c	P	सेट्	अ०	1155	घूरी	4c	A	सेट्	स०
1130	जॄष्	4c	P	सेट्	अ०	1156	जूरी	4c	A	सेट्	स०
1131	झॄष्	4c	P	सेट्	अ०	1157	शूरी	4c	A	सेट्	स०
1132	षूङ्	4c	A	V	स०	1158	चूरी	4c	A	सेट्	स०

1159	तप	4c	A	अनि	अ०	1185	दुष	4c	P	अनि	अ०
1160 a	वृतु	4c	A	सेट्	स०	1186	श्लिष	4c	P	अनि	स०
1160 b	वावृतु	4c	A	सेट्	स०	1187	शक	4c	U	अनि	अ०
1161	क्लिश	4c	A	सेट्	अ०	1188 a	ष्विदा	4c	P	अनि	अ०
1162	काशृ	4c	A	सेट्	अ०	1188 b	ञिष्विदा	4c	P	अनि	अ०
1163	वाशृ	4c	A	सेट्	अ०	1189	क्रुध	4c	P	अनि	अ०
1164	मृष	4c	U	सेट्	स०	1190	क्षुध	4c	P	अनि	अ०
1165	ईशुचिर्	4c	U	सेट्	अ०	1191	शुध	4c	P	अनि	अ०
1166	णह	4c	U	अनि	स०	1192	षिधु	4c	P	अनि	अ०
1167	रञ्ज	4c	U	अनि	अ०	1193	रध	4c	P	V	स०
1168	शप	4c	U	अनि	स०	1194	णश	4c	P	V	अ०
1169	पद	4c	A	अनि	स०	1195	तृप	4c	P	V	द्वि०
1170	खिद	4c	A	अनि	अ०	1196	दृप	4c	P	V	अ०
1171	विद	4c	A	अनि	अ०	1197	द्रुह	4c	P	V	स०
1172	बुध	4c	A	अनि	स०	1198	मुह	4c	P	V	स०
1173	युध	4c	A	अनि	अ०	1199	ष्णुह	4c	P	V	स०
1174	अनोरुध	4c	A	अनि	अ०	1200	ष्णिह	4c	P	V	अ०
1175	अण	4c	A	सेट्	अ०	1201	शमु	4c	P	सेट्	अ०
1176	मन	4c	A	अनि	स०	1202	तमु	4c	P	सेट्	अ०
1177	युज	4c	A	अनि	अ०	1203	दमु	4c	P	सेट्	स०
1178	सृज	4c	A	अनि	अ०	1204	श्रमु	4c	P	सेट्	अ०
1179	लिश	4c	A	अनि	अ०	1205	भ्रमु	4c	P	सेट्	अ०
1180	राध	4c	P	अनि	अ०	1206	क्षमू	4c	P	V	स०
1181	व्यध	4c	P	अनि	स०	1207	क्लमु	4c	P	सेट्	अ०
1182	पुष	4c	P	अनि	स०	1208	मदी	4c	P	सेट्	अ०
1183	शुष	4c	P	अनि	अ०	1209	असु	4c	P	सेट्	स०
1184	तुष	4c	P	अनि	अ०	1210	यसु	4c	P	सेट्	अ०

1211	जसु	4c	P	सेट्	स०
1212	तसु	4c	P	सेट्	स०
1213	दसु	4c	P	सेट्	स०
1214	वसु	4c	P	सेट्	अ०
1215	व्युष	4c	P	सेट्	स०
1216	प्लुष	4c	P	सेट्	स०
1217	बिस	4c	P	सेट्	स०
1218	कुस	4c	P	सेट्	स०
1219	बुस	4c	P	सेट्	स०
1220	मुस	4c	P	सेट्	स०
1221	मसी	4c	P	सेट्	अ०
1222	लुट	4c	P	सेट्	अ०
1223	उच	4c	P	सेट्	अ०
1224	भृशु	4c	P	सेट्	अ०
1225	भ्रंशु	4c	P	सेट्	अ०
1226	वृश	4c	P	सेट्	स०
1227	कृश	4c	P	सेट्	स०
1228	ञितृषा	4c	P	सेट्	अ०
1229	हृष	4c	P	सेट्	अ०
1230	रुष	4c	P	सेट्	अ०
1231	रिष	4c	P	सेट्	स०
1232	डिप	4c	P	सेट्	स०
1233	कुप	4c	P	सेट्	अ०
1234	गुप	4c	P	सेट्	अ०
1235	युप	4c	P	सेट्	स०
1236	रुप	4c	P	सेट्	स०
1237	लुप	4c	P	सेट्	स०
1238	लुभ	4c	P	सेट्	स०
1239	क्षुभ	4c	P	सेट्	अ०
1240	णभ	4c	P	सेट्	स०
1241	तुभ	4c	P	सेट्	स०
1242	क्लिदू	4c	P	V	अ०
1243	ञिमिदा	4c	P	सेट्	अ०
1244	ञिक्ष्विदा	4c	P	सेट्	अ०
1245	ऋधु	4c	P	सेट्	अ०
1246	गृधु	4c	P	सेट्	स०

1247 0 अथ स्वादयः

1247	षुञ्	5c	U	अनि	स०*
1248	षिञ्	5c	U	अनि	स०
1249	शिञ्	5c	U	अनि	स०
1250	डुमिञ्	5c	U	अनि	स०
1251	चिञ्	5c	U	अनि	स०
1252	स्तृञ्	5c	U	अनि	स०
1253	कृञ्	5c	U	अनि	स०
1254	वृञ्	5c	U	सेट्	स०
1255 a	धुञ्	5c	U	अनि	स०
1255 b	धूञ्	5c	U	अनि	स०
1256	टुदु	5c	P	अनि	स०
1257	हि	5c	P	अनि	स०
1258	पृ	5c	P	अनि	स०
1259	स्पृ	5c	P	अनि	स०
1260	आपॢ	5c	P	अनि	स०
1261	शकॢ	5c	P	अनि	अ०
1262	राध	5c	P	अनि	अ०
1263	साध	5c	P	अनि	स०
1264	अशू	5c	A	V	स०
1265	ष्टिघ	5c	A	सेट्	स०
1266	तिक	5c	P	सेट्	स०
1267	तिग	5c	P	सेट्	स०
1268	षघ	5c	P	सेट्	स०
1269	ञिधृषा	5c	P	सेट्	अ०
1270	दम्भु	5c	P	सेट्	स०
1271 a	ऋधु	5c	P	सेट्	अ०
1271 b	तृप	5c	P	सेट्	अ०
1272	अह	5c	P	सेट्	स०
1273	दघ	5c	P	सेट्	स०
1274	चमु	5c	P	सेट्	स०
1275	रि	5c	P	अनि	स०
1276	क्षि	5c	P	अनि	स०
1277	चिरि	5c	P	सेट्	स०
1278	जिरि	5c	P	सेट्	स०
1279	दाश	5c	P	सेट्	स०
1280	दृ	5c	P	अनि	स०

1281	0 अथ तुदादयः				1307	तृप	6c	P	सेट्	स०
1281	तुद	6c	U	अनि	स०	1308	तृम्फ	6c	P	सेट्	अ०
1282	णुद	6c	U	अनि	स०	1309	तुप	6c	P	सेट्	स०
1283	दिश	6c	U	अनि	स०	1310	तुम्प	6c	P	सेट्	स०
1284	भ्रस्ज	6c	U	अनि	स०	1311	तुफ	6c	P	सेट्	स०
1285	क्षिप	6c	U	अनि	स०	1312	तुम्फ	6c	P	सेट्	स०
1286	कृष	6c	U	अनि	स०	1313	दृप	6c	P	सेट्	अ०
1287	ऋषी	6c	P	सेट्	स०	1314	दृम्फ	6c	P	सेट्	अ०
1288	जुषी	6c	A	सेट्	स०	1315	ऋफ	6c	P	सेट्	स०
1289	ओविजी	6c	A	सेट्	अ०	1316	ऋम्फ	6c	P	सेट्	स०
1290	ओलजी	6c	A	सेट्	अ०	1317	गुफ	6c	P	सेट्	स०
1291	ओलस्जी	6c	A	सेट्	अ०	1318	गुम्फ	6c	P	सेट्	स०
1292	ओव्रश्चू	6c	P	सेट्	स०	1319	उभ	6c	P	सेट्	स०
1293	व्यच	6c	P	सेट्	स०	1320	उम्भ	6c	P	सेट्	स०
1294	उछि	6c	P	सेट्	स०	1321	शुभ	6c	P	सेट्	अ०
1295	उछी	6c	P	सेट्	स०	1322	शुम्भ	6c	P	सेट्	अ०
1296	ऋच्छ	6c	P	सेट्	अ०	1323	दृभी	6c	P	सेट्	स०
1297	मिच्छ	6c	P	सेट्	स०	1324	चृती	6c	P	सेट्	स०
1298	जर्ज	6c	P	सेट्	स०	1325	विध	6c	P	सेट्	स०
1299	चर्च	6c	P	सेट्	स०	1326	जुड	6c	P	सेट्	स०
1300	झर्झ	6c	P	सेट्	स०	1327	मृड	6c	P	सेट्	स०
1301	त्वच	6c	P	सेट्	स०	1328	पृड	6c	P	सेट्	स०
1302	ऋच	6c	P	सेट्	स०	1329	पृण	6c	P	सेट्	स०
1303	उब्ज	6c	P	सेट्	अ०	1330	वृण	6c	P	सेट्	स०
1304	उज्झ	6c	P	सेट्	स०	1331	मृण	6c	P	सेट्	स०
1305	लुभ	6c	P	सेट्	स०	1332	तुण	6c	P	सेट्	अ०
1306	रिफ	6c	P	सेट्	स०	1333	पुण	6c	P	सेट्	अ०

1334	मुण	6c	P	सेट्	स०	1360	णिल	6c	P	सेट्	स०
1335	कुण	6c	P	सेट्	अ०	1361	हिल	6c	P	सेट्	स०
1336	शुन	6c	P	सेट्	स०	1362	शिल	6c	P	सेट्	स०
1337	द्रुण	6c	P	सेट्	स०	1363	षिल	6c	P	सेट्	स०
1338	घुण	6c	P	सेट्	अ०	1364	मिल	6c	P	सेट्	स०
1339	घूर्ण	6c	P	सेट्	अ०	1365	लिख	6c	P	सेट्	स०
1340	षुर	6c	P	सेट्	अ०	1366	कुट	6c	P	सेट्	अ०
1341	कुर	6c	P	सेट्	अ०	1367	पुट	6c	P	सेट्	स०
1342	खुर	6c	P	सेट्	स०	1368	कुच	6c	P	सेट्	स०
1343	मुर	6c	P	सेट्	स०	1369	गुज	6c	P	सेट्	अ०
1344	क्षुर	6c	P	सेट्	स०	1370	गुड	6c	P	सेट्	स०
1345	घुर	6c	P	सेट्	अ०	1371	डिप	6c	P	सेट्	स०
1346	पुर	6c	P	सेट्	अ०	1372	छुर	6c	P	सेट्	स०
1347 a	वृहू	6c	P	V	स०	1373	स्फुट	6c	P	सेट्	अ०
1347 b	बृहू	6c	P	V	स०	1374	मुट	6c	P	सेट्	अ०
1348	तृहू	6c	P	V	स०	1375	त्रुट	6c	P	सेट्	स०
1349	स्तृहू	6c	P	V	स०	1376	तुट	6c	P	सेट्	स०
1350	तृन्हू	6c	P	V	स०	1377	चुट	6c	P	सेट्	स०
1351	इष	6c	P	सेट्	स०	1378	छुट	6c	P	सेट्	स०
1352	मिष	6c	P	सेट्	स०	1379	जुड	6c	P	सेट्	स०
1353	किल	6c	P	सेट्	अ०	1380	कड	6c	P	सेट्	स०
1354	तिल	6c	P	सेट्	अ०	1381 a	लुट	6c	P	सेट्	स०
1355	चिल	6c	P	सेट्	स०	1381 b	लुठ	6c	P	सेट्	अ०
1356	चल	6c	P	सेट्	अ०	1381 c	लुड	6c	P	सेट्	अ०
1357	इल	6c	P	सेट्	स०	1382	कृड	6c	P	सेट्	अ०
1358	विल	6c	P	सेट्	स०	1383	कुड	6c	P	सेट्	अ०
1359	बिल	6c	P	सेट्	स०	1384	पुड	6c	P	सेट्	स०

1385	घुट	6c	P	सेट्	स०	1405	पि	6c	P	अनि	स०
1386	तुड	6c	P	सेट्	स०	1406	धि	6c	P	अनि	स०
1387	थुड	6c	P	सेट्	स०	1407	क्षि	6c	P	अनि	स०
1388 a	स्थुड	6c	P	सेट्	स०	1408	षू	6c	P	सेट्	स०
1388 b	खुड	6c	P	सेट्	स०	1409	कॄ	6c	P	सेट्	स०
1388 c	छुड	6c	P	सेट्	स०	1410	गॄ	6c	P	सेट्	स०
1389	स्फुर	6c	P	सेट्	अ०	1411	दृङ्	6c	A	अनि	स०
1390 a	स्फुल	6c	P	सेट्	अ०	1412	धृङ्	6c	A	अनि	अ०
1390 b	स्फुर	6c	P	सेट्	अ०	1413	प्रच्छ	6c	P	अनि	द०
1390 c	स्फल	6c	P	सेट्	अ०	1414	सृज	6c	P	अनि	स०
1390 d	स्फर	6c	P	सेट्	अ०	1415	टुमस्जो	6c	P	अनि	अ०
1391	स्फुड	6c	P	सेट्	स०	1416	रुजो	6c	P	अनि	स०
1392	चुड	6c	P	सेट्	स०	1417	भुजो	6c	P	अनि	अ०
1393	व्रुड	6c	P	सेट्	स०	1418	छुप	6c	P	अनि	स०
1394	क्रुड	6c	P	सेट्	अ०	1419	रुश	6c	P	अनि	स०
1395	भृड	6c	P	सेट्	अ०	1420	रिश	6c	P	अनि	स०
1396	गुरी	6c	A	सेट्	अ०	1421	लिश	6c	P	अनि	स०
1397	णू	6c	P	सेट्	स०	1422	स्पृश	6c	P	अनि	स०
1398	धू	6c	P	सेट्	स०	1423	विच्छ	6c	P	सेट्	स०
1399	गु	6c	P	अनि	अ०	1424	विश	6c	P	अनि	स०
1400 a	ध्रु	6c	P	अनि	अ०	1425	मृश	6c	P	अनि	स०
1400 b	ध्रुव	6c	P	अनि	अ०	1426	णुद	6c	P	अनि	स०
1401 a	कुङ्	6c	A	अनि	अ०	1427	षदॢ	6c	P	अनि	अ०
1401 b	कूङ्	6c	A	अनि	अ०	1428	शदॢ	6c	A	अनि	अ०
1402	पृङ्	6c	A	अनि	अ०	1429	मिल	6c	U	सेट्	अ०
1403	मृङ्	6c	A	अनि	अ०	1430	मुचॢ	6c	U	अनि	स०
1404	रि	6c	P	अनि	स०	1431	लुपॢ	6c	U	अनि	स०

1432	विदॢ	6c	U	अनि*	स०
1433	लिप	6c	U	अनि	स०
1434	षिच	6c	U	अनि	स०
1435	कृती	6c	P	सेट्	स०
1436	खिद	6c	P	अनि	स०
1437	पिश	6c	P	सेट्	अ०

1438 0 अथ रुधादयः

1438	रुधिर्	7c	U	अनि	द्वि०
1439	भिदिर्	7c	U	अनि	स०
1440	छिदिर्	7c	U	अनि	स०
1441	रिचिर्	7c	U	अनि	स०
1442	विचिर्	7c	U	अनि	स०
1443	क्षुदिर्	7c	U	अनि	स०
1444	युजिर्	7c	U	अनि	स०
1445	उछृदिर्	7c	U	सेट्	स०
1446	उतृदिर्	7c	U	सेट्	स०
1447	कृती	7c	P	सेट्	स०
1448	ञिइन्धी	7c	A	सेट्	अ०
1449	खिद	7c	A	अनि	अ०
1450	विद	7c	A	अनि	स०
1451	शिष ऌ	7c	P	अनि	स०
1452	पिष ऌ	7c	P	अनि	स०
1453	भञ्जो	7c	P	अनि	स०
1454	भुज	7c	U	अनि	स०
1455	तृह	7c	P	सेट्	स०
1456	हिसि	7c	P	सेट्	स०
1457	उन्दी	7c	P	सेट्	स०
1458	अञ्जू	7c	P	सेट्*	स०
1459	तञ्चू	7c	P	V	स०
1460	ओविजी	7c	P	सेट्	अ०
1461	वृजी	7c	P	सेट्	स०
1462	पृची	7c	P	सेट्	स०

1463	0 अथ तनादयः				
1463	तनु	8c	U	सेट्	स०
1464	षणु	8c	U	सेट्	स०
1465	क्षणु	8c	U	सेट्	स०
1466	क्षिणु	8c	U	सेट्	स०
1467	ऋणु	8c	U	सेट्	स०
1468	तृणु	8c	U	सेट्	स०
1469	घृणु	8c	U	सेट्	स०
1470	वनु	8c	A*	सेट्	स०
1471	मनु	8c	A	सेट्	स०
1472	डुकृञ्	8c	U	अनि	स०

1473 0 अथ क्र्यादयः

1473	डुक्रीञ्	9c	U	अनि	स०	1494 b	झॄ	9c	P	सेट्	अ०
1474	प्रीञ्	9c	U	अनि	स०	1495	नॄ	9c	P	सेट्	स०
1475	श्रीञ्	9c	U	अनि	स०	1496	कॄ	9c	P	सेट्	स०
1476	मीञ्	9c	U	अनि	स०	1497	ॠ	9c	P	सेट्	स०
1477	षिञ्	9c	U	अनि	स०	1498	गॄ	9c	P	सेट्	अ०
1478 a	स्कुञ्	9c	U	अनि	स०	1499	ज्या	9c	P	अनि	अ०
1478 b	स्तम्भु	9c	P	अनि	स०	1500	री	9c	P	अनि	स०
1478 c	स्तुम्भु	9c	P	अनि	स०	1501	ली	9c	P	अनि	अ०
1478 d	स्कम्भु	9c	P	अनि	स०	1502	व्ली	9c	P	अनि	स०
1478 e	स्कुम्भु	9c	P	अनि	स०	1503	प्ली	9c	P	अनि	स०
1479	युञ्	9c	U	अनि	स०	1504	व्री	9c	P	अनि	स०
1480	क्नूञ्	9c	U	सेट्	अ०	1505	भ्री	9c	P	अनि	अ०
1481	द्रूञ्	9c	U	सेट्	स०	1506	क्षीष्	9c	P	अनि	स०
1482	पूञ्	9c	U	अनि	स०	1507	ज्ञा	9c	U	अनि	स०
1483	लूञ्	9c	U	सेट्	स०	1508	बन्ध	9c	P	अनि	स०
1484	स्तॄञ्	9c	U	सेट्	स०	1509	वृङ्	9c	A	सेट्	स०
1485	कॄञ्	9c	U	सेट्	स०	1510	श्रन्थ	9c	P	सेट्	स०
1486	वॄञ्	9c	U	सेट्	स०	1511	मन्थ	9c	P	सेट्	द्वि०
1487	धूञ्	9c	U	V	स०	1512	श्रन्थ	9c	P	सेट्	स०
1488	शॄ	9c	P	सेट्	स०	1513	ग्रन्थ	9c	P	सेट्	स०
1489	पॄ	9c	P	सेट्	स०	1514 a	कुन्थ	9c	P	सेट्	स०
1490	वॄ	9c	P	सेट्	स०	1514 b	कुथ	9c	P	सेट्	स०
1491	भॄ	9c	P	सेट्	स०	1515	मृद	9c	P	सेट्	स०
1492	मॄ	9c	P	सेट्	स०	1516	मृड	9c	P	सेट्	स०
1493	दॄ	9c	P	सेट्	स०	1517	गुध	9c	P	सेट्	अ०
1494 a	जॄ	9c	P	सेट्	अ०	1518	कुष	9c	P	सेट्	स०

1519	क्षुभ	9c	P	सेट्	अ०
1520	णभ	9c	P	सेट्	स०
1521	तुभ	9c	P	सेट्	स०
1522	क्लिशू	9c	P	V	स०
1523	अश	9c	P	सेट्	स०
1524	उध्रस	9c	P	सेट्	स०
1525	इष	9c	P	सेट्	स०
1526	विष	9c	P	अनि	अ०
1527	प्रुष	9c	P	सेट्	स०
1528	प्लुष	9c	P	सेट्	स०
1529	पुष	9c	P	सेट्	स०
1530	मुष	9c	P	सेट्	द्वि०
1531	खच	9c	P	सेट्	अ०
1532 a	हिठ	9c	P	सेट्	स०
1532 b	हेठ	9c	P	सेट्	स०
1533	ग्रह	9c	U	V	स०

1534 0 अथ चुरादयः

1534	चुर	10c	U	सेट्	स०
1535	चिति	10c	U	सेट्	स०
1536	यत्रि	10c	U	सेट्	स०
1537	स्फुडि	10c	U	सेट्	स०
1538	लक्ष	10c	U	सेट्	स०
1539	कुद्रि	10c	U	सेट्	स०
1540	लड	10c	U	सेट्	स०
1541	मिदि	10c	U	सेट्	स०
1542	ओलडि	10c	U	सेट्	स०
1543	जल	10c	U	सेट्	स०
1544	पीड	10c	U	सेट्	स०
1545	णट	10c	U	सेट्	स०
1546	श्रथ	10c	U	सेट्	अ०
1547	बध	10c	U	सेट्	स०
1548	पॄ	10c	U	सेट्	स०
1549	ऊर्ज	10c	P	सेट्	अ०
1550	पक्ष	10c	P	सेट्	स०
1551	वर्ण	10c	P	सेट्	स०
1552	चूर्ण	10c	U	सेट्	स०
1553	प्रथ	10c	U	सेट्	स०
1554	पृथ	10c	U	सेट्	स०
1555	षम्ब	10c	U	सेट्	स०
1556	शम्ब	10c	U	सेट्	स०
1557	भक्ष	10c	U	सेट्	स०
1558	कुट्ट	10c	P*	सेट्	स०
1559	पुट्ट	10c	P	सेट्	अ०
1560	चुट्ट	10c	U	सेट्	अ०
1561	अट्ट	10c	U	सेट्	स०
1562	षुट्ट	10c	U	सेट्	स०
1563 a	लुण्ठ	10c	U	सेट्	स०
1563 b	लुण्ट	10c	U	सेट्	स०
1564	शठ	10c	U	सेट्	स०
1565 a	श्वठ	10c	U	सेट्	स०
1565 b	श्वठि	10c	U	सेट्	स०
1566	तुजि	10c	U	सेट्	स०
1567 a	पिजि	10c	U	सेट्	स०
1567 b	तुज	10c	U	सेट्	स०
1567 c	पिज	10c	U	सेट्	स०
1567 d	लजि	10c	U	सेट्	स०
1567 e	लुजि	10c	U	सेट्	स०
1568	पिस	10c	U	सेट्	स०
1569	षान्त्व	10c	U	सेट्	स०
1570	श्वल्क	10c	U	सेट्	स०
1571	वल्क	10c	U	सेट्	स०
1572 a	ष्णिह	10c	U	सेट्	अ०
1572 b	स्फिट	10c	U	सेट्	स०
1573 a	स्मिट	10c	U	सेट्	स०
1573 b	ष्मिङ्	10c	A	सेट्	स०
1574	श्लिष	10c	U	सेट्	स०
1575	पथि	10c	U	सेट्	स०
1576	पिच्छ	10c	U	सेट्	स०
1577	छदि	10c	U	सेट्	स०
1578	श्रण	10c	U	सेट्	स०

1579	तड	10c U	सेट्	स०	1603	मूल	10c U	सेट्	स०
1580	खड	10c U	सेट्	स०	1604	कल	10c U	सेट्	स०
1581	खडि	10c A	सेट्	स०	1605	विल	10c U	सेट्	स०
1582	कडि	10c U	सेट्	स०	1606	बिल	10c U	सेट्	स०
1583	कुडि	10c U	सेट्	स०	1607	तिल	10c U	सेट्	अ०
1584 a	गुडि	10c U	सेट्	स०	1608	चल	10c U	सेट्	अ०
1584 b	कुठि	10c U	सेट्	स०	1609	पाल	10c U	सेट्	स०
1584 c	गुठि	10c U	सेट्	स०	1610	लूष	10c U	सेट्	स०
1585	खुडि	10c U	सेट्	स०	1611	शुल्ब	10c U	सेट्	स०
1586 a	वटि	10c U	सेट्	स०	1612	शूर्प	10c U	सेट्	स०
1586 b	वडि	10c U	सेट्	स०	1613	चुट	10c U	सेट्	स०
1587	मडि	10c U	सेट्	स०	1614	मुट	10c U	सेट्	स०
1588	भडि	10c U	सेट्	स०	1615	पडि	10c U	सेट्	स०
1589	छर्द	10c U	सेट्	अ०	1616	पसि	10c U	सेट्	स०
1590	पुस्त	10c U	सेट्	स०	1617	व्रज	10c U	सेट्	स०
1591	बुस्त	10c U	सेट्	स०	1618	शुल्क	10c U	सेट्	स०
1592	चुद	10c U	सेट्	स०	1619	चपि	10c U	सेट्	स०
1593	नक्क	10c U	सेट्	स०	1620	क्षपि	10c U	सेट्	स०
1594	धक्क	10c U	सेट्	स०	1621	छजि	10c U	सेट्	अ०
1595	चक्क	10c U	सेट्	स०	1622	श्वर्त	10c U	सेट्	स०
1596	चुक्क	10c U	सेट्	स०	1623	श्वभ्र	10c U	सेट्	स०
1597	क्षल	10c U	सेट्	स०	1624	ज्ञप	10c U	सेट्	स०
1598	तल	10c U	सेट्	स०	1625	यम	10c U	सेट्	स०
1599	तुल	10c U	सेट्	स०	1626 a	चप	10c U	सेट्	स०
1600	दुल	10c U	सेट्	स०	1626 b	चह	10c U	सेट्	स०
1601	पुल	10c U	सेट्	अ०	1627	रह	10c U	सेट्	स०
1602	चुल	10c U	सेट्	स०	1628	बल	10c U	सेट्	स०

1629	चिञ्	10c U	सेट्	स०	1655 b	कुभि	10c U	सेट्	स०
1630	घट्ट	10c U	सेट्	अ०	1656	लुबि	10c U	सेट्	स०
1631	मुस्त	10c U	सेट्	अ०	1657	तुबि	10c U	सेट्	स०
1632	खट्ट	10c U	सेट्	स०	1658 a	ह्लप	10c U	सेट्	स०
1633	षट्ट	10c U	सेट्	स०	1658 b	क्लप	10c U	सेट्	स०
1634	स्फिट्ट	10c U	सेट्	स०	1658 c	ह्वप	10c U	सेट्	स०
1635	चुबि	10c U	सेट्	स०	1659	चुटि	10c U	सेट्	स०
1636	पूल	10c U	सेट्	स०	1660	इल	10c U	सेट्	स०
1637	पुंस	10c U	सेट्	स०	1661	म्रक्ष	10c U	सेट्	अ०
1638	टकि	10c U	सेट्	स०	1662	म्लेच्छ	10c U	सेट्	अ०
1639	धूस	10c U	सेट्	स०	1663	ब्रूस	10c U	सेट्	स०
1640	कीट	10c U	सेट्	स०	1664 a	बर्ह	10c U	सेट्	अ०
1641	चूर्ण	10c U	सेट्	स०	1664 b	गर्ज	10c U	सेट्	अ०
1642	पूज	10c U	सेट्	स०	1664 c	गर्द	10c U	सेट्	अ०
1643	अर्क	10c U	सेट्	स०	1664 d	गर्ध	10c U	सेट्	अ०
1644	शुठ	10c U	सेट्	स०	1665	गुर्द	10c U	सेट्	अ०
1645	शुठि	10c U	सेट्	स०	1666	जसि	10c U	सेट्	स०
1646	जुड	10c U	सेट्	स०	1667	ईड	10c U	सेट्	स०
1647	गज	10c U	सेट्	अ०	1668	जसु	10c U	सेट्	स०
1648	मार्ज	10c U	सेट्	अ०	1669	पिडि	10c U	सेट्	अ०
1649	मर्च	10c U	सेट्	अ०	1670 a	रुष	10c U	सेट्	अ०
1650	घृ	10c U	सेट्	स०	1670 b	रुट	10c U	सेट्	अ०
1651	पचि	10c U	सेट्	स०	1671	डिप	10c U	सेट्	स०
1652	तिज	10c U	सेट्	स०	1672	ष्टुप	10c U	सेट्	स०
1653	कृत	10c U	सेट्	स०	1673	चित	10c A	सेट्	स०
1654	वर्ध	10c U	सेट्	स०	1674	दशि	10c A	सेट्	स०
1655 a	कुबि	10c U	सेट्	स०	1675	दसि	10c A	सेट्	स०

1676	डप	10c A	सेट्	स०	1701	कूट	10c A	सेट्	स०
1677	डिप	10c A	सेट्	स०	1702	कुट्ट	10c A	सेट्	स०
1678	तत्रि	10c A	सेट्	अ०	1703	वञ्चु	10c A	सेट्	स०
1679	मत्रि	10c A	सेट्	स०	1704	वृष	10c A	सेट्	अ०
1680	स्पश	10c A	सेट्	स०	1705	मद	10c A	सेट्	स०
1681	तर्ज	10c A	सेट्	स०	1706	दिवु	10c A	सेट्	अ०
1682	भर्त्स	10c A	सेट्	स०	1707	गृ	10c A	सेट्	स०
1683	बस्त	10c A	सेट्	स०	1708	विद	10c A	सेट्	स०
1684	गन्ध	10c A	सेट्	स०	1709	मान	10c A	सेट्	अ०
1685 a	विष्क	10c A	सेट्	स०	1710	यु	10c A	सेट्	स०
1685 b	हिष्क	10c A	सेट्	स०	1711	कुस्म	10c A	सेट्	अ०
1686	निष्क	10c A	सेट्	स०	1712	चर्च	10c U	सेट्	स०
1687	लल	10c A	सेट्	स०	1713	बुक्क	10c U	सेट्	अ०
1688	कूण	10c A	सेट्	स०	1714	शब्द	10c U	सेट्	स०
1689	तूण	10c A	सेट्	स०	1715	कण	10c U	सेट्	स०
1690	भ्रूण	10c A	सेट्	स०	1716	जभि	10c U	सेट्	स०
1691	शठ	10c A	सेट्	स०	1717	षूद	10c U	सेट्	स०
1692	यक्ष	10c A	सेट्	स०	1718	जसु	10c U	सेट्	स०
1693	स्यम	10c A	सेट्	स०	1719	पश	10c U	सेट्	स०
1694	गूर	10c A	सेट्	स०	1720	अम	10c U	सेट्	स०
1695	शम	10c A	सेट्	स०	1721	चट	10c U	सेट्	स०
1696	लक्ष	10c A	सेट्	स०	1722	स्फुट	10c U	सेट्	अ०
1697	कुत्स	10c A	सेट्	स०	1723	घट	10c U	सेट्	स०
1698 a	कुट	10c A	सेट्	स०	1724	दिवु	10c U	सेट्	स०
1698 b	त्रुट	10c A	सेट्	स०	1725	अर्ज	10c U	सेट्	स०
1699	गल	10c A	सेट्	अ०	1726	घुषिर्	10c U	सेट्	स०
1700	भल	10c A	सेट्	स०	1727	आङःक्रन्द	10c U	सेट्	अ०

1728	लस	10c U	सेट्	अ०	1751	दल	10c U	सेट्	स०
1729	तसि	10c U	सेट्	स०	1752	पट	10c U	सेट्	स०
1730 a	भूष	10c U	सेट्	स०	1753	पुट	10c U	सेट्	स०
1730 b	मोक्ष	10c U	सेट्	स०	1754	लुट	10c U	सेट्	स०
1731	अर्ह	10c U	सेट्	स०	1755	तुजि	10c U	सेट्	स०
1732	ज्ञा	10c U	सेट्	स०	1756	मिजि	10c U	सेट्	स०
1733	भज	10c U	सेट्	स०	1757	पिजि	10c U	सेट्	स०
1734	शृधु	10c U	सेट्	स०	1758	लुजि	10c U	सेट्	स०
1735	यत	10c U	सेट्	अ०	1759	भजि	10c U	सेट्	स०
1736	रक	10c U	सेट्	स०	1760	लघि	10c U	सेट्	स०
1737 a	लग	10c U	सेट्	स०	1761	त्रसि	10c U	सेट्	स०
1737 b	रघ	10c U	सेट्	स०	1762	पिसि	10c U	सेट्	स०
1737 c	रग	10c U	सेट्	स०	1763	कुसि	10c U	सेट्	स०
1738	अञ्चु	10c U	सेट्	स०	1764	दशि	10c U	सेट्	स०
1739	लिगि	10c U	सेट्	स०	1765	कुशि	10c U	सेट्	स०
1740	मुद	10c U	सेट्	स०	1766	घट	10c U	सेट्	स०
1741	त्रस	10c U	सेट्	स०	1767	घटि	10c U	सेट्	स०
1742	उध्रस	10c U	सेट्	स०	1768	बृहि	10c U	सेट्	स०
1743	मुच	10c U	सेट्	स०	1769	बर्ह	10c U	सेट्	स०
1744	वस	10c U	सेट्	स०	1770	बल्ह	10c U	सेट्	स०
1745	चर	10c U	सेट्	स०	1771	गुप	10c U	सेट्	स०
1746 a	च्यु	10c U	सेट्	स०	1772	धूप	10c U	सेट्	स०
1746 b	च्युस	10c U	सेट्	स०	1773	विच्छ	10c U	सेट्	स०
1747	भू	10c U	सेट्	स०	1774	चीव	10c U	सेट्	स०
1748	कृप	10c U	सेट्	अ०	1775	पुथ	10c U	सेट्	स०
1749	ग्रस	10c U	सेट्	स०	1776	लोकृ	10c U	सेट्	स०
1750	पुष	10c U	सेट्	स०	1777	लोचृ	10c U	सेट्	स०

1778	णद	10c U	सेट्	स०	1804	रुज	10c U	सेट्	स०
1779	कुप	10c U*	सेट्	स०	1805 a	ष्वद	10c U	सेट्	स०
1780	तर्क	10c U	सेट्	स०	1805 b	स्वाद	10c U	सेट्	स०
1781	वृतु	10c U	सेट्	स०	1806	युज	10c U	सेट्	स०
1782	वृधु	10c U	सेट्	स०	1807	पृच	10c U	सेट्	स०
1783	रुट	10c U	सेट्	स०	1808	अर्च	10c U	सेट्	स०
1784	लजि	10c U	सेट्	स०	1809	षह	10c U	सेट्	स०
1785	अजि	10c U	सेट्	स०	1810	ईर	10c U	सेट्	स०
1786	दसि	10c U	सेट्	स०	1811	ली	10c U	सेट्	स०
1787	भृशि	10c U	सेट्	स०	1812	वृजी	10c U	सेट्	स०
1788	रुशि	10c U	सेट्	स०	1813	वृञ्	10c U	सेट्	स०
1789	शीक	10c U	सेट्	स०	1814	जॄ	10c U	सेट्	स०
1790	रुसि	10c U	सेट्	स०	1815	ज्रि	10c U	सेट्	स०
1791	नट	10c U	सेट्	स०	1816	रिच	10c U	सेट्	स०
1792	पुटि	10c U	सेट्	स०	1817	शिष	10c U	सेट्	स०
1793	जि	10c U	सेट्	स०	1818	तप	10c U	सेट्	स०
1794 a	चि	10c U	सेट्	स०	1819	तृप	10c U	सेट्	स०
1794 b	जुचि	10c U	सेट्	स०	1820 a	छृदी	10c U	सेट्	स०
1795	रघि	10c U	सेट्	स०	1820 b	चृप	10c U	सेट्	स०
1796	लघि	10c U	सेट्	स०	1820 c	छृप	10c U	सेट्	स०
1797	अहि	10c U	सेट्	स०	1820 d	दृप	10c U	सेट्	स०
1798	रहि	10c U	सेट्	स०	1821	दृभी	10c U	सेट्	स०
1799	महि	10c U	सेट्	स०	1822	दृभ	10c U	सेट्	स०
1800	लडि	10c U	सेट्	स०	1823	श्रथ	10c U	सेट्	स०
1801	तड	10c U	सेट्	स०	1824	मी	10c U	सेट्	स०
1802	नल	10c U	सेट्	स०	1825	ग्रन्थ	10c U	सेट्	स०
1803	पूरी	10c U	सेट्	स०	1826	शीक	10c U	सेट्	स०

1827	चीक	10c U	सेट्	स०
1828	अर्द	10c U	सेट्	स०
1829	हिंसि	10c U	सेट्	स०
1830	अर्ह	10c U	सेट्	स०
1831	आङः षद	10c U	सेट्*	स०
1832	शुन्ध	10c U	सेट्	अ०
1833	छद	10c U	सेट्	स०
1834	जुष	10c U	सेट्	स०
1835	धूञ्	10c U	सेट्	स०
1836	प्रीञ्	10c U	सेट्	स०
1837	श्रन्थ	10c U	सेट्	स०
1838	ग्रन्थ	10c U	सेट्	स०
1839	आपॢ	10c U	सेट्	स०
1840 a	तनु	10c U	सेट्	स०
1840 b	चन	10c U	सेट्	स०
1841	वद	10c U	सेट्	स०
1842	वच	10c U	सेट्	स०
1843	मान	10c U	सेट्	स०
1844	भू	10c A	सेट्	स०
1845	गर्ह	10c U	सेट्	स०
1846	मार्ग	10c U	सेट्	स०
1847	कठि	10c U	सेट्	अ०
1848	मृजू	10c U	सेट्	स०
1849	मृष	10c U	सेट्	स०
1850	धृष	10c U	सेट्	स०
1851	कथ	10c U	सेट्	स०
1852	वर	10c U	सेट्	स०
1853	गण	10c U	सेट्	स०
1854	शठ	10c U	सेट्	स०
1855	श्वठ	10c U	सेट्	स०
1856	पट	10c U	सेट्	स०
1857	वट	10c U	सेट्	स०
1858	रह	10c U	सेट्	स०
1859	स्तन	10c U	सेट्	स०
1860	गदी	10c U	सेट्	स०
1861	पत	10c U	सेट्	स०
1862	पष	10c U	सेट्	स०
1863	स्वर	10c U	सेट्	स०
1864	रच	10c U	सेट्	स०
1865	कल	10c U	सेट्	स०
1866	चह	10c U	सेट्	अ०
1867	मह	10c U	सेट्	स०
1868	सार	10c U	सेट्	स०
1869	कृप	10c A*	सेट्	अ०
1870	श्रथ	10c U	सेट्	अ०
1871	स्पृह	10c U	सेट्	स०
1872	भाम	10c U	सेट्	अ०
1873	सूच	10c U	सेट्	स०
1874 a	खेट	10c U	सेट्	स०
1874 b	खेड	10c U	सेट्	स०
1875	क्षोट	10c U	सेट्	स०
1876	गोम	10c U	सेट्	स०
1877	कुमार	10c U*	सेट्	स०
1878	शील	10c U	सेट्	स०

1879	साम	10c U	सेट्	स०	1905	अर्थ	10c A*	सेट्	स०
1880 a	वेल	10c U	सेट्	स०	1906	सत्र	10c A	सेट्	अ०
1880 b	काल	10c U	सेट्	स०	1907	गर्व	10c A	सेट्	अ०
1881	पल्पूल	10c U	सेट्	स०	1908	सूत्र	10c U	सेट्	स०
1882	वात	10c U	सेट्	स०	1909	मूत्र	10c U	सेट्	स०
1883	गवेष	10c U	सेट्	स०	1910	रुक्ष	10c U	सेट्	अ०
1884	वास	10c U	सेट्	स०	1911	पार	10c U	सेट्	स०
1885	निवास	10c U	सेट्	स०	1912	तीर	10c U	सेट्	अ०
1886	भाज	10c U	सेट्	स०	1913	पुट	10c U	सेट्	स०
1887	सभाज	10c U	सेट्	स०	1914	धेक	10c U	सेट्	स०
1888	ऊन	10c U	सेट्	स०	1915 a	कत्र	10c U	सेट्	अ०
1889	ध्वन	10c U	सेट्	अ०	1915 b	कर्त	10c U	सेट्	स०
1890	कूट	10c U	सेट्	अ०	1916	वल्क	10c U	सेट्	स०
1891	सङ्केत	10c U	सेट्	स०	1917	चित्र	10c U	सेट्	स०
1892	ग्राम	10c U	सेट्	स०	1918	अंस	10c U	सेट्	अ०
1893	कुण	10c U	सेट्	स०	1919	वट	10c U	सेट्	स०
1894	गुण	10c U	सेट्	स०	1920 a	लज	10c U	सेट्	अ०
1895	केत	10c U	सेट्	स०	1920 b	वटि	10c U	सेट्	अ०
1896	कूट	10c U	सेट्	स०	1920 c	लजि	10c U	सेट्	अ०
1897	स्तेन	10c U	सेट्	स०	1921	मिश्र	10c U	सेट्	स०
1898	पद	10c A	सेट्	स०	1922	सङ्ग्राम	10c A	सेट्	अ०
1899	गृह	10c A	सेट्	स०	1923	स्तोम	10c U	सेट्	स०
1900	मृग	10c A	सेट्	स०	1924 a	छिद्र	10c U	सेट्	स०
1901	कुह	10c A	सेट्	स०	1924 b	कर्ण	10c U	सेट्	स०
1902	शूर	10c A	सेट्	स०	1925	अन्ध	10c U	सेट्	स०
1903	वीर	10c A	सेट्	स०	1926	दण्ड	10c U	सेट्	द्वि०
1904	स्थूल	10c A	सेट्	अ०	1927	अङ्क	10c U	सेट्	स०

1928	अङ्ग	10c	U	सेट्	स०
1929	सुख	10c	U	सेट्	स०
1930	दुःख	10c	U	सेट्	स०
1931	रस	10c	U	सेट्	स०
1932	व्यय	10c	U	सेट्	स०
1933	रूप	10c	U	सेट्	स०
1934	छेद	10c	U	सेट्	स०
1935	छद	10c	U	सेट्	स०
1936	लाभ	10c	U	सेट्	स०
1937	व्रण	10c	U	सेट्	स०
1938	वर्ण	10c	U	सेट्	स०
1939	पर्ण	10c	U	सेट्	अ०
1940	विष्क	10c	U	सेट्	स०
1941	क्षिप	10c	U	सेट्	अ०
1942	वस	10c	U	सेट्	स०
1943	तुत्थ	10c	U	सेट्	स०

ॐ

A possible English Meaning		
Contains 1943 Dhatus		
Col 1	Col 2 & Col 3	Col 4
SN	धातु Sutra	English Meaning

We need to make our base in knowledge very strong.
It is knowledge that helps us move through chaos with a smile.

Sri Sri Ravi Shankar

जय गुरुदेव

1	भू	सत्तायाम्	(to) be, exist, become, have, bless
2	एध	वृद्धौ	evolve, increase, prosper, live in comfort
3	स्पर्ध	सङ्घर्षे	compete
4	गाधृ	प्रतिष्ठालिप्सयोर्ग्रन्थे च	stand, seek, compose, compile, weave
5	बाधृ	विलोडने	obstruct, oppress
6	नाथृ	....	ask, be ill, be famous, bless
7	नाधृ	याच्ञोपतापैश्वर्याशीष्षु	ask, be ill, be famous, bless
8	दध	धारणे	support, take
9	स्कुदि	आप्रवणे	jump
10	श्विदि	श्वैत्ये	whitewash
11	वदि	अभिवादनस्तुत्योः	salute, bow, greet
12	भदि	कल्याणे सुखे च	make auspicious, make happy
13	मदि	स्तुतिमोदमदस्वप्नकाि	praise,be joyful,be proud,be lazy,want
14	स्पदि	किञ्चित् चलने	throb, vibrate
15	क्लिदि	परिदेवने	lament, cry
16	मुद	हर्षे	be happy, be glad, rejoice
17	दद	दाने	donate
18	ष्वद	....	taste, be pleased, savour
19	स्वर्द	आस्वादने	taste
20	उर्द	माने क्रीडायां च	measure, play, be happy
21	कुर्द	....	jump, play, lean
22	खुर्द	....	sport
23	गुर्द	....	play
24	गुद	क्रीडायाम् एव	play, sport
25	षूद	क्षरणे	eject, strike, deposit
26	ह्राद	अव्यक्ते शब्दे	sound, make noise
27	ह्लादी	सुखे च	be glad, gladden, roar

28	स्वाद	आस्वादने	taste
29	पर्द	कुत्सिते शब्दे	belch, pass wind
30	यती	प्रयत्ने	endeavour, attempt
31	युतृ	....	shine, illuminate
32	जुतृ	भासने	shine, be lit
33	विथृ	....	beg, ask
34	वेथृ	याचने	beg, ask
35	श्रथि	शैथिल्ये	be loose, loosen, relax
36	ग्रथि	कौटिल्ये	be crooked, be wicked, bend
37	कत्थ	श्लाघायाम्	praise, boast
38	अत	सातत्यगमने	go constantly
39	चिती	संज्ञाने	perceive, notice, regain consciousness
40	च्युतिर्	आसेचने	trickle, flow, ooze
41	श्च्युतिर्	क्षरणे	ooze, trickle
42	मन्थ	विलोडने	stir, churn, hurt
43	कुथि	....	hurt, injure
44	पुथि	....	cause pain, suffer
45	लुथि	....	strike, hurt, suffer, be affected
46	मथि	हिंसासङ्क्लेशनयोः	hurt, crush, cry, be sorrowful
47	षिध	गत्याम्	go
48	षिधू	शास्त्रे माङ्गल्ये च	request, give diksha, do holy works
49	खादृ	भक्षणे	eat, devour
50	खद	स्थैर्ये हिंसायां च	be steady, kill, eat
51	बद	स्थैर्ये	be firm, be steady
52	गद	व्यक्तायां वाचि	say, tell, articulate, fall ill, enumerate
53	रद	विलेखने	dig, tear, split, break
54	णद	अव्यक्ते शब्दे	thunder, cry

55	अर्द	गतौ याचने च	ask, beg, move, kill
56	नर्द	....	sound
57	गर्द	शब्दे	roar, sound
58	तर्द	हिंसायाम्	hurt, injure
59	कर्द	कुत्सिते शब्दे	rumble, caw like crow
60	खर्द	दन्दशूके	bite, masticate, grind with teeth
61	अति	....	bind
62	अदि	बन्धने	bind
63	इदि	परमैश्वर्ये	have great power
64	बिदि	अवयवे	split, divide
65	गडि	वदनैकदेशे	affect the cheek, goitre
66	णिदि	कुत्सायाम्	blame
67	टुनदि	समृद्धौ	be pleased, be satisfied
68	चदि	आह्लादने दीप्तौ च	shine, be glad, rejoice
69	त्रदि	चेष्टायाम्	make efforts, be in business
70	कदि	....	call, wail, shed tears
71	क्रदि	....	call out, cry
72	क्लदि	आह्वाने रोदने च	call, lament, invite, weep
73	क्लिदि	परिदेवने	lament
74	शुन्ध	शुद्धौ	be purified
75	शीकृ	सेचने	sprinkle, make wet
76	लोकृ	दर्शने	look, view, perceive
77	श्लोकृ	सङ्घाते	compose verses, write poetry
78	द्रेकृ	....	sound, grow, be enthusiastic
79	ध्रेकृ	शब्दोत्साहयोः	sound, grow, be enthusiastic
80	रेकृ	शङ्कायाम्	doubt, be suspicious
81	सेकृ	....	go, move

82	स्रेकृ	....	go, move
83	स्रकि	....	go, slip, fall
84	श्रकि	....	go, creep
85	श्लकि	गतौ	go, move
86	शकि	शङ्कायाम्	doubt, be anxious
87	अकि	लक्षणे	go like a snake
88	वकि	कौटिल्ये	act bad, be curved
89	मकि	मण्डने	adorn
90	कक	लौल्ये	wish, be proud
91	कुक	....	take, accept, be tempted
92	वृक	आदाने	seize, grasp, take
93	चक	तृप्तौ प्रतिघाते च	be satisfied, be satiated, cheat, deceive
94	ककि	....	go
95	वकि	....	bow, to move in curve
96	श्वकि	....	go, move, slither
97	त्रकि	....	move
98	ढौकृ	....	go, approach, change places
99	त्रौकृ	....	go
100	ष्वष्क	....	go, move
101	वस्क	....	go, move
102	मस्क	....	go, move
103	टिकृ	....	go, move, haul
104	टीकृ	....	go, move, resort to
105	तिकृ	....	move
106	तीकृ	....	move
107	रघि	....	go
108	लघि	गत्यर्थाः	leap, do fasting, abstain food

109	अघि	....	go, start, blame
110	वघि	....	go, start, blame, censure
111	मघि	गत्याक्षेपे	move, abuse
112	राघृ	....	be able, be competent
113	लाघृ	....	be equal to, be competent
114	द्राघृ	सामर्थ्ये	be able, be strong, stretch
115	श्लाघृ	कत्थने	praise, extol, applaud
116	फक्क	नीचैर्गतौ	move slowly, glide, creep,act wrongly
117	तक	हसने	laugh at, mock
118	तकि	कृच्छ्रजीवने	live in distress, endure, be brave
119	बुक्क	भषणे	bark, sound like a dog
120	कख	हसने	laugh, smile
121	ओखृ	....	be dry, adorn, be sufficient
122	राखृ	....	be dry, adorn, arrange, suffice
123	लाखृ	....	be dry, be arid, adorn, suffice, prevent
124	द्राखृ	....	be dry, decorate, be competent
125	ध्राखृ	शोषणालमर्थयोः	be dry, decorate, be competent
126	शाखृ	....	pervade, overhang, spread like vines
127	श्लाखृ	व्याप्तौ	pervade, penetrate, spread
128	उख	....	go, move
129	उखि	....	go, come close, decorate, wither away
130	वख	....	go, move
131	वखि	....	go, move
132	मख	....	move
133	मखि	....	move
134	णख	....	move
135	णखि	....	move

136	रख्र	....	go
137	रखि	....	go
138	लख्र	....	go, move
139	लखि	....	go, move
140	इख्र	....	go
141	इखि	....	go, shake
142	ईखि	....	go, vacillate
143	वल्ग	....	go, move, hop
144	रगि	....	go
145	लगि	....	go, limp
146	अगि	....	go
147	वगि	....	go, limp, be lame
148	मगि	....	move
149	तगि	....	go, shake, stumble
150	त्वगि	....	go, move, tremble
151	श्रगि	....	go, move
152	श्लगि	....	go, move
153	इगि	....	move, shake, be agitated
154	रिगि	....	move slowly, crawl
155	लिगि	गत्यर्थाः	go
156	युगि	....	give up, let go
157	जुगि	....	leave, deprive, make outcaste
158	बुगि	वर्जने	give up, abandon
159	घघ	हसने	laugh, laugh at
160	मघि	मण्डने	adorn
161	शिघि	आघ्राणे	smell
162	वर्च	दीप्तौ	shine, be bright, be splendid

163	षच	सेचने सेवने च	sprinkle, wet, serve,satisfy by services
164	लोचृ	दर्शने	look, view, perceive, observe
165	शच	व्यक्तायां वाचि	speak clearly
166	श्वच	....	go, move, slither
167	श्वचि	गतौ	go, move, slither
168	कच	बन्धने	bind, cry, shine
169	कचि	....	shine, bind
170	काचि	दीप्तिबन्धनयोः	shine, bind, be published
171	मच	....	be arrogant, be wicked, grind
172	मुचि	कल्कने	set free, deceive, cheat
173	मचि	धारणोच्छ्रायपूजनेषु	hold, grow tall, go, shine, adore
174	पचि	व्यक्तीकरणे	explain in detail
175	ष्टुच	प्रसादे	be pleased, be satisfied, shine
176	ऋज	गतिस्थानार्जनोपार्जनेष्	go, acquire, be firm, be strong
177	ऋजि	....	fry, roast
178	भृजी	भर्जने	fry, roast
179	एजृ	....	shine, tremble, move
180	भ्रेजृ	....	shine, glow
181	भ्राजृ	दीप्तौ	shine, glow
182	ईज	गतिकुत्सनयोः	go, censure
183	शुच	शोके	suffer, regret, grieve
184	कुच	शब्दे तारे	sound loudly, utter shrill cry
185	कुञ्च	....	be curved, shrink, go or come near
186	क्रुञ्च	कौटिल्याल्पीभावयोः	be curved, shrink, go or come near
187	लुञ्च	अपनयने	pluck, pull, peel, pare, tear
188	अञ्चु	गतिपूजनयोः	go, worship, honour
189	वञ्चु	....	go, arrive

190	चञ्चु	....	move, shake, wave
191	तञ्चु	....	go, move
192	त्वञ्चु	....	go
193	म्रुञ्चु	....	go, move
194	म्लुञ्चु	....	go, move
195	म्रुचु	....	go, move
196	म्लुचु	गत्यर्थाः	go, move
197	ग्रुचु	....	rob
198	ग्लुचु	....	steal, take away
199	कुजु	....	steal
200	खुजु	स्तेयकरणे	steal
201	ग्लुञ्चु	....	go, change the place
202	षस्ज	गतौ	move, make ready, be ready
203	गुजि	अव्यक्ते शब्दे	hum, buzz, sound indistinct
204	अर्च	पूजायाम्	worship, praise
205	म्लेच्छ	अव्यक्ते शब्दे	speak incorrectly, speak in confusion
206	लछ	....	mark, denote
207	लाछि	लक्षणे	distinguish, mark, deck, decorate
208	वाछि	इच्छायाम्	wish, desire
209	आछि	आयामे	lengthen
210	ह्रीछ	लज्जायाम्	feel ashamed
211	हुर्छा	कौटिल्ये	move crookedly, hide, escape
212	मुर्च्छा	मोहसमुच्छ्राययोः	faint, swoon, grow, restrict
213	स्फुर्छा	विस्तृतौ	spread, extend, forget
214	युच्छ	प्रमादे	be careless, neglect
215	उछि	उञ्छे	glean
216	उछी	विवासे	finish

217	ध्रज	....	move, transfer
218	ध्रजि	....	move, transfer
219	धृज	....	move, transfer
220	धृजि	....	move, transfer
221	ध्वज	....	move, transfer
222	ध्वजि	गतौ	move, transfer
223	कूज	अव्यक्ते शब्दे	make inarticulate sound, hum, coo
224	अर्ज	....	procure, take
225	षर्ज	अर्जने	earn, acquire, gain by hard work
226	गर्ज	शब्दे	roar, sound
227	तर्ज	भर्त्सने	threaten, scold
228	कर्ज	व्यथने	pain, torment
229	खर्ज	पूजने च	pain, torment, worship
230	अज	गतिक्षेपणयोः	go, censure, drive
231	तेज	पालने	protect, nourish
232	खज	मन्थे	churn, agitate
233	खजि	गतिवैकल्ये	limp, walk lame
234	एजृ	कम्पने	shake
235	टुओस्फूर्जा	वज्रनिर्घोषे	thunder, crash, make lightening strike
236	क्षि	क्षये	decay, diminish, waste, be brief
237	क्षीज	अव्यक्ते शब्दे	hum, moan, be annoyed
238	लज	....	disregard, humilate, roast, fry
239	लजि	भर्त्सने	disregard, humilate, roast, fry
240	लाज	....	blame, censure, roast, fry
241	लाजि	भर्जने च	blame, censure, roast, fry
242	जज	....	fight, attack
243	जजि	युद्धे	fight, attack

244	तुज	हिंसायाम्	cause pain, injure
245	तुजि	पालने	protect, hurt
246	गज	....	roar, be drunk, be confused
247	गजि	....	sound
248	गृज	....	sound, roar, grumble
249	गृजि	....	sound, roar
250	मुज	....	sound, clean
251	मुजि	शब्दार्थाः	sound, clean
252	वज	....	go, move, roam
253	व्रज	गतौ	go, walk, proceed
254	अट्ट	अतिक्रमहिंसनयोः	transgress, hurt, surpass
255	वेष्ट	वेष्टने	surround, enclose, envelop
256	चेष्ट	चेष्टायाम्	try, endeavour
257	गोष्ट	....	assemble, collect
258	लोष्ट	सङ्घाते	gather, accumulate
259	घट्ट	चलने	shake, touch, rub, stir
260	स्फुट	विकसने	burst, split, bloom
261	अठि	गतौ	go
262	वठि	एकचर्यायाम्	go alone,be unaccompanied,be solitary
263	मठि	....	suffer, desire feverishly
264	कठि	शोके	mourn
265	मुठि	पालने	protect, run away, fly
266	हेठ	विबाधायाम्	obstruct, be cruel
267	एठ	च	annoy, resist
268	हिडि	गत्यनादरयोः	wander, humiliate
269	हुडि	संघाते	gather, collect, dive
270	कुडि	दाहे	burn

271	वडि	विभाजने	partition, share
272	मडि	च	divide
273	भडि	परिभाषणे	jest, accuse
274	पिडि	सङ्घाते	join, unite, accumulate, make heap
275	मुडि	मार्जने	cleanse, be clean, plunge, sink
276	तुडि	तोडने	pluck, cut with teeth, cause pain, press
277	हुडि	वरणे	collect, accept, acknowledge, take
278	चडि	कोपे	be angry, punch
279	शडि	रुजायां सङ्घाते च	be ill, hurt, collect
280	तडि	ताडने	strike, hit, beat
281	पडि	गतौ	go, move
282	कडि	मदे	be proud
283	खडि	मन्थे	churn, agitate
284	हेड्ट	....	disregard, neglect
285	होड्ट	अनादरे	disregard, neglect
286	बाड्ट	आप्लाव्ये	flood, sink, dive
287	द्राड्ट	....	split, divide
288	ध्राड्ट	विशरणे	split, divide
289	शाड्ट	श्लाघायाम्	praise, boast, swim
290	शौट्ट	गर्वे	be proud, be haughty
291	यौट्ट	बन्धे	join together
292	म्लेट्ट	....	be mad, be crazy
293	म्रेड्ट	उन्मादे	be mad, be crazy
294	कटे	वर्षावरणयोः	rain, cover
295	अट	....	roam, wander
296	पट	गतौ	move, go
297	रट	परिभाषणे	speak, shout, yell

#			
298	लट	बाल्ये	act childish, be kiddish, prattle, talk less
299	शट	रुजाविशरणगत्यवसाद	be ill, divide, separate, be tired
300	वट	वेष्टने	surround, encompass, bind
301	किट	....	alarm, trouble, terrorise
302	खिट	त्रासे	be frightened, frighten, pain
303	शिट	....	despise, insult
304	षिट	अनादरे	insult, neglect, despise
305	जट	....	clot, be matted, be twisted, do hair bun
306	झट	संघाते	be collected, be matted
307	भट	भृतौ	wear, have, hire, nourish
308	तट	उच्छ्राये	be elevated, undergo enlargement
309	खट	काङ्क्षायाम्	desire, search, trace
310	णट	नृतौ	dance
311	पिट	शब्दसङ्घातयोः	sound, put together, assemble, heap
312	हट	दीप्तौ	shine
313	षट	अवयवे	be a part of, be a portion of
314	लुट	विलोडने	stir, shake, roll
315	चिट	परप्रेष्ये	serve, obey like a servant
316	विट	शब्दे	sound, curse, rail
317	बिट	आक्रोशे	curse, abuse
318	इट	....	go
319	किट	....	go, terrorise
320	कटी	गतौ	go
321	मडि	भूषायाम्	adorn
322	कुडि	वैकल्ये	burn, mutilate, be blunted
323	मुड	....	punch, rub, crush, press
324	प्रुड	मर्दने	grind, rub, fold

325	चुडि	अल्पीभावे	be less, be small, be a handful
326	मुडि	खण्डने	crush, grind, pierce
327	रुटि	....	steal, rob
328	लुटि	स्तेये	steal, rob, plunder, despise
329	स्फुटिर्	विशरणे	destroy, be destroyed, blast
330	पठ	व्यक्तायां वाचि	read, learn
331	वठ	स्थौल्ये	be powerful, be fat
332	मठ	मदनिवासयोः	be arrogant, reside
333	कठ	कृच्छ्रजीवने	live in difficulty
334	रट	परिभाषणे	speak, shout, yell
335	हठ	प्लुतिशठत्वयोः	jump, hop, be wicked
336	रुठ	....	strike against, fall down, lie flat
337	लुठ	....	knock down, roll on ground
338	उठ	उपघाते	strike, destroy, beat
339	पिठ	हिंसासङ्क्लेशनयोः	inflict pain, feel pain
340	शठ	कैतवे च	deceive, cheat, suffer
341	शुठ	गतिप्रतिघाते	obstruct, be obstructed, limp
342	कुठि	च	be blunted
343	लुठि	आलस्ये प्रतिघाते च	be idle, be lazy, limp, resist
344	शुठि	शोषणे	dry
345	रुठि	....	go, be lame, limp
346	लुठि	गतौ	go, set in motion
347	चुड्ड	भावकरणे	make foreplay, indulge in sex, flirt
348	अड्ड	अभियोगे	join
349	कड्ड	कार्कश्ये	be hard, be rough
350	क्रीड्ट	विहारे	play, enjoy, entertain
351	तुड्ट	तोडने	disregard, pluck

352	हुड्ड	....	go, compete
353	हूड्ड	....	go, move
354	होड्ड	गतौ	go
355	रौड्ड	अनादरे	disrespect, dishonour
356	रोड्ड	....	be drunk, be mad, be humiliated
357	लोड्ड	उन्मादे	be mad, be stupid
358	अड	उद्यमे	try, endeavor
359	लड	विलासे	play, sport, loll the tongue
360	कड	मदे	be proud, be glad
361	गडि	वदनैकदेशे	affect the cheek, goitre
362	तिपृ	....	sprinkle
363	तेपृ	....	distill, leak, tremble
364	ष्टिपृ	....	drop, drip, ooze
365	ष्टेपृ	क्षरणार्थाः	ooze, trickle, wet
366	ग्लेपृ	दैन्ये	be poor, be dependent
367	टुवेपृ	कम्पने	tremble
368	केपृ	....	shake, go
369	गेपृ	....	shake, tremble, go, transfer
370	ग्लेपृ	च	be poor, be dependent, tremble, go
371	मेपृ	....	move, serve
372	रेपृ	....	go, move
373	लेपृ	गतौ	go near, reach close, sound
374	त्रपूष्	लज्जायाम्	be ashamed
375	कपि	चलने	shake, move about
376	रबि	....	sound
377	लबि	....	sound
378	अबि	शब्दे	sound

379	लबि	अवस्रंसने च । शब्दे	sound, hang, dangle, drop head first
380	कबृ	वर्णे	paint, describe, write poetry
381	क्लीबृ	अधाष्टर्ये	be timid, be weak, be impotent
382	क्षीबृ	मदे	be intoxicated, be carefree
383	शीभृ	कत्थने	praise, boast
384	चीभृ	च	praise, praise falsely
385	रेभृ	शब्दे	sound
386	ष्टभि	....	stop, be stupid, hold firmly
387	स्कभि	प्रतिबन्धे	stop
388	जभी	....	yawn, gape, copulate, make love
389	जृभि	गात्रविनामे	yawn
390	शल्भ	कत्थने	praise, boast
391	वल्भ	भोजने	eat, devour
392	गल्भ	धाष्टर्ये	be bold, be confident
393	श्रम्भु	प्रमादे	be careless, be negligent, err,
394	ष्टुभु	स्तम्भे	prevent, suppress
395	गुपू	रक्षणे	protect, hide
396	धूप	सन्तापे	heat, be heated, fumigate
397	जप	....	do japa, mutter, utter in low voice
398	जल्प	व्यक्तायां वाचि	prattle, speak
399	चप	सान्त्वने	console, soothe
400	षप	समवाये	honour, know well, be attached
401	रप	....	talk, chatter
402	लप	व्यक्तायां वाचि	speak, make general talk
403	चुप	मन्दायां गतौ	move slowly, creep, walk stealthily
404	तुप	....	hurt, cause pain
405	तुम्प	....	hurt, strike

406	त्रुप	....	hurt, torture
407	त्रुम्प	....	hurt, torture
408	तुफ	....	hurt, cause pain
409	तुम्फ	....	hurt, strike
410	त्रुफ	....	hurt, torture
411	त्रुम्फ	हिंसार्थाः	hurt, torture
412	पर्प	....	move
413	रफ	....	go, hurt
414	रफि	....	go, hurt
415	अर्ब	....	go towards, hurt
416	पर्ब	....	move
417	लर्ब	....	go, move
418	बर्ब	....	go, move
419	मर्ब	....	go, move
420	कर्ब	....	go
421	खर्ब	....	go
422	गर्ब	....	go
423	शर्ब	....	go, injure, harm
424	षर्ब	....	go, move
425	चर्ब	गतौ	go
426	कुबि	आच्छादने	cover, tremble
427	लुबि	....	hurt, harm, peck
428	तुबि	अर्दने	hurt, cause pain
429	चुबि	वक्त्रसंयोगे	kiss, touch softly
430	षृभु	....	hurt, injure
431	षृम्भु	हिंसार्थौ	hurt, injure
432	शुभ	....	shine, speak

433	शुम्भ	भाषणे । भासन इत्येके	shine, speak
434	घिणि	....	take
435	घुणि	....	take, accept
436	घृणि	ग्रहणे	take, accept
437	घुण	भ्रमणे	roll, wheel, stagger, reel
438	घूर्ण	भ्रमणे	whirl, turn round, revolve
439	पण	व्यवहारे स्तुतौ च	barter, bargain, deal
440	पन	च	praise, extol
441	भाम	क्रोधे	threaten, search
442	क्षमूष्	सहने	suffer, tolerate, forgive, stop
443	कमु	कान्तौ	love, be enamoured of
444	अण	....	sound
445	रण	....	sound, go
446	वण	....	sound
447	भण	....	speak clearly be frank, call, give name
448	मण	....	murmur, sound indistinct
449	कण	....	cry in distress
450	क्वण	....	hum, jingle, tinkle, sound indistinctly
451	व्रण	....	sound
452	भ्रण	....	sound
453	ध्वण	शब्दार्थाः	sound
454	ओणृ	अपनयने	remove, take away
455	शोणृ	वर्णगत्योः	redden, move
456	श्रोणृ	सङ्घाते	ollect, heap, accumulate
457	श्लोणृ	च	collect, gather
458	पैणृ	गतिप्रेरणश्लेषणेषु	permit, go, embrace
459	ध्रण	शब्दे	sound

460	कनी	दीप्तिकान्तिगतिषु	shine, desire, come close
461	ष्टन	....	sound loud, roar
462	वन	शब्दे	sound
463	वन	....	serve, help, be in trouble
464	षण	सम्भक्तौ	love, serve, worship
465	अम	गत्यादिषु	go, eat, sound, serve
466	द्रम	....	go about, run about
467	हम्म	....	move
468	मीमृ	गतौ	go, sound
469	चमु	....	drink, sip
470	छमु	....	eat
471	जमु	....	eat
472	झमु	अदने	eat, swallow
473	क्रमु	पादविक्षेपे	walk, step, go fearlessly, protect, grow
474	अय	....	go
475	वय	....	go, move
476	पय	....	move, flow
477	मय	....	go, move
478	चय	....	go, move
479	तय	....	go, move, guard, protect
480	णय	गतौ	go, move, reach, protect
481	दय	दानगतिरक्षणहिंसादाने	donate, award, destroy, have pity
482	रय	गतौ	go, shake
483	ऊयी	तन्तुसन्ताने	weave, sew
484	पूयी	विशरणे दुर्गन्धे च	break, tear, be smelly
485	क्नूयी	शब्दे उन्दने च	make cracking sound, be wet, be smelly
486	क्ष्मायी	विधूनने	be shaken, shake, move

487	स्फायी	....	grow, swell, be fat
488	ओप्यायी	वृद्धौ	be exuberant, swell
489	तायृ	सन्तानपालनयोः	protect, spread
490	शल	चलनसंवरणयोः	go, prick, cover
491	वल	....	cover, encircle, go
492	वल्ल	संवरणे सञ्चरणे च	cover, be covered, hidden, go, move
493	मल	....	hold, possess, stick
494	मल्ल	धारणे	hold, possess, stick
495	भल	....	speak, describe, hurt
496	भल्ल	परिभाषणहिंसादानेषु	speak, describe, hurt
497	कल	शब्दसङ्ख्यानयोः	sound, count
498	कल्ल	अव्यक्ते शब्दे	utter indistinct sound, be dumb
499	तेवृ	....	sport, cry, repent
500	देवृ	देवने	play, sport, gamble
501	षेवृ	....	serve, be devoted, be yes man, obey
502	गेवृ	....	serve
503	ग्लेवृ	....	serve
504	पेवृ	....	serve
505	मेवृ	....	serve
506	म्लेवृ	सेवने	serve
507	रेवृ	प्लवगतौ	go flying, swim across, flow like a river
508	मव्य	बन्धने	bind, check
509	सूक्ष्र्य	....	be jealous, be envious, disrespect, insult
510	ईक्ष्र्य	....	envy, be jealous
511	ईर्ष्य	ईर्ष्यार्थाः	be jealous
512	हय	गतौ	go, pray
513	शुच्य	अभिषवे	bathe, filter, distill

514	हर्य	गतिकान्त्योः	go, desire, shine
515	अल	भूषणपर्याप्तिवारणेषु	adorn, be competent, prevent, suffice
516	ञिफला	विशरणे	produce, burst, bear fruit, yeild
517	मील	....	wink, blink, hide
518	श्मील	....	wink, twinkle, bat eyes
519	स्मील	....	wink, blink
520	क्ष्मील	निमेषणे	twinkle, close eyelids, droop
521	पील	प्रतिष्टम्भे	be stupid, stop, break speed
522	णील	वर्णे	dye blue, dye indigo
523	शील	समाधौ	contemplate, meditate
524	कील	बन्धने	bind, tie to stake
525	कूल	आवरणे	cover, hide
526	शूल	रुजायां सङ्घोषे च	have stomach pain, suffer, assassinate
527	तूल	निष्कर्षे	give up, exile
528	पूल	सङ्घाते	heap, collect, gather
529	मूल	प्रतिष्ठायाम्	be rooted, be firm, plant
530	फल	निष्पत्तौ	burst, bloom, yield fruit
531	चुल्ल	भावकरणे	mke amorous gestures
532	फुल्ल	विकसने	bloom, expand, open, smile
533	चिल्ल	शैथिल्ये भावकरणे च	act wantonly, sport, relieve, loosen
534	तिल	गतौ	go
535	वेलृ	....	go, move, shake, tremble
536	चेलृ	....	shake, be disturbed
537	केलृ	....	be shaken, go
538	खेलृ	....	shake, tremble, play, go
539	क्ष्वेलृ	....	tremble, shudder, jump, play
540	वेल्ल	चलने	go, move, shake, tremble

541	पेलृ	....	go, move, shake
542	फेलृ	....	go, move, transfer
543	शेलृ	गतौ	go, move, tremble
544	स्खल	सञ्चलने	stumble, tumble, fall
545	खल	सञ्चये	move, gather, collect
546	गल	अदने	eat, drop,fall down
547	षल	गतौ	go, slither, tremble
548	दल	विशरणे	burst open, crack, cleave
549	श्वल	....	walk fast, hurry, jog
550	श्वल्ल	आशुगमने	walk fast, hurry
551	खोलृ	....	limp
552	खोरृ	गतिप्रतिघाते	limp
553	धोरृ	गतिचातुर्ये	walk properly, be alert
554	त्सर	छद्मगतौ	sneak in, creep in
555	क्मर	हूर्च्छने	be crooked in mind or body
556	अभ्र	....	go, wander
557	वभ्र	....	go, move, change places
558	मभ्र	....	go, move
559	चर	गत्यर्थाः	move, go, graze, practise, behave
560	ष्ठिवु	निरसने	spit, eject saliva, spatter
561	जि	जये	conquer, defeat, subjugate
562	जीव	प्राणधारणे	live, be alive
563	पीव	....	be fat
564	मीव	....	go, move, be fat
565	तीव	....	be fat
566	णीव	स्थौल्ये	be fat
567	क्षीवु	....	spit, vomit

568	क्षेवु	निरसने	spit, vomit
569	उर्वी	....	cause hurt, torture
570	तुर्वी	....	hurt, overpower, be better
571	थुर्वी	....	hurt, injure
572	दुर्वी	....	hurt, overpower, be better
573	धुर्वी	हिंसार्थाः	kill, torture
574	गुर्वी	उद्यमने	make effort, work hard
575	मुर्वी	बन्धने	bind, stop
576	पुर्व	....	complete, fill
577	पर्व	....	fill
578	मर्व	पूरणे	go, move, fill
579	चर्व	अदने	eat, chew, bite, relish
580	भर्व	हिंसायाम्	be violent
581	कर्व	....	be proud, boast
582	खर्व	....	be proud, be obstinate
583	गर्व	दर्पे	be proud, be haughty
584	अर्व	....	cause hurt
585	शर्व	....	injure, kill
586	षर्व	हिंसायाम्	go, hurt, oppress
587	इवि	व्याप्तौ	pervade
588	पिवि	....	serve, sprinkle holy water, wet
589	मिवि	....	sprinkle, moisten, honour
590	णिवि	सेचने	wet, attend
591	हिवि	....	satisfy, be calm
592	दिवि	....	be happy, be glad, make happy
593	धिवि	....	satisfy, nourish, delight
594	जिवि	प्रीणनार्थाः	satisft, please, release, set free

595	रिवि	....	go
596	रवि	....	move
597	धवि	गत्यर्थाः	move, replace
598	कृवि	हिंसाकरणयोश्च	hurt, cut to pieces, be sorry
599	मव	बन्धने	bind, check
600	अव	रक्षणगतिकान्तिप्रीति०	protect, evolve, love, please, satisfy, like, desire
601	धावु	गतिशुद्ध-योः	run
602	धुक्ष	....	kindle, live, be harassed, tire
603	धिक्ष	संदीपनक्लेशनजीवनेषु	kindle, live, be harassed, tire
604	वृक्ष	वरणे	accept, selet, cover
605	शिक्ष	विद्योपादाने	learn, practise, teach
606	भिक्ष	भिक्षायामलाभे लाभे च	beg, obtain
607	क्लेश	अव्यक्तायां वाचि	speak inarticulately, torture, behave rudely
608	दक्ष	वृद्धौ शीघ्रार्थे च	be rich, work quickly, be able
609	दीक्ष	मौण्डयेज्योपनयननिय	give diksha
610	ईक्ष	दर्शने	see, perceive
611	ईष	गतिहिंसादर्शनेषु	go, kill, see, fly away, give
612	भाष	व्यक्तायां वाचि	speak
613	वर्ष	स्नेहने	be wet, be drenched
614	गेषृ	अन्विच्छायाम्	seek, investigate, search
615	पेषृ	प्रयत्ने	make one stay, strive diligently
616	जेषृ	....	go
617	णेषृ	....	go, reach
618	एषृ	....	try, go
619	प्रेषृ	गतौ	go, move, cast, throw
620	रेषृ	....	utter indistinctly, snarl, neigh, howl, roar
621	हेषृ	....	neigh, sound like horse

622	ह्रेषृ	अव्यक्ते शब्दे	neigh, sound like horse
623	कासृ	शब्दकुत्सायाम्	cough
624	भासृ	दीप्तौ	shine, be bright
625	णासृ	....	sound
626	रासृ	शब्दे	cry, scream, make sounds
627	णस	कौटिल्ये	be crooked, be fraudulent
628	भ्यस	भये	be afraid
629	आङःशसि	इच्छायाम्	desire
630	ग्रसु	....	swallow, eat, devour, consume
631	ग्लसु	अदने	eat, digest, devour
632	ईह	चेष्टायाम्	desire, aim, endeavour
633	बहि	....	grow, prosper
634	महि	वृद्धौ	grow
635	अहि	गतौ	go
636	गर्ह	....	blame, criticize, accuse, reproach
637	गल्ह	कुत्सायाम्	blame, accuse
638	बर्ह	....	be the best, shine
639	बल्ह	प्राधान्ये	be the best, shine
640	वर्ह	....	tell, say, injure, cover
641	वल्ह	परिभाषणहिंसाच्छादने	speak, hurt, cover
642	प्लिह	गतौ	go, move
643	वेहृ	....	try, make commitment, make one stay
644	जेहृ	....	attempt with curiosity, go
645	वाहृ	प्रयत्ने	make effort, stay
646	द्राहृ	निद्राक्षये	awaken, mortgage
647	काशृ	दीप्तौ	shine, be brilliant
648	ऊह	वितर्के	conjecture, reason

649	गाहू	विलोडने	dive, stir, penetrate, plunge, disclose
650	गृहू	ग्रहणे	seize, take
651	ग्लह	च	take, receive, gamble, win in gambling
652	घुषि	कान्तिकरणे	clean, sweep, brighten
653	घुषिर्	अविशब्दने	proclaim, act secretly
654	अक्षू	व्याप्तौ	reach, accumulate, pervade
655	तक्षू	....	chop, slice, split
656	त्वक्षू	तनूकरणे	trim, pare, peel
657	उक्ष	सेचने	sprinkle, make wet, consecrate
658	रक्ष	पालने	protect, guide, follow the law
659	णिक्ष	चुम्बने	kiss
660	त्रक्ष	....	move
661	ष्ट्रक्ष	....	go
662	णक्ष	गतौ	come near, approach
663	वक्ष	रोषे	be angry, collect, accumulate
664	मृक्ष	सङ्घाते	gather, accumulate
665	तक्ष	त्वचने	cover
666	सूर्क्ष	आदरे	respect, disrespect
667	काक्षि	....	desire, wish
668	वाक्षि	....	wish, desire
669	माक्षि	काङ्क्षायाम्	desire
670	द्राक्षि	....	croak, caw, desire
671	ध्राक्षि	....	croak, caw, desire
672	ध्वाक्षि	घोरवासिते च	croak, caw, desire
673	चूष	पाने	drink, suck in, suck out
674	तूष	तुष्टौ	satisfy, be satisfied
675	पूष	वृद्धौ	grow, nourish, upbring

676	मूष	स्तेये	steal, rob
677	लूष	....	decorate, makeup, ornate
678	रूष	भूषायाम्	adorn, smear, anoint, overdo makeup
679	शूष	प्रसवे	give birth, bring forth
680	यूष	हिंसायाम्	hurt, injure
681	जूष	च	hurt, injure
682	भूष	अलङ्कारे	adorn, decorate
683	ऊष	रुजायाम्	be diseased, disordered
684	ईष	उञ्छे	glean
685	कष	....	kill, cause pain, try gold's authencity by rubbing
686	खष	....	kill, torture
687	शिष	....	hurt, injure
688	जष	....	injure, hurt
689	झष	....	injure, wound
690	शष	....	hurt, injure
691	वष	....	hurt, harm, injure
692	मष	....	hurt, injure, destroy
693	रुष	....	injure
694	रिष	हिंसार्थाः	injure, harm, hurt
695	भष	भर्त्सने	bark
696	उष	दाहे	burn, punish
697	जिषु	....	serve, irrigate, water
698	विषु	....	sprinkle, pour
699	मिषु	सेचने	wet, sprinkle
700	पुष	पुष्टौ	nourish, foster
701	श्रिषु	....	burn
702	श्लिषु	....	burn

703	प्रुषु	....	burn, consume
704	प्लुषु	दाहे	burn, scorch
705	पृषु	....	trouble, sprinkle, bear hurt
706	वृषु	....	shower, rain, pour
707	मृषु	सेचने	sprinkle holy water, moisten
708	घृषु	सङ्घर्षे	grind, pound, rub
709	हृषु	अलीके	lie, speak untruth
710	तुस	....	sound
711	ह्रस	....	sound, hail, be short
712	ह्लस	....	sound, be noisy
713	रस	शब्दे	cry, shout, wail, praise
714	लस	श्लेषणक्रीडनयोः	cling, romance, copulate, shine, glitter
715	घस	अदने	eat, devour
716	जर्ज	....	say, backbite, accuse, reprimand
717	चर्च	....	speak, discuss, consider, threaten, censure
718	झर्झ	परिभाषणहिंसातर्जनेषु	utter, say, blame, badmouth, injure
719	पिसृ	....	go, move
720	पेसृ	गतौ	go
721	हसे	हसने	laugh, smile
722	णिश	समाधौ	think over, meditate upon
723	मिश	....	make a sound, be furious
724	मश	शब्दे रोषकृते च	sound, hum, buzz, be angry
725	शव	गतौ	go, come near, roam, alter
726	शश	प्लुतगतौ	leap, hop, skip
727	शसु	हिंसायाम्	cut down, mow down, slay
728	शंसु	स्तुतौ	praise, comment
729	चह	परिकल्कने	deceive, be wicked, be proud

730	मह	पूजायाम्	honour, respect
731	रह	त्यागे	give up, split, leave, delegate, refuse
732	रहि	गतौ	run, move speedily
733	दृह	....	grow, prosper, be firm, be fixed
734	दृहि	....	grow, prosper, be firm, be fixed
735	बृह	....	grow, increase, expand
736	बृहि	वृद्धौ	grow, prosper, sound like elephant
737	तुहिर्	....	hurt, cause pain
738	दुहिर्	....	hurt, cause pain
739	उहिर्	अर्दने	hurt, kill
740	अर्ह	पूजायाम्	deserve, be fit for worship, worship
741	द्युत	दीप्तौ	shine
742	श्विता	वर्णे	whitewash, whiten
743	ञिमिदा	स्नेहने	melt, love, be affectionate, apply
744	ञिष्विदा	स्नेहनमोचनयोः	sweat, give up
745	रुच	दीप्तावभिप्रीतौ च	be pleased with, be fond of, be beautiful, shine
746	घुट	परिवर्तने	come back, return back, barter, exchange
747	रुट	....	fall down, fall flat
748	लुट	....	resist, repel, oppose, push
749	लुठ	प्रतीघाते	resist, repel, oppose, push
750	शुभ	दीप्तौ	shine, be bright, be splendid
751	क्षुभ	सञ्चलने	tremble, be agitated
752	णभ	....	hurt, destroy
753	तुभ	हिंसायाम्	hurt, cause pain
754	स्रंसु	अवस्रंसने	fall, drop, slip
755	ध्वंसु	....	be destroyed
756	भ्रंसु	अवस्रंसने	fall, drop

757	स्रम्भु	विश्वासे	trust, bank upon, confide, be secure
758	वृतु	वर्तने	be, exist, abide, be solitary
759	वृधु	वृद्धौ	increase, thrive, prosper
760	शृधु	शब्दकुत्सायाम्	belch, burp, pass wind
761	स्यन्दू	प्रस्रवणे	ooze, trickle, wet
762	कृपू	सामर्थ्ये .	be able, be fit for, accomplish
763	घट	चेष्टायाम्	endeavour, strive for, happen, be possible
764	व्यथ	भयसञ्चलनयोः	be sorrowful, be sad
765	प्रथ	प्रख्याने	be famous, extend, spread
766	प्रस	विस्तारे	extend, spread
767	म्रद	मर्दने	pound, smoothen
768	स्खद	स्खदने	win, conquer, defeat
769	क्षजि	गतिदानयोः	move, give, slip, donate
770	दक्ष	गतिहिंसनयोः	go, kill
771	क्रप	कृपायां गतौ च	pity, go
772	कदि	....	grieve, be scared
773	क्रदि	....	grieve, call, shriek
774	क्लदि	वैक्लब्ये	be sad, be perturbed, be confused
775	ञित्वरा	सम्भ्रमे	hasten
776	ज्वर	रोगे	be feverish, fall ill, be diseased
777	गड	सेचने	distill, draw out a liquid
778	हेड	वेष्टने	surround, enclose
779	वट	....	utter filthy, speak nonsense
780	भट	परिभाषणे	speak, argue, debate
781	णट	नृत्तौ	dance
782	ष्टक	प्रतिघाते	resist, defend, strike
783	चक	तृप्तौ	be satisfied, be satiated, resist

784	कख्रे	हसने	laugh
785	रगे	शङ्कायाम्	suspect
786	लगे	सङ्गे	unite, meet, touch, contact
787	ह्गे	....	cover, wrap
788	ह्लगे	....	cover, wrap, put lid
789	षगे	....	cover, hide
790	ष्टगे	संवरणे	cover, hide
791	कगे	नोच्यते	no meaning, not spoken
792	अक	....	go like a snake
793	अग	कुटिलायां गतौ	move distractedly
794	कण	....	go, be small
795	रण	गतौ	sound, go
796	चण	....	donate, give, sound like infected gram
797	शण	....	give, go
798	श्रण	दाने च	go, give
799	श्रथ	....	hurt, injure
800	क्नथ	....	hurt, wound
801	क्रथ	....	cause hurt
802	क्लथ	हिंसार्थाः	hurt, kill, wander
803	वन	च	hurt
804	ज्वल	दीप्तौ	burn brightly, blaze, glow
805	ह्वल	....	go, tremble
806	ह्मल	चलने	tremble
807	स्मृ	आध्याने	remember, recall
808	दॄ	भये	break asunder
809	नॄ	नये	take away, carry
810	श्रा	पाके	cook, boil, perspire

811	ज़्ञा	निशानेष्विति पाठान्तर	hit, please, sharpen
812	चलिः	कम्पने	shake, tremble, move
813	छदिर्	ऊर्जने	be strong, make strong
814	लडिः	जिह्वोन्मथने	loll the tongue
815	मदी	हर्षग्लेपनयोः	rejoice, be tired
816	ध्वन	शब्दे	sound
817	स्वन	अवतंसने	adorn, decorate
818	शमो	दर्शने	be calm, complete, observe minutely
819	यमोऽपरिवेषणे		serve food, lay the table
820	स्खदिर्	अवपरिभ्यां च	serve food, lay the table
821	फण	गतौ	move, move about, reduce heat by adding water
822	राजृ	दीप्तौ	sparkle, shine, govern
823	टुभ्राजृ	....	shine
824	टुभ्राशृ	....	shine
825	टुभ्लाशृ	दीप्तौ	shine
826	स्यमु	....	sound, roar, yell
827	स्वन	....	sound, be noisy
828	ध्वन	शब्दे	sound
829	षम	....	be patient, console
830	ष्टम	वैक्लब्ये	be confused, be agitated, not to be disturbed
831	ज्वल	दीप्तौ	glow, light up
832	चल	कम्पने	move, palpitate, throb, shake, stir
833	जल	घातने	be sharp, make sharp, be wealthy
834	टल	....	be perturbed, be aggrieved, have heart trouble
835	ट्वल	वैक्लब्ये	be perturbed, be aggrieved
836	ष्ठल	स्थाने	stand firm, be firm
837	हल	विलेखने	plough, do farming

838	णल	गन्धे	smell, sense odour, bind
839	पल	गतौ	go away
840	बल	प्राणने धान्यावरोधने च	breathe, live, hoard grain
841	पुल	महत्त्वे	be great, be large, be high
842	कुल	संस्त्याने बन्धुषु च	accumulate, be related, count
843	शल	....	move, run, go fast
844	हुल	....	go, cover, hide
845	पत ऌ	गतौ	fall, climb, do superlative effort
846	क्वथे	निष्पाके	boil, digest, cook, decoct medicinally
847	पथे	गतौ	go, throw, leave
848	मथे	विलोडने	stir, churn, discuss
849	टुवम	उद्गिरणे	vomit
850	भ्रमु	चलने ...	roam
851	क्षर	सञ्चलने	flow, distill, blame, backbite, trickle, ooze, perish
852	षह	मर्षणे	tolerate, conquer
853	रमु	क्रीडायाम्	sport, delight, be playful
854	षद ऌ	विशरणगत्यवसादनेषु	sit, sink, be weary, dry up, wither, plunge
855	शद ऌ	शातने	decay, fall, wither
856	क्रुश	आह्वाने रोदने च	wail, shout
857	कुच	सम्पर्चनकौटिल्यप्रतिष्	come in contact, be crooked, oppose, impede
858	बुध	अवगमने	know, wake up
859	रुह	बीजजन्मनि प्रादुर्भावे च	grow, spring, germinate
860	कस	गतौ	go, approach
861	हिक्क	अव्यक्ते शब्दे	hiccup
862	अञ्चु	गतौ याचने च	move, unfold
863	टुयाचृ	याच्ञायाम्	beg, ask
864	रेटृ	परिभाषणे	speak, talk, beg, ask

865	चते	....	ask, beg, go
866	चदे	याचने	ask, beg
867	प्रोथृ	पर्याप्तौ	be strong, fill
868	मिदृ	....	understand, gather, oppress
869	मेदृ	मेधाहिंसनयोः	understand, hurt
870	मेधृ	सङ्गमे च	understand, hurt, meet
871	णिदृ	....	blame, approach
872	णेदृ	कुत्सासन्निकर्षयोः	blame, reach, come close
873	शृधु	....	moisten, wet
874	मृधु	उन्दने	hurt, moisten, be wet
875	बुधिर्	बोधने	know, wake up
876	उबुन्दिर्	निशामने	know, perceive, learn
877	वेणृ	गतिज्ञानचिन्तानिशाम	go, know, recognize, see, consider, play music
878	खनु	अवदारणे	dig, excavate, trouble
879	चीवृ	आदानसंवरणयोः	take, accept, wear, cover, seize
880	चायृ	पूजानिशामनयोः	observe, discern, worship
881	व्यय	गतौ	go, move
882	दाशृ	दाने	give, offer oblations
883	भेषृ	भये	fear, move
884	भ्रेषृ	....	go, fear
885	भ्लेषृ	गतौ	go, fear
886	अस	गतिदीप्त्यादानेषु	move, shine, receive
887	स्पश	बाधनस्पर्शनयोः	obstruct, undertake, touch
888	लष	कान्तौ	wish, long for, desire eagerly
889	चष	भक्षणे	eat, savour, kill, injure
890	छष	हिंसायाम्	strike, kill
891	झष	आदानसंवरणयोः	take, accept, wear clothes

892	भ्रक्ष	....	eat
893	भ्लक्ष	अदने	eat
894	दासृ	दाने	give, submit
895	माहृ	माने	measure, count, weigh
896	गुहू	संवरणे	hide, cover with cloth
897	श्रिञ्	सेवायाम्	reach, get support, rest upon, resort to
898	भृञ्	भरणे	fill
899	हृञ्	हरणे	take away, attract, steal
900	धृञ्	धारणे	put on, preserve
901	णीञ्	प्रापणे	lead, carry
902	धेट्	पाने	suck, suckle, drink
903	ग्लै	....	fade, droop, feel aversion, become dirty, be tired
904	म्लै	हर्षक्षये	fade, droop, become dirty
905	द्यै	न्यक्करणे	insult, treat contemptuously
906	द्रै	स्वप्ने	sleep
907	ध्रै	तृप्तौ	be satisfied
908	ध्यै	चिन्तायाम्	meditate
909	रै	शब्दे	sound
910	स्त्यै	....	be crowded, crowd, speak in unison
911	ष्ट्यै	शब्दसङ्घातयोः	sound, be crowded
912	खै	खदने	strike, be stable, trouble, be aggrieved, dig
913	क्षै	....	waste, wane, decay, be emacipated
914	जै	....	reduce, lessen
915	षै	क्षये	decline, reduce
916	कै	....	sound, utter
917	गै	शब्दे	sing, praise
918	शै	....	cook, be cooked

919	श्रै	पाके	cook, boil, liquefy
920	पै	....	dry, wither
921	ओवै	शोषणे	dry, be dried, be weary
922	ष्टै	....	put on, adorn
923	ष्णै	वेष्टने	wrap, adorn
924	दैप्	शोधने	purify, cleanse, protect
925	पा	पाने	drink, suck
926	घ्रा	गन्धोपादाने	smell, kiss
927	ध्मा	शब्दाग्निसंयोगयोः	blow, sound a conch, blow a fire
928	ष्ठा	गतिनिवृत्तौ	stand, stop, stay
929	म्ना	अभ्यासे	repeat, think, imagine
930	दाण्	दाने	give
931	ह्वृ	कौटिलये	be crooked, move falsely
932	स्वृ	शब्दोपतापयोः	sound, be sick, trouble
933	स्मृ	चिन्तायाम्	reflect, contemplate, think
934	ह्वृ	संवरणे	cover, wrap, put lid
935	सृ	गतौ	go, move, slither, flow, run away
936	ऋ	गतिप्रापणयोः	go, get
937	गृ	....	sprinkle, moisten, make wet
938	घृ	सेचने	sprinkle, irrigate, make wet
939	ध्वृ	हूर्च्छने	bend, hurt, describe
940	स्रु	गतौ	flow, trickle, move
941	षु	प्रसवैश्वर्ययोः	produce, conceive
942	श्रु	श्रवणे .	listen, hear, be attentive
943	ध्रु	स्थैर्ये	be firm
944	दु	....	go
945	द्रु	गतौ	run, melt, go

946	जि	....	conquer, defeat, subjugate
947	ज्रि	अभिभवे	win, attain victory, be short of
948	ष्मिङ्	ईषद्धसने	smile, blossom, redden, blush
949	गुङ्	अव्यक्ते शब्दे	sound indistinctly
950	गाङ्	गतौ	go, move
951	कुङ्	....	sound, buzz, speak indistinctly
952	घुङ्	....	make noise, be indistinct
953	उङ्	....	sound, make noise
954	ङुङ्	शब्दे	make a sound
955	च्युङ्	....	fall down, slip, sink, deviate, swerve
956	ज्युङ्	....	come close, be in touch
957	प्रुङ्	....	go, spring forth
958	प्लुङ्	गतौ	float, bathe, swim, jump
959	रुङ्	गतिरेषणयोः	go, speak, hurt, be angry
960	धृङ्	अवध्वंसने	fall, decay
961	मेङ्	प्रणिदाने	exchange, replace
962	देङ्	रक्षणे	protect, cherish
963	श्यैङ्	गतौ	go, coagulate, thicken, be dried
964	प्यैङ्	वृद्धौ	be exuberant, swell
965	त्रैङ्	पालने	defend from, rescue
966	पूङ्	पवने	purify, clean, understand
967	मूङ्	बन्धने	bind, tie, fasten
968	डीङ्	विहायसा गतौ	fly
969	तॄ	प्लवनतरणयोः	swim, float, cross over
970	गुप	गोपने	desire to - despise, hide, guard, protect, blame
971	तिज	निशाने	desire to - stir up, sharpen, excite, agitate
972	मान	पूजायाम्	desire to know

973	बध	बन्धने	desire to - bind, injure
974	रभ	राभस्ये	begin, be happy, be glad
975	डुलभष्	प्राप्तौ	get, receive
976	ष्वञ्ज	परिष्वङ्गे	hug
977	हद	पुरीषोत्सर्गे	empty bowels
978	ञिष्विदा	अव्यक्ते शब्दे	hum, make inarticulate sound
979	स्कन्दिर्	गतिशोषणयोः	go, dry up
980	यभ	मैथुने	have intercourse, make love
981	णम	प्रह्वत्वे शब्दे च	salute, bow
982	गम ऌ	....	go, move
983	सृप ऌ	गतौ	move, slither, creep, climb
984	यम	उपरमे	restrain, check, control, stop
985	तप	संतापे	make hot, heat
986	त्यज	हानौ	abandon
987	षञ्ज	सङ्गे	embrace, cling, stick
988	दृशिर्	प्रेक्षणे	see
989	दंश	दशने	bite
990	कृष	विलेखने	pull, till, make furrows, attract
991	दह	भस्मीकरणे	burn
992	मिह	सेचने	wet, pass urine, have nightfall
993	कित	निवासे रोगापनयने च	desire to dwell, desire to cure
994	दान	खण्डने	desire to - cut, divide
995	शान	तेजने	sharpen, whet
996	डुपचष्	पाके	cook
997	षच	समवाये	be familiar with, be associated with, know well
998	भज	सेवायाम्	serve, divide, share, enjoy
999	रञ्ज	रागे	dye, be attracted, be coloured

1000	शप	आक्रोशे	curse, swear, use foul language
1001	त्विष	दीप्तौ	shine, sparkle, blaze
1002	यज	देवपूजासङ्गतिकरणदा	sacrifice, honour, purify, donate, worship
1003	डुवप	बीजसन्ताने	sow
1004	वह	प्रापणे	flow, carry, lead
1005	वस	निवासे	dwell, inhabit, live, stay, abide, reside
1006	वेञ्	तन्तुसन्ताने	knit, weave, sew
1007	व्येञ्	संवरणे	cover, hide, sew
1008	ह्वेञ्	स्पर्धायाम् शब्दे च	call, take name, hail, challenge for a fight
1009	वद	व्यक्तायां वाचि	speak, say
1010	टुओश्वि	गतिवृद्ध्योः	balloon grow
1011	अद	भक्षणे	eat, destroy
1012	हन	हिंसागत्योः	kill, slay
1013	द्विष	अप्रीतौ	hate, dislike
1014	दुह	प्रपूरणे	milk, empty, extract, squeeze, take advantage
1015	दिह	उपचये	set curd, anoint, plaster
1016	लिह	आस्वादने	lick, taste
1017	चक्षिङ्	व्यक्तायां वाचि	speak clearly, tell, see
1018	ईर	गतौ कम्पने च	go, shake, rise, spring from
1019	ईड	स्तुतौ	praise, commend
1020	ईश	ऐश्वर्ये	rule, command, own
1021	आस	उपवेशने	sit, be, exist
1022	आङःशासु	इच्छायाम्	bless, hope
1023	वस	आच्छादने	dress up, drape, cover with shawl
1024	कसि	गतिशासनयोः	go, punish, rule
1025	णिसि	चुम्बने	kiss
1026	णिजि	शुद्धौ	purify, soften

1027	शिजि	अव्यक्ते शब्दे	speak indistinctly, hum
1028	पिजि	वर्णे	paint, make glittery, sound of anklets
1029	वृजी	वर्जने	sacrifice, avoid, drop
1030	पृची	सम्पर्चने	touch, unite, embrace
1031	षूङ्	प्राणिगर्भविमोचने	be pregnant, produce, give birth
1032	शीङ्	स्वपने	lie down, sleep
1033	यु	मिश्रणेऽमिश्रणे च	combine, mix, separate
1034	रु	शब्दे	make sound, cry, hum
1035	णु	स्तुतौ	praise, worship
1036	टुक्षु	शब्दे	sneeze, cough, expectorate
1037	क्ष्णु	तेजने	sharpen, whet
1038	ष्णु	प्रस्रवणे	yeild, drip milk
1039	ऊर्णुञ्	आच्छादने	cover, surround, hide
1040	द्यु	अभिगमने	attack, march
1041	षु	प्रसवैश्वर्ययोः	produce, conceive
1042	कु	शब्दे	sound, hum, coo
1043	ष्टुञ्	स्तुतौ	praise, worship, pray
1044	ब्रूञ्	व्यक्तायां वाचि	speak, relate, say
1045	इण्	गतौ	go
1046	इङ्	अध्ययने	study, learn, read
1047	इक्	स्मरणे	remember, remember regretfully, be nostalgic
1048	वी	गतिव्याप्तिप्रजनकान्त्य	go, surround, attack, be pregnant, desire
1049	या	प्रापणे	go, reach, attain
1050	वा	गतिगन्धनयोः	blow air, be windy, flow
1051	भा	दीप्तौ	shine, be brilliant, whistle
1052	ष्णा	शौचे	bathe, be clean
1053	श्रा	पाके	cook, boil, mature, ripen, perspire

1054	द्रा	कुत्सायां गतौ	be ashamed, run away
1055	प्सा	भक्षणे	eat, protect
1056	पा	रक्षणे	protect, save, nurture, govern
1057	रा	दाने	give, get, grant
1058	ला	आदाने	take, obtain, give up, donate
1059	दाप्	लवने	cut, tear
1060	ख्या	प्रकथने	tell, relate, make popular
1061	प्रा	पूरणे	fill
1062	मा	माने	measure, weigh
1063	वच	परिभाषणे	speak, describe, talk, declare
1064	विद	ज्ञाने	know, understand, learn
1065	अस	भुवि	be, become, exist
1066	मृजू	शुद्धौ	wash, clean, make proper
1067	रुदिर्	अश्रुविमोचने	weep, cry, lament
1068	ञिष्वप	शये	sleep
1069	श्वस	प्राणने	breathe, live
1070	अन	च	breathe, live
1071	जक्ष	भक्षहसनयोः	eat, consume, destroy, laugh
1072	जागृ	निद्राक्षये	be awake, be watchful, be attentive
1073	दरिद्रा	दुर्गतौ	be poor, be pained, be weak
1074	चकासृ	दीप्तौ	shine, be brilliant
1075	शासु	अनुशिष्टौ	control, order, rule
1076	दीधीङ्	दीप्तिदेवनयोः	shine, hurt
1077	वेवीङ्	वेतिना तुल्ये	go, creep, desire, be expansive, conceive
1078	षस	....	sleep, dream
1079	षस्ति	स्वप्ने	sleep, dream
1080	वश	कान्तौ	desire, want

1081	चर्करीतं	च	defines यङ्-लुक्
1082	ह्नुङ्	अपनयने	hide, rob, deprive
1083	हु	दान-अदनयोः	do havan, offer oblation, eat
1084	ञिभि	भये	be afraid, be frightened
1085	ह्री	लज्जायाम्	be shy, be ashamed, be modest
1086	पॄ	पालनपूरणयोः	nurture, nourish, satisfy
1087	डुभृञ्	धारणपोषणयोः	bear, support
1088	माङ्	माने शब्दे च	measure, weigh, sound
1089	ओहाङ्	गतौ	go, walk, droop, reduce,
1090	ओहाक्	त्यागे	abandon
1091	डुदाञ्	दाने	give, donate, return
1092	डुधाञ्	धारणपोषणयोः	put, drape, protect, support
1093	णिजिर्	शौचपोषणयोः	clean, purify, nurture
1094	विजिर्	पृथग्भावे	separate, discriminate
1095	विषॢ	व्याप्तौ	expand, spread, surround, pervade
1096	घृ	क्षरणदीप्त्योः	trickle, drip, shine, be bright
1097	हृ	प्रसह्यकरणे	use force, apply strength, rape
1098	ऋ	....	go, shake, expand
1099	सृ	गतौ	go, creep, slither
1100	भस	भर्त्सनदीप्त्योः	make bright, blame
1101	कि	ज्ञाने	perceive, go
1102	तुर	त्वरणे	hurry, rush
1103	धिष	शब्दे	sound
1104	धन	धान्ये	grow, germinate, be produced
1105	जन	जनने	be born, take birth, be produced
1106	गा	स्तुतौ	praise, appreciate
1107	दिवु	क्रीडा-विजि-गीषा-व्यव	play, gamble, take, do business,, cherish

1108	षिवु	तन्तुसन्ताने	sew, stitch, sow, plant
1109	स्रिवु	गतिशोषणयोः	be dried, go, creep
1110	ष्ठिवु	निरसने	spit, eject saliva, spatter
1111	ष्णुसु	अदने	eat, swallow, disappear, spit, take, accept
1112	ष्णसु	निरसने	spit, spatter
1113	क्नसु	ह्वरणदीप्त्योः	be crooked in mind or body, shine, cheat
1114	व्युष	दाहे	burn, be burnt, roast, separate, divide
1115	प्लुष	च	burn, scorch
1116	नृती	गात्रविक्षेपे	dance, move about
1117	त्रसी	उद्वेगे	shake, tremble, be afraid, runaway
1118	कुथ	पूतीभावे	purify, smell rotten
1119	पुथ	हिंसायाम्	cause pain, trouble
1120	गुध	परिवेष्टने	cover, wrap, clothe, put in envelope
1121	क्षिप	प्रेरणे	throw, cast
1122	पुष्प	विकसने	blossom, bloom, expand
1123	तिम	....	become wet, hide
1124	ष्टिम	....	be wet, be moist, be fixed, be immovable
1125	ष्टीम	आर्द्रीभावे	be wet, be moist, be fixed, be immovable
1126	व्रीड	चोदने लज्जायां च	send forth, prompt, be ashamed
1127	इष	गतौ	go, spread, move, cast
1128	षह	....	be pleased, be satisfied
1129	षुह	चक्यर्थे	be happy, be valiant, be capable
1130	जॄष्	....	grow old, decay, wear out
1131	झॄष्	व्योहानौ	grow old, decay, get destroyed, fall off
1132	षूङ्	प्राणिप्रसवे	bring forth, bear, beget
1133	दूङ्	परितापे।	cause pain, be afflicted
1134	दीङ्	क्षये	die, perish

1135	डीङ्	विहायसा गतौ	fly, go in air
1136	धीङ्	आधारे	be brave, preserve
1137	मीङ्	हिंसायाम्	die, perish, diminish, be destroyed
1138	रीङ्	श्रवणे	trickle, drip, flow
1139	लीङ्	श्लेषणे	adhere to, be immersed
1140	व्रीङ्	वृणोत्यर्थे	choose, select, trace, cover
1141	पीङ्	पाने	drink
1142	माङ्	माने	measure, weigh
1143	ईङ्	गतौ	go
1144	प्रीङ्	प्रीतौ	be pleased, please, soothe
1145	शो	तनूकरणे	sharpen, make fine
1146	छो	छेदने	tear, separate
1147	षो	अन्तकर्मणि	be destroyed, be completed
1148	दो	अवखण्डने	tear, classify, cut, divide
1149	जनी	प्रादुर्भावे	be born, take birth, be produced
1150	दीपी	दीप्तौ	shine
1151	पूरी	आप्यायने	satisfy, fulfill, be fulfilled
1152	तूरी	गतित्वरणहिंसनयोः	go quickly, make haste, hurt
1153	धूरी	....	hurt, come close
1154	गूरी	हिंसागत्योः	cause hurt, go, be worn out, be old
1155	घूरी	....	torture, be old, be elderly
1156	जूरी	हिंसावयोहान्योः	decay, be angry, kill, cause pain, hurt
1157	शूरी	हिंसास्तम्भनयोः	trouble, cause pain, be stupid, be mad, hurt
1158	चूरी	दाहे	burn
1159	तप	ऐश्वर्ये वा	be prosperous, be affluent, burn mentally, burn
1160	वृतु	वरणे	choose, like, appoint, serve
1161	क्लिश	उपतापे	suffer, be afflicted

1162	काशृ	दीप्तौ	shine, cough
1163	वाशृ	शब्दे	roar, scream, shriek, howl, growl, honk
1164	मृष	तितिक्षायाम्	endure, suffer, neglect
1165	ईशुचिर्	पूतीभावे ।	purify, be wet, burn, decay
1166	णह	बन्धने	bind, entangle legs to copulate
1167	रञ्ज	रागे	be pleased, dye, worship
1168	शप	आक्रोशे	curse, swear, use bad language
1169	पद	गतौ	go, move
1170	खिद	दैन्ये	be depressed, suffer pain
1171	विद	सत्तायाम्	be, exist
1172	बुध	अवगमने	know, awaken
1173	युध	सम्प्रहारे	fight, oppose
1174	अनोरुध	कामे	be kind, endorse
1175	अण	प्राणने	breathe, live
1176	मन	ज्ञाने	think, agree, believe
1177	युज	समाधौ	meditate, do upasana, concentrate
1178	सृज	विसर्गे	set free, release, produce, give birth
1179	लिश	अल्पीभावे	become small, decrease
1180	राधोऽकर्मकाद्वृद्धावेव		be favourable, succeed
1181	व्यध	ताडने	pierce, stab, strike
1182	पुष	पुष्टौ	nourish, foster
1183	शुष	शोषणे	become dry, dry, injure, switch off, put off flame
1184	तुष	प्रीतौ	be pleased, be contented, be calm, be happy
1185	दुष	वैकृत्ये	be corrupt, commit a mistake, suffer damage
1186	श्लिष	आलिङ्गने	decorate, embrace, hug
1187	शक	विभाषितो मर्षणे	endure, tolerate, be able
1188	ष्विदा	गात्रप्रक्षरणे	sweat, melt

1189	क्रुध	क्रोधे	be angry
1190	क्षुध	बुभुक्षायाम्	be hungry
1191	शुध	शौचे	be clean, become pure
1192	षिधु	संराद्धौ	accomplish, prove, be fulfilled, reach
1193	रध	हिंसासंराद्ध्योः	hurt, torment, complete
1194	णश	अदर्शने	perish, disappear
1195	तृप	प्रीणने	be satisfied, satisfy
1196	दृप	हर्षमोहनयोः	be proud, be arrogant, be happy
1197	द्रुह	जिघांसायाम्	be inimical, bear malice, hurt
1198	मुह	वैचित्ये	faint, swoon, be confused
1199	ष्णुह	उद्गिरणे	vomit, cancel
1200	ष्णिह	प्रीतौ	love, be affectionate, be friendly, be fond of
1201	शमु	उपशमे	be quiet, be calm, stop, cease, be tranquil
1202	तमु	काङ्क्षायाम्	desire, wish, choke, be exhausted, be distressed
1203	दमु	उपशमे	restrain, pacify, cease, tame, conquer
1204	श्रमु	तपसि खेदे च	take pains, toil, perform austerities
1205	भ्रमु	अनवस्थाने	roam, be confused, err, move to and fro
1206	क्षमू	सहने	pardon, forgive, tolerate, endure
1207	क्लमु	ग्लानौ	wilt, be depressed, be fatigued
1208	मदी	हर्षे	be glad, be drunk, rejoice
1209	असु	क्षेपणे	throw
1210	यसु	प्रयत्ने	make effort, exert, strive
1211	जसु	मोक्षणे	set free, release
1212	तसु	उपक्षये	cast upwards, fade, send, dig, wilt
1213	दसु	च	destroy, be destroyed
1214	वसु	स्तम्भे	be thoughtful, be firm, fix
1215	व्युष	विभागे	separate, discriminate

1216	प्लुष	दाहे	burn, scorch
1217	बिस	प्रेरणे	cast, throw, send
1218	कुस	संश्लेषणे	embrace, surround
1219	बुस	उत्सर्गे	discharge urine, give up
1220	मुस	खण्डने	cleave, cut in pieces, destroy
1221	मसी	परिणामे	weigh, measure, change form
1222	लुट	विलोडने	stir, shake, roll
1223	उच	समवाये	collect, be fond of, delight in
1224	भृशु	....	fall down, be disgraced
1225	भ्रंशु	अधःपतने	fall down, be disgraced
1226	वृश	वरणे	choose, select, cover, grow
1227	कृश	तनूकरणे	be lean, be feeble
1228	ञितृषा	पिपासायाम्	be thirsty, desire, be curious
1229	हृष	तुष्टौ	be glad, be satisfied
1230	रुष	....	be hurt, be injured, be angry, be annoyed
1231	रिष	हिंसायाम्	injure, harm, hurt
1232	डिप	क्षेपे	send, throw, fly, backbite
1233	कुप	क्रोधे	be angry
1234	गुप	व्याकुलत्वे	be confused, be disturbed, disturb
1235	युप	....	be disturbed, be confused, trouble
1236	रुप	....	go, move, cry, be disturbed, violate
1237	लुप	विमोहने	be perplexed, be confused, confuse
1238	लुभ	गार्ध्ये	be greedy, long for, covet, be eager
1239	क्षुभ	सञ्चलने	tremble, be agitated
1240	णभ	....	hurt, destroy
1241	तुभ	हिंसायाम्	kill, hurt
1242	क्लिदू	आर्द्रीभावे	become wet, be moist

1243	ञिमिदा	स्नेहने	melt, be affectionate, love, apply
1244	ञिक्ष्विदा	स्नेहनमोचनयोः	be wet, release urine, apply oil
1245	ऋधु	वृद्धौ	prosper, please, complete
1246	गृधु	अभिकाङ्क्षायाम्	covet, be greedy
1247	षुञ्	अभिषवे	squeeze for offering, extract soma juice
1248	षिञ्	बन्धने	tie, bind
1249	शिञ्	निशाने	sharpen, make fine
1250	डुमिञ्	प्रक्षेपणे	throw, extend, stretch
1251	चिञ्	चयने	collect, select, gather, pile up
1252	स्तृञ्	आच्छादने	cover, envelope
1253	कृञ्	हिंसायाम्	hurt, kill
1254	वृञ्	वरणे	choose, select, regularize, cover
1255	धुञ्	कम्पने	shake, be shaken, tremble
1256	टुदु	उपतापे	be hurt, cause hurt, burn
1257	हि	गतौ वृद्धौ च	go, inspire, set in motion
1258	पृ	प्रीतौ	satisfy, fulfill
1259	स्पृ	प्रीतिपालनयोः	attract, please, nurture
1260	आपॢ	व्याप्तौ	pervade, cover
1261	शकॢ	शक्तौ	be able, be powerful
1262	राध	....	be complete, be perfect
1263	साध	संसिद्धौ	complete, perfect
1264	अशू	व्याप्तौ सङ्घाते च	pervade, obtain, accumulate
1265	ष्टिघ	आस्कन्दने	surround, assail
1266	तिक	....	attack, go
1267	तिग	गतौ च	attack, go
1268	षघ	हिंसायाम्	hit, cause pain
1269	ञिधृषा	प्रागल्भ्ये	be bold, be courageous, be confident

1270	दम्भु	दम्भने	be hypocrite, cheat, masquerade
1271	ऋधु	वृद्धौ	prosper, increase, thrive, propitiate
1272	अह	व्याप्तौ	pervade
1273	दघ	घातने पालने च	strike, bring up
1274	चमु	भक्षणे	drink, sip, take holy water
1275	रि	....	give pain, traumatize
1276	क्षि	....	destroy, wound, cut to pieces, torture
1277	चिरि	....	cause hurt, torture
1278	जिरि	....	cause hurt, torture
1279	दाश	....	kill
1280	दृ	हिंसायाम्	give pain, traumatize
1281	तुद	व्यथने	strike, give pain
1282	णुद	प्रेरणे	send, go
1283	दिश	अतिसर्जने	show, grant
1284	भ्रस्ज	पाके	fry, roast
1285	क्षिप	प्रेरणे	throw, cast,send, dispatch, blame
1286	कृष	विलेखने	plough
1287	ऋषी	गतौ	go, approach, flow, glide
1288	जुषी	प्रीतिसेवनयोः	please, serve
1289	ओविजी	भयचलनयोः	fear, shake
1290	ओलजी	....	be ashamed
1291	ओलस्जी	व्रीडायाम्	be ashamed, be scared
1292	ओव्रश्चू	छेदने	cut, tear, lacerate
1293	व्यच	व्याजीकरणे	deceive, cheat
1294	उछि	उञ्छे	glean
1295	उछी	विवासे	finish, leave
1296	ऋच्छ	गतिन्द्रिय-प्रलय-मूर्ती-१	go, fail in faculties, become hard

1297	मिच्छ	उत्क्लेशे	hurt, oppress, restrict
1298	जर्ज	....	speak, denounce, speak ill of, blame
1299	चर्च	....	discuss, converse, abuse, condemn
1300	झर्झ	परिभाषणभर्त्सनयोः	utter, say, blame, badmouth, injure
1301	त्वच	संवरणे	cover, envelope
1302	ऋच	स्तुतौ	shine, praise
1303	उब्ज	आर्जवे	make straight, behave rightly, be subdued
1304	उज्झ	उत्सर्गे	abandon
1305	लुभ	विमोहने	be confused, have amnesia, lose memory
1306	रिफ	कत्थनयुद्धनिन्दाहिंसाद	speak roughly, utter harshly, fight, blame
1307	तृप	....	satisfy, be satisfied
1308	तृम्फ	तृप्तौ	satisfy, be satisfied
1309	तुप	....	hurt, cause pain
1310	तुम्प	....	hurt, strike
1311	तुफ	....	hurt, cause pain
1312	तुम्फ	हिंसायाम्	hurt, strike
1313	दृप	....	hurt
1314	दृम्फ	उत्क्लेशे	cause pain
1315	ऋफ	....	kill, cause pain
1316	ऋम्फ	हिंसायाम्	kill
1317	गुफ	....	string together, weave, tie, compose
1318	गुम्फ	ग्रन्थे	string together, weave, tie, compose
1319	उभ	....	fill with, cover over, confine
1320	उम्भ	पूरणे	fill with, cover over
1321	शुभ	....	be beautiful, be handsome
1322	शुम्भ	शोभार्थे	be beautiful, be handsome
1323	दृभी	ग्रन्थे	compose, string

1324	चृती	हिंसाश्रन्थनयोः	hurt, tie, bind, connect
1325	विध	विधाने	arrange, sequence, be in order
1326	जुड	गतौ	go, run, go speedily
1327	मृड	सुखने	be merry, rejoice
1328	पृड	च	enjoy, be satisfied
1329	पृण	प्रीणने	enjoy, be satisfied
1330	वृण	च	enjoy, feel encouraged
1331	मृण	हिंसायाम्	kill, slay
1332	तुण	कौटिल्ये	be uneven, be indecent, be improper
1333	पुण	कर्मणि शुभे	act virtuously
1334	मुण	प्रतिज्ञाने	promise, vow, give word
1335	कुण	शब्दोपकरणयोः	sound, aid
1336	शुन	गतौ	move
1337	द्रुण	हिंसा-गति-कौटिल्येषु	cause pain, move closer, be curved
1338	घुण	....	roll, wheel, stagger, reel
1339	घूर्ण	भ्रमणे	whirl, turn round, revolve
1340	षुर	ऐश्वर्यदीप्त्योः	have incredible valour, shine
1341	कुर	शब्दे	sound
1342	खुर	छेदने	cut, saw, clip, trim, scratch
1343	मुर	संवेष्टने	encircle, surround
1344	क्षुर	विलेखने	scratch, draw lines, make furrows
1345	घुर	भीमार्थशब्दयोः	be fierce, make a noise, snore, snort, grunt
1346	पुर	अग्रगमने	precede, be in front, be at head
1347	वृहू	उद्यमने	endeavour, attempt
1348	तृहू	....	crush, torture
1349	स्तृहू	....	hurt, harm, injure
1350	तृन्हू	हिंसार्थाः	crush, torture

1351	इष	इच्छायाम्	wish, want
1352	मिष	स्पर्धायाम्	open eyes, make rivalry
1353	किल	श्वैत्यक्रीडनयोः	become white, sport
1354	तिल	स्नेहने	anoint, be oily
1355	चिल	वसने	put on clothes, dress
1356	चल	विलसने	play, sport
1357	इल	स्वप्नक्षेपणयोः	sleep, throw, go
1358	विल	संवरणे	cover, conceal, break, divide
1359	बिल	भेदने	make hole, pierce, split
1360	णिल	गहने	misunderstand, be impenetrable
1361	हिल	भावकरणे	sport amorously, romance
1362	शिल	....	glean
1363	षिल	उञ्छे	glean, garner
1364	मिल	श्लेषणे	meet, unite, join
1365	लिख	अक्षरविन्यासे	write, pen down
1366	कुट	कौटिल्ये	curve, cheat
1367	पुट	संश्लेषणे	clasp, embrace, be in touch, bind
1368	कुच	सङ्कोचने	contract, coo loudly
1369	गुज	शब्दे	hum, buzz
1370	गुड	रक्षायाम्	protect, guide, create
1371	डिप	क्षेपे	send, throw, fly, backbite
1372	छुर	छेदने	cut, divide, slice
1373	स्फुट	विकसने	bloom, explode
1374	मुट	आक्षेपमर्दनयोः	rub, blame, abuse
1375	त्रुट	छेदने	tear, snap, split, break, clear doubt
1376	तुट	कलहकर्मणि	quarrel, hurt
1377	चुट	....	cut, trim, strike, be small, be artless, be naive

1378	छुट	छेदने	cut, pierce, make lesser
1379	जुड	बन्धने	go, bind, make hairdo, make braid
1380	कड	मदे	be proud
1381	लुट	संश्लेषणे	join, cling, club, adhere to
1382	कृड	घनत्वे	solidify, freeze, be firm
1383	कुड	बाल्ये	play, act as a child, eat, collect
1384	पुड	उत्सर्गे	quit, leave, cover
1385	घुट	प्रतिघाते	resist, protest, retaliate
1386	तुड	तोडने	pluck, split, hurt, cut
1387	थुड	....	cover, wrap
1388	स्थुड	संवरणे	put on dress, cover, drape
1389	स्फुर	....	throb
1390	स्फुल	सञ्चलने	quiver, throb
1391	स्फुड	....	cover, envelope
1392	चुड	....	surround, cover, hide
1393	व्रुड	संवरणे	drown, make a heap, cover
1394	क्रुड	....	sink, eat, be firm, attempt like a child
1395	भृड	निमज्जन इत्येके	sink, plunge, think deeply
1396	गुरी	उद्यमने	make effort, exert, be industrious
1397	णू	स्तवने	praise
1398	धू	विधूनने	scratch, be scratched
1399	गु	परिषोत्सर्गे	empty by stool, excrete
1400	ध्रु	गतिस्थैर्ययोः	go, be firm
1401	कुङ्	शब्दे	cry out, moan, groan
1402	पृङ्	व्यायामे	be busy, be active
1403	मृङ्	प्राणत्यागे	die, be deceased
1404	रि	....	go, move

1405	पि	गतौ	go, move
1406	धि	धारणे	possess, hold
1407	क्षि	निवासगत्योः	dwell, move, live
1408	षू	प्रेरणे	excite, invoke, urge
1409	कॄ	विक्षेपे	scatter,pour,throw
1410	गॄ	निगरणे	swallow, emit, eject, pour out
1411	दृङ्	आदरे	respect, honour
1412	धृङ्	अवस्थाने	live, exist, remain, survive
1413	प्रच्छ	ज्ञीप्सायाम्	ask, enquire
1414	सृज	विसर्गे	create, set free
1415	टुमस्जो	शुद्धौ	bathe, drown, purify, sink, immerse
1416	रुजो	भङ्गे	be hurt, be ill, break into pieces
1417	भुजो	कौटिल्ये	curve, bend
1418	छुप	स्पर्शे	touch
1419	रुश	....	injure, harm, hurt
1420	रिश	हिंसायाम्	injure, harm, hurt
1421	लिश	गतौ	go, move
1422	स्पृश	संस्पर्शने	touch, contact with hand
1423	विच्छ	गतौ	go, move
1424	विश	प्रवेशने	enter, enter into a hole
1425	मृश	आमर्शने	ponder, brood
1426	णुद	प्रेरणे	impel, push, incite
1427	षद ऌ	विशरणगत्यवसादनेषु	sit, sink, be weary, dry up, wither, plunge
1428	शद ऌ	शातने	decay, fall, wither
1429	मिल	सङ्गमे	meet, unite, join
1430	मुच ऌ	मोक्षणे	release, free, loosen
1431	लुप ऌ	छेदने	grate, violate, destroy, cut, break

1432	विदॢ	लाभे	find, acquire, get
1433	लिप	उपदेहे	anoint, smear
1434	षिच	क्षरणे	sprinkle, water
1435	कृती	छेदने	cut, divide
1436	खिद	परिघाते	strike, afflict
1437	पिश	अवयवे	pound, pulverize
1438	रुधिर्	आवरणे	obstruct, stop, surround
1439	भिदिर्	विदारणे	cleave, split, tear
1440	छिदिर्	द्वैधीकरणे	cut, lop off, tear, pierce
1441	रिचिर्	विरेचने	empty, evacuate bowels
1442	विचिर्	पृथग्भावे	sift, separate, let go
1443	क्षुदिर्	सम्पेषणे	strike against, pound, crush, trample
1444	युजिर्	योगे	join, unite, become one, be ready
1445	उछृदिर्	दीप्तिदेवनयोः	kindle, shine, play, vomit
1446	उतृदिर्	हिंसाऽनादरयोः	kill, disrespect, give pain
1447	कृती	वेष्टने	surround
1448	ञिइन्धी	दीप्तौ	shine. kindle, set afire
1449	खिद	दैन्ये	be depressed, suffer pain
1450	विद	विचारणे	think, reflect, meditate
1451	शिषॢ	विशेषणे	separate, classify
1452	पिषॢ	सञ्चूर्णने	grind, make powder
1453	भञ्जो	आमर्दने	break, destroy
1454	भुज	पालनाभ्यवहारयोः	protect, nurture, eat, enjoy
1455	तृह	....	kill
1456	हिसि	हिंसायाम्	strike, give pain
1457	उन्दी	क्लेदने	wet, moisten, bathe
1458	अञ्जू	व्यक्तिमर्षणकान्तिगतिष्	make clear, clean, anoint, decorate, go

1459	तञ्चू	सङ्कोचने	contract, doubt, hesitate
1460	ओविजी	भयचलनयोः	shake with fear, be in trouble
1461	वृजी	वर्जने	let go, avoid, prevent
1462	पृची	सम्पर्के	touch, unite
1463	तनु	विस्तारे	spread, make expansive
1464	षणु	दाने	offer, give, donate
1465	क्षणु	हिंसायाम्	cause hurt, hit, trouble, tear
1466	क्षिणु	च	cause hurt
1467	ऋणु	गतौ	go, wander
1468	तृणु	अदने	eat grass, graze
1469	घृणु	दीप्तौ	shine, burn
1470	वनु	याचने	beg, ask
1471	मनु	अवबोधने	know, understand
1472	डुकृञ्	करणे	do, make, perform
1473	डुक्रीञ्	द्रव्यविनिमये	buy, purchase, sell, barter, win
1474	प्रीञ्	तर्पणे कान्तौ च	love, satisfy
1475	श्रीञ्	पाके	cook, roast, dress, prepare, apply spices
1476	मीञ्	हिंसायाम्	injure, bind, catch in net
1477	षिञ्	बन्धने	tie, bind, catch in net
1478	स्कुञ्	आप्रवणे	hop, leap, pick
1479	युञ्	बन्धने	bind, tie, fasten
1480	क्नूञ्	शब्दे	sound, utter
1481	द्रूञ्	हिंसायाम्	create violence
1482	पूञ्	पवने	begin, purify
1483	लूञ्	छेदने	cut, sever, reap, begin
1484	स्तृञ्	आच्छादने	cover with shawl, wrap a cloth
1485	कृञ्	हिंसायाम्	injure, kill

1486	वृञ्	वरणे	like, choose, give shelter, provide for
1487	धूञ्	कम्पने	tremble, shake, be shaken
1488	शॄ	हिंसायाम्	destroy, tear, hurt
1489	पॄ	पालनपूरणयोः	support, nurture, fulfill, fill
1490	वॄ	वरणे	distribute, grant
1491	भॄ	भर्त्सने	condemn, blame
1492	मॄ	हिंसायाम्	kill, give pain
1493	दॄ	विदारणे	break asunder, break into pieces, tear apart
1494	जॄ	वयोहानौ	grow old, wear out
1495	नॄ	नये	take away, carry
1496	कॄ	हिंसायाम्	injure, kill
1497	ॠ	गतौ	go, move
1498	गॄ	शब्दे	call out, praise, invoke
1499	ज्या	वयोहानौ	become old, decay
1500	री	गतिरेषणयोः	go, hurt
1501	ली	श्लेषणे	obtain, be joined, be apt
1502	व्ली	वरणे	find out, like, choose, go, slip
1503	प्ली	गतौ	go, move
1504	व्री	वरणे	choose, make hole
1505	भ्री	भये	be afraid, be fearful
1506	क्षीष्	हिंसायाम्	kill, trouble
1507	ज्ञा	अवबोधने	know, understand, be acquainted
1508	बन्ध	बन्धने	bind, tie, fasten
1509	वृङ्	संभक्तौ	serve, nurse
1510	श्रन्थ	विमोचनप्रतिहर्षयोः	release new product, delight
1511	मन्थ	विलोडने	stir, churn, hurt
1512	श्रन्थ	....	put together, compose, set in order

1513	ग्रन्थ	सन्दर्भे	put together, compose
1514	कुन्थ	संश्लेषणे	embrace, stick together, be united
1515	मृद	क्षोदे	grind, pulverise, pound, squeeze
1516	मृड	च	grind, pulverise, pound, gladden
1517	गुध	रोषे	be angry
1518	कुष	निष्कर्षे	extract, tear, treat, examine, make shiny
1519	क्षुभ	सञ्चलने	tremble, be agitated
1520	णभ	....	destroy, give pain
1521	तुभ	हिंसायाम्	kill, give pain
1522	क्लिशू	विबाधने	torment, molest
1523	अश	भोजने	eat, enjoy
1524	उध्रस	उञ्छे	glean, separate one by one
1525	इष	आभीक्ष्ण्ये	repeat
1526	विष	विप्रयोगे	separate, take out
1527	प्रुष	....	be calm, be dignified, be gentle, love, fulfill
1528	प्लुष	स्नेहनसेवनपूरणेषु	be calm, be dignified, be gentle, love, fulfill
1529	पुष	पुष्टौ	nurture, upbring, support
1530	मुष	स्तेये	steal, strangle
1531	खच	भूतप्रादुर्भावे	be born, be produced again, purify
1532	हिठ	च	take rebirth, seize, tie, clasp tightly
1533	ग्रह	उपादाने	take, catch, accept, seize, grasp, hold
1534	चुर	स्तेये	steal
1535	चिति	स्मृत्याम्	think, consider, reflect, ponder
1536	यत्रि	सङ्कोचने	restrain, bind
1537	स्फुडि	परिहासे	jest, joke, sneer
1538	लक्ष	दर्शनाङ्कनयोः	notice, observe, perceive, find
1539	कुद्रि	अनृतभाषणे	tell a lie

1540	लड	उपसेवायाम्	fondle, caress, desire
1541	मिदि	स्नेहने	melt, love, be affectionate, apply
1542	ओलडि	उत्क्षेपणे	throw up, be happy, count, play
1543	जल	अपवारणे	cover, stop, put a net
1544	पीड	अवगाहने	oppress, harm, afflict
1545	णट	अवस्यन्दने	fall, tremble, slide
1546	श्रथ	प्रयत्ने	strive, be occupied, be busy, be infirm, be glad
1547	बध	संयमने	bind, injure
1548	पॄ	पूरणे	protect
1549	ऊर्ज	बलप्राणनयोः	strengthen, live, be powerful
1550	पक्ष	परिग्रहे	take, seize, accept, side with
1551	वर्ण	....	order, prompt, send
1552	चूर्ण	प्रेरणे	crush, contract, hesitate, pull
1553	प्रथ	प्रख्याने	be famous, extend, spread
1554	पृथ	प्रक्षेपे	extend, throw, send, cast
1555	षम्ब	सम्बन्धने	collect, meet, unite
1556	शम्ब	च	collect, gather
1557	भक्ष	अदने	eat, partake of, consume
1558	कुट्ट	छेदनभर्त्सर्योः	crush, abuse, divide, censure, multiply
1559	पुट्ट	....	diminish, become small
1560	चुट्ट	अल्पीभावे	be less, become less in number, collect
1561	अट्ट	....	despise, insult, condemn
1562	षुट्ट	अनादरे	disregard, neglect
1563	लुण्ठ	स्तेये	rob, plunder
1564	शठ	....	leave incompleted
1565	श्वठ	असंस्कारगत्योः	be incomplete, be incorrect
1566	तुजि	....	reside, be strong, take, shine, hurt

1567	पिजि	हिंसाबलादाननिकेतनेषु	kill, be strong, give, take, shine
1568	पिस	गतौ	go, move
1569	षान्त्व	सामप्रयोगे	console
1570	श्वल्क	....	lecture, express, speak
1571	वल्क	परिभाषणे	utter, speak
1572	ष्णिह	स्नेहने	love, be affectionate, be friendly, be fond of
1573	स्मिट	अनादरे	scorn, despise, go
1574	श्लिष	श्लेषणे	decorate, embrace, hug
1575	पथि	गतौ	go, move
1576	पिच्छ	कुट्टने	press flat, divide, hurt, flatten
1577	छदि	संवरणे	cover, veil
1578	श्रण	दाने	give
1579	तड	आघाते	strike, beat
1580	खड	....	break, disturb, cut into pieces
1581	खडि	....	break, disturb, cut into pieces
1582	कडि	भेदने	separate the chaff, defend
1583	कुडि	रक्षणे	protect, take care
1584	गुडि	वेष्टने	cover, grind, safeguard
1585	खुडि	खण्डने	break into pieces, saw
1586	वटि	विभाजने	separate, share, partition
1587	मडि	भूषायां हर्षे च	adorn, rejoice
1588	भडि	कल्याणे	do auspicious act
1589	छर्द	वमने	vomit
1590	पुस्त	....	respect, disrespect, bind, paste
1591	बुस्त	आदरानादरयोः	respect, disrespect
1592	चुद	सञ्चोदने	push on, encourage, ask, pray
1593	नक्क	....	destroy

1594	धक्क	नाशने	destroy, shun, push
1595	चक्क	....	torture, be tortured
1596	चुक्क	व्यथने	cause trouble, feel troubled
1597	क्षल	शौचकर्मणि	wash, purify
1598	तल	प्रतिष्ठायाम्	accomplish, establish
1599	तुल	उन्माने	weigh
1600	दुल	उत्क्षेपे	swing, shake to and fro, oscillate
1601	पुल	महत्त्वे	be great, be large, be high
1602	चुल	समुच्छ्राये	raise, lift, soak
1603	मूल	रोहणे	plant, grow, sprout
1604	कल	....	go, count
1605	विल	क्षेपे	throw, send
1606	बिल	भेदने	make hole, pierce, split
1607	तिल	स्नेहने	anoint, be oily
1608	चल	भृतौ	maintain, nurture, foster, bring up
1609	पाल	रक्षणे	protect, govern
1610	लूष	हिंसायाम्	hurt, injure
1611	शुल्ब	माने	measure, count, weigh
1612	शूर्प	च	measure, count, weigh
1613	चुट	छेदने	cut, trim, strike, be small, be artless, be naive
1614	मुट	सञ्चूर्णने	crush, powder
1615	पडि	....	destroy
1616	पसि	नाशने	destroy
1617	व्रज	मार्गसंस्कारगत्योः	prepare, go, roam
1618	शुल्क	अतिस्पर्शने	tax, pay duty, grow, release
1619	चपि	गत्याम्	go
1620	क्षपि	क्षान्त्याम्	bear, suffer, pity, shine

1621	छजि	कृच्छ्रजीवने	bear with, live in distress
1622	श्वर्त	गत्याम्	go, fall in ditch
1623	श्वभ्र	च	go, pierce
1624	ज्ञप	ज्ञानज्ञापनमारणतोषण	know, teach, please, hit, sharpen, see
1625	यम	च परिवेषणे	control, nourish
1626	चप	परिकल्कने	grind, pound, knead
1627	रह	त्यागे	give up, split, leave, delegate, refuse
1628	बल	प्राणने	nourish, support, be strong
1629	चिञ्	चयने	collect, select, gather, pile up
1630	घट्ट	चलने	shake, touch, rub, stir
1631	मुस्त	सङ्घाते	gather, collect
1632	खट्ट	संवरणे	cover, hide
1633	षट्ट	....	hurt, injure
1634	स्फिट्ट	....	hurt, injure
1635	चुबि	हिंसायाम्	cause hurt
1636	पूल	सङ्घाते	heap, collect, gather
1637	पुंस	अभिवर्धने	grind, destroy, give pain, grow
1638	टकि	बन्धने	bind, tie, fasten, join
1639	धूस	कान्तिकरणे	embellish, adorn
1640	कीट	वर्णे	colour, dye, tie, rust
1641	चूर्ण	सङ्कोचने	pulverize, pound, crush, bruise
1642	पूज	पूजायाम्	worship, adore
1643	अर्क	स्तवने तपने च	praise, heat
1644	शुठ	आलस्ये	be idle, be dull
1645	शुठि	शोषणे	dry, be dry
1646	जुड	प्रेरणे	prompt, send, grind, powder
1647	गज	....	roar, be drunk

1648	मार्ज	शब्दार्थौ	sound
1649	मर्च	च	take, cleanse, sound
1650	घृ	प्रस्रवणे	trickle, drip, sprinkle
1651	पचि	विस्तारवचने	spread, stretch
1652	तिज	निशातने	stir up, sharpen, excite, agitate
1653	कृत	संशब्दने	recite, do japa, glorify
1654	वर्ध	छेदनपूरणयोः	cut, severe, fill, shear
1655	कुबि	आच्छादने	cover, tremble
1656	लुबि	....	be hidden, be invisible, be destroyed
1657	तुबि	अदर्शने	be invisible
1658	ह्लप	व्यक्तायां वाचि	speak clearly
1659	चुटि	छेदने	break, claw, pinch
1660	इल	प्रेरणे	urge, encourage
1661	म्रक्ष	म्लेच्छने	mix, adulterate
1662	म्लेच्छ	अव्यक्तायां वाचि	speak incorrectly, speak in confusion
1663	ब्रूस	....	hurt
1664	बर्ह	हिंसायाम्	srike, hurt
1665	गुर्द	पूर्वनिकेतने	dwell, invite, call
1666	जसि	रक्षणे	protect, set free, release
1667	ईड	स्तुतौ	praise
1668	जसु	हिंसायाम्	hurt, injure, strike
1669	पिडि	सङ्घाते	join, unite, accumulate, make heap
1670	रुष	रोषे	be angry, be vexed, be offended
1671	डिप	क्षेपे	send, throw, fly, backbite
1672	ष्टुप	समुच्छ्राये	heap, pile, erect, raise
1673	चित	सञ्चेतने	perceive, see, notice, observe, know
1674	दशि	दंशने	bite, sting, see

1675	दसि	दर्शनदंशनयोः	bite, sting, see
1676	डप	....	collect, accumulate, gather
1677	डिप	संघाते	hit, collect, accumulate
1678	तत्रि	कुटुम्बधारणे	spread, support, maintain, rule, govern
1679	मत्रि	गुप्तपरिभाषणे	consult, deliberate upon, counsel
1680	स्पश	ग्रहणसंश्लेषणयोः	take, hold, touch, unite, join
1681	तर्ज	....	blame, frighten, scold, warn
1682	भर्त्स	तर्जने	revile, threaten, abuse
1683	बस्त	....	move, ask, hurt
1684	गन्ध	अर्दने	injure, ask, beg, move, feel ashamed, grace
1685	विष्क	हिंसायाम्	hurt, injure
1686	निष्क	परिमाणे	measure, count
1687	लल	ईप्सायाम्	desire, keep, caress, fondle, copulate
1688	कूण	सङ्कोचे	contract, close, twist, be conceited
1689	तूण	पूरणे	fill, fill up
1690	भ्रूण	आशाविशङ्कयोः	hope, expect, doubt, be pregnant
1691	शठ	श्लाघायाम्	praise, flatter
1692	यक्ष	पूजायाम्	worship, honour, be quick
1693	स्यम	वितर्के	sound, go, consider, think
1694	गूर	उद्यमने	make effort, work hard
1695	शम	....	declare, express, make popular
1696	लक्ष	आलोचने	mark, denote, characterize
1697	कुत्स	अवक्षेपणे	abuse, revile, condemn
1698	कुट	छेदने	break into pieces
1699	गल	स्रवणे	pour out, filter, drip, ooze
1700	भल	आभण्डने	scrutinize, argue
1701	कूट	आप्रदाने	abstain from giving, be secretive

1702	कुट्ट	प्रतापने	heat
1703	वञ्चु	प्रलम्भने	cheat, trap, deceive
1704	वृष	शक्तिबन्धने	be pregnant, be powerful
1705	मद	तृप्तियोगे	satisfy, solve, resolve
1706	दिवु	परिकूजने	feel sad, lament, cry
1707	गृ	विज्ञाने	know, understand
1708	विद	चेतनाख्याननिवासेषु	tell, declare, announce, feel, experience
1709	मान	(मन) स्तम्भे	be rigid, be stubborn, be arrogant
1710	यु	जुगुप्सायाम्	abuse, blame
1711	कुस्म	नाम्नो वा कुत्सितस्मयने	smile indecently, see thoughtfully
1712	चर्च	अध्ययने	study, read carefully, pause while reading
1713	बुक्क	भाषणे	bark, sound like a dog
1714	शब्द	उपसर्गाद्आविष्कारे च	lecture, express, scream
1715	कण	निमीलने	wink
1716	जभि	नाशने	destroy
1717	षूद	क्षरणे	eject, strike, deposit
1718	जसु	ताडने	hurt, injure, strike
1719	पश	बन्धने	bind, tie a knot, strangle with noose
1720	अम	रोगे	be ill
1721	चट	....	kill, cut to pieces, break
1722	स्फुट	भेदने	burst, come in view
1723	घट	सङ्घाते। हन्त्यार्थाः च	accumulate, unite, join, bring together
1724	दिवु	मर्दने	rub, moan, crush
1725	अर्ज	प्रतियत्ने	procure, edit
1726	घुषिर्	विशब्दने	proclaim aloud, praise, declare
1727	आङः क्रन्द	सातत्ये	cry, call continually
1728	लस	शिल्पयोगे	be intelligent, appreciate art, be artist

1729	तसि	....	decorate
1730	भूष	अलङ्करणे	adorn, decorate
1731	अर्ह	पूजायाम्	deserve, honour
1732	ज्ञा	नियोगे	know
1733	भज	विश्राणने	grant, cook, complete, divide
1734	शृधु	प्रसहने	strive, ridicule, tolerate, defeat
1735	यत	निकारोपस्कारयोः	hurt, slap, order, collect, prevent
1736	रक	....	relish
1737	लग	आस्वादने	taste, savour
1738	अञ्चु	विशेषणे	individualise, honour
1739	लिगि	चित्रीकरणे	paint, depict a noun by gender
1740	मुद	संसर्गे	collect, mix, cleanse
1741	त्रस	धारणे	go, move, take, seize, oppose, prevent
1742	उध्रस	उञ्छे	glean
1743	मुच	प्रमोचने मोदने च	leave, deliver, be happy
1744	वस	स्नेहच्छेदापहरणेषु	pity, sympathize, hurt, cut, take
1745	चर	संशये	doubt, suspect
1746	च्यु	सहने	laugh, endure
1747	भू	अवकल्कने	imagine, contemplate
1748	कृप	च	imagine, contemplate, mix, draw, knead
1749	ग्रस	ग्रहणे	take, seize, eclipse
1750	पुष	धारणे	bear
1751	दल	विदारणे	burst open, crack, cleave
1752	पट	....	separate, tear, shine, speak
1753	पुट	....	shine, speak, grind
1754	लुट	....	shine, speak, deliver oratory
1755	तुजि	....	reside, be strong, take, shine, hurt, tell

1756	मिजि	....	shine, speak
1757	पिजि	....	shine, speak
1758	लुजि	....	shine, speak
1759	भजि	....	shine, speak
1760	लघि	....	shine, speak, go beyond
1761	त्रसि	....	go, catch, obstruct, oppose
1762	पिसि	....	shine, speak
1763	कुसि	....	speak, shine
1764	दशि	....	shine, speak harshly
1765	कुशि	....	speak, shine
1766	घट	....	speak, shine, be published
1767	घटि	....	speak, shine, be published
1768	बृहि	....	shine, speak
1769	बर्ह	....	shine, speak
1770	बल्ह	....	shine, speak
1771	गुप	....	speak, shine, conceal
1772	धूप	....	shine, speak
1773	विच्छ	....	shine, speak
1774	चीव	....	speak, shine
1775	पुथ	....	shine, speak, grind
1776	लोकृ	....	observe, shine, speak, be enlightened
1777	लोचृ	....	shine, speak
1778	णद	....	sound
1779	कुप	....	scold, speak, shine
1780	तर्क	....	guess
1781	वृतु	....	shine, speak
1782	वृधु	भाषार्थाः भासार्थाः वा	shine, speak

1783	रुट	....	shine, speak
1784	लजि	....	shine, speak
1785	अजि	....	speak, make clear
1786	दसि	....	shine, speak harshly
1787	भृशि	....	shine, speak
1788	रुशि	....	shine, speak
1789	शीक	....	shine, speak
1790	रुसि	....	shine, speak
1791	नट	....	shine, act
1792	पुटि	....	shine, speak, grind
1793	जि	....	speak, shine
1794	चि	....	illumine
1795	रघि	....	shine, speak
1796	लघि	....	shine, speak, go beyond
1797	अहि	....	speak, shine
1798	रहि	....	shine, speak
1799	महि	च	shine, speak
1800	लडि	....	shine, speak, deliver discourse
1801	तड	....	strike, beat
1802	नल	च	shine, speak
1803	पूरी	आप्यायने	satisfy, fill, be filled
1804	रुज	हिंसायाम्	hurt, harm
1805	ष्वद	आस्वादने	savour, sweeten, enjoy
1806	युज	....	restrain, check
1807	पृच	संयमने	touch, connect, contact
1808	अर्च	पूजायाम्	worship
1809	षह	मर्षणे	tolerate, conquer

1810	ईर	क्षेपे	inspire, impel, throw, move
1811	ली	द्रवीकरणे	melt, dissolve, be one with, stick
1812	वृजी	वर्जने	let go, avoid, prevent
1813	वृञ्	आवरणे	like, choose, cover, prevent
1814	जॄ	वयोहानौ	grow old, decay
1815	ज्रि	च	be old, decay
1816	रिच	वियोजनसम्पर्चनयोः	divide, discharge
1817	शिष	असर्वोपयोगे	spare, leave remainder, save some
1818	तप	दाहे	heat, burn
1819	तृप	तृप्तौ संदीपने च	please, be pleased
1820	छृदी	सन्दीपने	burn, kindle, play, shine, vomit
1821	दृभी	गन्थे	fear, find a context
1822	दृभ	सन्दर्भे	collect, mix, unite
1823	श्रथ	मोक्षणे	liberate, release, kill
1824	मी	गतौ	go, understand
1825	ग्रन्थ	बन्धने	fasten, string together, tie
1826	शीक	आमर्षणे	scold, touch, be calm, endure
1827	चीक	च	bear, tolerate, be impatient, be imtolerant
1828	अर्द	हिंसायाम्	hurt, torment
1829	हिसि	हिंसायाम्	strike, give pain
1830	अर्ह	पूजायाम्	worship, deserve
1831	आङः षद	पद्यर्थे	attack, go
1832	शुन्ध	शौचकर्मणि	purify, cleanse
1833	छद	अपवारणे	cover , keep secret, conceal
1834	जुष	परितर्कणे	reason, investigate, cause pain, like, fondle
1835	धूञ्	कम्पने	tremble, shake, be shaken

1836	प्रीञ्	तर्पणे	please
1837	श्रन्थ	....	put together, compose, set in order
1838	ग्रन्थ	सन्दर्भे	put together, compose
1839	आपॢ	लम्भने	get, procure
1840	तनु	श्रद्धोपकरणयोः	spread
1841	वद	सन्देशवचने	address, discourse
1842	वच	परिभाषणे	speak, describe, talk, declare
1843	मान	पूजायाम्	respect
1844	भू	प्राप्तौ	obtain, gain, think
1845	गर्ह	विनिन्दने	blame, criticize, accuse, reproach
1846	मार्ग	अन्वेषणे	seek, search
1847	कठि	शोके	mourn, miss
1848	मृजू	शौचालङ्करणयोः	purify, cleanse, adorn
1849	मृष	तितिक्षायाम्	suffer, endure, neglect
1850	धृष	प्रसहने	defeat, treat with indignity
1851	कथ	वाक्यप्रबन्धे	narrate, describe
1852	वर	ईप्सायाम्	wish, seek, choose, ask
1853	गण	सङ्ख्याने	count, enumerate, compute
1854	शठ	....	speak ill, be in silence, be quiet
1855	श्वठ	सम्यगवभाषणे	bless, speak kind words
1856	पट	....	string together, weave, split
1857	वट	ग्रन्थे	twist as a rope, make a wreath
1858	रह	त्यागे	give up, split, leave, delegate, refuse
1859	स्तन	....	praise
1860	गदी	देवशब्दे	thunder
1861	पत	गतौ वा	fall, go down
1862	पष	अनुपसर्गात्	move, bind

1863	स्वर	आक्षेपे	sound, blame
1864	रच	प्रतियत्ने	decorate, produce, compose, write
1865	कल	गतौ सङ्ख्याने च	throw
1866	चह	परिकल्कने	deceive, be wicked, be proud
1867	मह	पूजायाम्	worship
1868	सार	....	be weak
1869	कृप	....	consider, imagine, mix, knead
1870	श्रथ	दौर्बल्ये	be weak, be infirm
1871	स्पृह	ईप्सायाम्	long for, yearn, wish
1872	भाम	क्रोधे	threaten, frighten
1873	सूच	पैशुन्ये	point out mistakes, inform, have ill will
1874	खेट	भक्षणे	eat, swallow
1875	क्षोट	क्षेपे	throw, cast
1876	गोम	उपलेपने	besmear, plaster, coat, whitewash
1877	कुमार	क्रीडायाम्	play like a boy
1878	शील	उपधारणे	practise, make habit, go to meet
1879	साम	सान्त्वप्रयोगे	console, soothe
1880	वेल	कालोपदेशे	mark time, preach, advise, time
1881	पल्पूल	लवनपवनयोः	cut, purify
1882	वात	सुखसेवनयोः	be happy, enjoy, serve, go
1883	गवेष	मार्गणे	find, search, trace, investigate
1884	वास	उपसेवायाम्	light incense, put scent, fumigate, make fragrant
1885	निवास	आच्छादने	cover
1886	भाज	पृथक्कर्मणि	split, break into pieces
1887	सभाज	प्रीतिदर्शनयोः	love, serve, look with affection, praise
1888	ऊन	परिहाणे	lessen, discount, measure
1889	ध्वन	शब्दे	sound

1890	कूट	परितापे ।	burn, cause pain
1891	सङ्केत	....	inform, invite, counsel
1892	ग्राम	....	invite
1893	कुण	....	converse with, address, preach, call
1894	गुण	चामन्त्रणे	invite, advise, multiply, counsel, seek advice
1895	केत	श्रावणे निमन्त्रणे च	hear, invite, call, advise
1896	कूट	सङ्कोचनेऽपि	call, invite, advise, contract
1897	स्तेन	चौर्ये ।	steal, rob
1898	पद	गतौ	go, move, fall
1899	गृह	ग्रहणे	seize, take, accept
1900	मृग	अन्वेषणे	search, seek, hunt
1901	कुह	विस्मापने	astonish, germinate, grow, show a miracle
1902	शूर	....	be a hero, be powerful
1903	वीर	विक्रान्तौ	be brave, be valiant
1904	स्थूल	परिबृंहणे	be fat, be fit, be healthy
1905	अर्थ	उपयाच्ञायाम्	request, sue, ask in marriage
1906	सत्र	सन्तानक्रियायाम्	extend, be together
1907	गर्व	माने	be proud, be arrogant
1908	सूत्र	वेष्टने	tie cord, wrap rope, release bonds, tell briefly
1909	मूत्र	प्रस्रवणे	urinate
1910	रुक्ष	पारुष्ये	be difficult, be harsh, speak harshly, dry up
1911	पार	....	accomplish, overcome
1912	तीर	कर्मसमाप्तौ	complete, finish, accomplish
1913	पुट	संसर्गे	bind, mix
1914	धेक	दर्शन इत्येके	look, view, perceive
1915	कत्र	शैथिल्ये	slacken
1916	वल्क	दर्शने	see, perceive

1917	चित्र	चित्रीकरणे	take a picture, draw, picturise, be surprised
1918	अंस	समाघाते	divide, distribute
1919	वट	विभाजने	divide, separate
1920	लज	प्रकाशने	be seen, appear, shine
1921	मिश्र	सम्पर्के	collect, mix
1922	सङ्ग्राम	युद्धे	fight
1923	स्तोम	श्लाघायाम्	praise, laud, flatter
1924	छिद्र	कर्णभेदने	pierce the ears
1925	अन्ध	दृष्ट्युपघाते	be blind, close eyes, make blind
1926	दण्ड	दण्डनिपातने	punish
1927	अङ्क	पदे लक्षणे च	count, mark
1928	अङ्ग	च	count, mark, wander
1929	सुख	....	please, gladden, be happy, make happy
1930	दुःख	तत्क्रियायाम्	cause pain, be afflicted, deceive
1931	रस	आस्वादनस्नेहनयोः	relish, taste, love, feel for
1932	व्यय	वित्तसमुत्सर्गे	spend, give away
1933	रूप	रूपक्रियायाम्	be fashionable, act, perform, gesticulate
1934	छेद	द्वैधीकरणे	cut, pierce
1935	छद	अपवारणे	cover, veil
1936	लाभ	प्रेरणे	prompt, send, blow, throw
1937	व्रण	गात्रविचूर्णने	hurt, wound
1938	वर्ण	वर्णक्रियाविस्तारगुणव	describe, narrate, expand, praise, illuminate
1939	पर्ण	हरितभावे	make green
1940	विष्क	दर्शने	see, perceive
1941	क्षिप	प्रेरणे	throw, send, bear, cry
1942	वस	निवासे	dwell, inhabit, live, stay, abide, reside
1943	तुत्थ	आवरणे	cover, spread, praise

ॐ

अथ पाणिनीय-धातुपाठः पारायणम्

Dhatupatha as used

for Chanting / Memorization

Dhatu Sutras by Panini in continuous script

When you follow fun, misery follows you.
When you follow knowledge, fun follows you.
Sri Sri Ravi Shankar

जय गुरुदेव

1 भू सत्तायाम् 2 एध वृद्धौ 3 स्पर्ध सङ्घर्षे 4 गाधृ प्रतिष्ठालिप्सयोर्ग्रन्थे च 5 बाधृ विलोडने 6 नाथृ 7 नाधृ याच्ञोपतापैश्वर्याशीष्षु 8 दध धारणे 9 स्कुदि आप्रवणे 10 श्विदि श्वैत्ये 11 वदि अभिवादनस्तुत्योः 12 भदि कल्याणे सुखे च 13 मदि स्तुतिमोदमदस्वप्नकान्तिगतिषु 14 स्पदि किञ्चित् चलने 15 क्लिदि परिदेवने 16 मुद हर्षे 17 दद दाने 18 ष्वद 19 स्वर्द आस्वादने 20 उर्द माने क्रीडायां च 21 कुर्द 22 खुर्द 23 गुर्द 24 गुद क्रीडायाम् एव 25 षूद क्षरणे 26 ह्राद अव्यक्ते शब्दे 27 ह्लादी सुखे च 28 स्वाद आस्वादने 29 पर्द कुत्सिते शब्दे 30 यती प्रयत्ने 31 युतृ 32 जुतृ भासने 33 विथृ 34 वेथृ याचने 35 श्रथि शैथिल्ये 36 ग्रथि कौटिल्ये 37 कत्थ श्लाघायाम् 38 अत सातत्यगमने 39 चिती संज्ञाने 40 च्युतिर् आसेचने 41 श्च्युतिर् क्षरणे 42 मन्थ विलोडने 43 कुथि 44 पुथि 45 लुथि 46 मथि हिंसासङ्क्लेशनयोः 47 षिध गत्याम् 48 षिधू शास्त्रे माङ्गल्ये च 49 खादृ भक्षणे 50 खद स्थैर्ये हिंसायां च 51 बद स्थैर्ये 52 गद व्यक्तायां वाचि 53 रद विलेखने 54 णद अव्यक्ते शब्दे 55 अर्द गतौ याचने च 56 नर्द 57 गर्द शब्दे 58 तर्द हिंसायाम् 59 कर्द कुत्सिते शब्दे 60 खर्द दन्दशूके 61 अति 62 अदि बन्धने 63 इदि परमैश्वर्ये 64 बिदि अवयवे 65 गडि वदनैकदेशे 66 णिदि कुत्सायाम् 67 टुनदि समृद्धौ 68 चदि आह्लादने दीप्तौ च 69 त्रदि चेष्टायाम् 70 कदि 71 क्रदि 72 क्लदि आह्वाने रोदने च 73 क्लिदि परिदेवने 74 शुन्ध शुद्धौ 75 शीकृ सेचने 76 लोकृ दर्शने 77 श्लोकृ सङ्घाते 78 द्रेकृ 79 ध्रेकृ शब्दोत्साहयोः 80 रेकृ शङ्कायाम् 81 सेकृ 82 स्रेकृ 83 स्रकि 84 श्रकि 85 श्लकि गतौ 86 शकि शङ्कायाम् 87 अकि लक्षणे 88 वकि कौटिल्ये 89 मकि मण्डने 90 कक लौल्ये 91 कुक 92 वृक आदाने 93 चक तृप्तौ प्रतिघाते च 94 ककि 95 वकि 96 श्वकि 97 त्रकि 98 ढौकृ 99 त्रौकृ 100 ष्वष्क 101 वस्क 102 मस्क 103 टिकृ 104 टीकृ 105 तिकृ 106 तीकृ 107 रघि 108 लघि गत्यर्थाः 109 अघि 110 वघि 111 मघि गत्याक्षेपे 112 राघृ 113 लाघृ 114 द्राघृ सामर्थ्ये 115 श्लाघृ कत्थने 116 फक्क नीचैर्गतौ 117 तक हसने 118 तकि कृच्छ्रजीवने 119 बुक्क भषणे 120 कख हसने 121 ओखृ 122 राखृ 123 लाखृ 124 द्राखृ 125 ध्राखृ शोषणालमर्थयोः 126 शाखृ 127 श्लाखृ व्याप्तौ 128 उख 129 उखि 130 वख 131 वखि 132 मख 133 मखि 134 णख 135 णखि 136 रख 137 रखि 138 लख 139 लखि 140 इख 141 इखि 142 ईखि 143 वल्ग 144 रगि 145 लगि 146 अगि 147 वगि 148 मगि 149 तगि 150 त्वगि 151 श्रगि 152 श्लगि 153 इगि 154 रिगि 155 लिगि गत्यर्थाः 156 युगि

157 जुगि 158 बुगि वर्जने 159 घघ हसने 160 मघि मण्डने 161 शिघि आघ्राणे 162 वर्च दीप्तौ 163 षच सेचने सेवने च 164 लोचृ दर्शने 165 शच व्यक्तायां वाचि 166 श्वच 167 श्वचि गतौ 168 कच बन्धने 169 कचि 170 काचि दीप्तिबन्धनयोः 171 मच 172 मुचि कल्कने 173 मचि धारणोच्छ्रायपूजनेषु 174 पचि व्यक्तीकरणे 175 ष्टुच प्रसादे 176 ऋज गतिस्थानार्जनोपार्जनेषु 177 ऋजि 178 भृजी भर्जने 179 एजृ 180 भ्रेजृ 181 भ्राजृ दीप्तौ 182 ईज गतिकुत्सनयोः 183 शुच शोके 184 कुच शब्दे तारे 185 कुञ्च 186 क्रुञ्च कौटिल्याल्पीभावयोः 187 लुञ्च अपनयने 188 अञ्चु गतिपूजनयोः 189 वञ्चु 190 चञ्चु 191 तञ्चु 192 त्वञ्चु 193 म्रुञ्चु 194 म्लुञ्चु 195 म्रुचु 196 म्लुचु गत्यर्थाः 197 ग्रुचु 198 ग्लुचु 199 कुजु 200 खुजु स्तेयकरणे 201 ग्लुञ्चु 202 षस्ज गतौ 203 गुजि अव्यक्ते शब्दे 204 अर्च पूजायाम् 205 म्लेच्छ अव्यक्ते शब्दे 206 लछ 207 लाछि लक्षणे 208 वाछि इच्छायाम् 209 आछि आयामे 210 ह्रीछ लज्जायाम् 211 हुर्छा कौटिल्ये 212 मुर्च्छा मोहसमुच्छ्राययोः 213 स्फुर्छा विस्तृतौ 214 युच्छ प्रमादे 215 उछि उञ्छे 216 उछी विवासे 217 ध्रज 218 ध्रजि 219 धृज 220 धृजि 221 ध्वज 222 ध्वजि गतौ 223 कूज अव्यक्ते शब्दे 224 अर्ज 225 षर्ज अर्जने 226 गर्ज शब्दे 227 तर्ज भर्त्सने 228 कर्ज व्यथने 229 खर्ज पूजने च 230 अज गतिक्षेपणयोः 231 तेज पालने 232 खज मन्थे 233 खजि गतिवैकल्ये 234 एजृ कम्पने 235 टुओस्फूर्जा वज्रनिर्घोषे 236 क्षि क्षये 237 क्षीज अव्यक्ते शब्दे 238 लज 239 लजि भर्त्सने 240 लाज 241 लाजि भर्जने च 242 जज 243 जजि युद्धे 244 तुज हिंसायाम् 245 तुजि पालने 246 गज 247 गजि 248 गृज 249 गृजि 250 मुज 251 मुजि शब्दार्थाः 252 वज 253 व्रज गतौ 254 अट्ट अतिक्रमहिंसनयोः 255 वेष्ट वेष्टने 256 चेष्ट चेष्टायाम् 257 गोष्ट 258 लोष्ट सङ्घाते 259 घट्ट चलने 260 स्फुट विकसने 261 अठि गतौ 262 वठि एकचर्यायाम् 263 मठि 264 कठि शोके 265 मुठि पालने 266 हेठ विबाधायाम् 267 एठ च 268 हिडि गत्यनादरयोः 269 हुडि संघाते 270 कुडि दाहे 271 वडि विभाजने 272 मडि च 273 भडि परिभाषणे 274 पिडि सङ्घाते 275 मुडि मार्जने 276 तुडि तोडने 277 हुडि वरणे 278 चडि कोपे 279 शडि रुजायां सङ्घाते च 280 तडि ताडने 281 पडि गतौ 282 कडि मदे 283 खडि मन्थे 284 हेडृ 285 होडृ अनादरे 286 बाडृ आप्लाव्ये 287 द्राडृ 288 ध्राडृ विशरणे 289 शाडृ श्लाघायाम् 290 शौटृ गर्वे 291 यौटृ बन्धे 292 म्लेटृ 293 म्रेडृ उन्मादे 294 कटे वर्षावरणयोः 295 अट 296 पट गतौ 297 रट परिभाषणे 298 लट बाल्ये 299 शट

रुजाविशरणगत्यवसादनेषु 300 वट वेष्टने 301 किट 302 खिट त्रासे 303 शिट 304 षिट अनादरे 305 जट 306 झट संघाते 307 भट भृतौ 308 तट उच्छ्राये 309 खट काङ्क्षायाम् 310 णट नृतौ 311 पिट शब्दसङ्घातयोः 312 हट दीप्तौ 313 षट अवयवे 314 लुट विलोडने 315 चिट परप्रेष्ये 316 विट शब्दे 317 बिट आक्रोशे 318 इट 319 किट 320 कटी गतौ 321 मडि भूषायाम् 322 कुडि वैकल्ये 323 मुड 324 प्रुड मर्दने 325 चुडि अल्पीभावे 326 मुडि खण्डने 327 रुटि 328 लुटि स्तेये 329 स्फुटिर् विशरणे 330 पठ व्यक्तायां वाचि 331 वठ स्थौल्ये 332 मठ मदनिवासयोः 333 कठ कृच्छ्रजीवने 334 रट परिभाषणे 335 हठ प्लुतिशठत्वयोः 336 रुठ 337 लुठ 338 उठ उपघाते 339 पिठ हिंसासङ्क्लेशनयोः 340 शठ कैतवे च 341 शुठ गतिप्रतिघाते 342 कुठि च 343 लुठि आलस्ये प्रतिघाते च 344 शुठि शोषणे 345 रुठि 346 लुठि गतौ 347 चुड्ड भावकरणे 348 अड्ड अभियोगे 349 कड्ड कार्कश्ये 350 क्रीड्ट विहारे 351 तुड्ट तोडने 352 हुड्ट 353 हूड्ट 354 होड्ट गतौ 355 रौड्ट अनादरे 356 रोड्ट 357 लोड्ट उन्मादे 358 अड उद्यमे 359 लड विलासे 360 कड मदे 361 गडि वदनैकदेशे 362 तिपृ 363 तेपृ 364 ष्टिपृ 365 ष्टेपृ क्षरणार्थाः 366 ग्लेपृ दैन्ये 367 टुवेपृ कम्पने 368 केपृ 369 गेपृ 370 ग्लेपृ च 371 मेपृ 372 रेपृ 373 लेपृ गतौ 374 त्रपूष् लज्जायाम् 375 कपि चलने 376 रबि 377 लबि 378 अबि शब्दे 379 लबि अवस्रंसने च ।शब्दे 380 कबृ वर्णे 381 क्लीबृ अधाष्टर्ये 382 क्षीबृ मदे 383 शीभृ कत्थने 384 चीभृ च 385 रेभृ शब्दे 386 ष्टभि 387 स्कभि प्रतिबन्धे 388 जभी 389 जृभि गात्रविनामे 390 शल्भ कत्थने 391 वल्भ भोजने 392 गल्भ धाष्टर्ये 393 श्रम्भु प्रमादे 394 ष्टुभु स्तम्भे 395 गुपू रक्षणे 396 धूप सन्तापे 397 जप 398 जल्प व्यक्तायां वाचि 399 चप सान्त्वने 400 षप समवाये 401 रप 402 लप व्यक्तायां वाचि 403 चुप मन्दायां गतौ 404 तुप 405 तुम्प 406 त्रुप 407 त्रुम्प 408 तुफ 409 तुम्फ 410 त्रुफ 411 त्रुम्फ हिंसार्थाः 412 पर्प 413 रफ 414 रफि 415 अर्ब 416 पर्ब 417 लर्ब 418 बर्ब 419 मर्ब 420 कर्ब 421 खर्ब 422 गर्ब 423 शर्ब 424 षर्ब 425 चर्ब गतौ 426 कुबि आच्छादने 427 लुबि 428 तुबि अर्दने 429 चुबि वक्त्रसंयोगे 430 षृभु 431 षृम्भु हिंसार्थौ 432 शुभ 433 शुम्भ भाषणे ।भासन इत्येके 434 घिणि 435 घुणि 436 घृणि ग्रहणे 437 घुण भ्रमणे 438 घूर्ण भ्रमणे 439 पण व्यवहारे स्तुतौ च 440 पन च 441 भाम क्रोधे 442 क्षमूष् सहने 443 कमु कान्तौ 444 अण 445 रण 446 वण 447 भण 448 मण 449 कण 450 क्वण 451 व्रण 452 भ्रण 453 ध्वण शब्दार्थाः

454 ओणृ अपनयने 455 शोणृ वर्णगत्योः 456 श्रोणृ सङ्घाते 457 श्लोणृ च 458 पैणृ गतिप्रेरणश्लेषणेषु 459 ध्रण शब्दे 460 कनी दीप्तिकान्तिगतिषु 461 ष्टन 462 वन शब्दे 463 वन 464 षण सम्भक्तौ 465 अम गत्यादिषु 466 द्रम 467 हम्म 468 मीमृ गतौ 469 चमु 470 छमु 471 जमु 472 झमु अदने 473 क्रमु पादविक्षेपे 474 अय 475 वय 476 पय 477 मय 478 चय 479 तय 480 णय गतौ 481 दय दानगतिरक्षणहिंसादानेषु 482 रय गतौ 483 ऊयी तन्तुसन्ताने 484 पूयी विशरणे दुर्गन्धे च 485 क्नूयी शब्दे उन्दने च 486 क्ष्मायी विधूनने 487 स्फायी 488 ओप्यायी वृद्धौ 489 तायृ सन्तानपालनयोः 490 शल चलनसंवरणयोः 491 वल 492 वल्ल संवरणे सञ्चरणे च 493 मल 494 मल्ल धारणे 495 भल 496 भल्ल परिभाषणहिंसादानेषु 497 कल शब्दसङ्ख्यानयोः 498 कल्ल अव्यक्ते शब्दे 499 तेवृ 500 देवृ देवने 501 षेवृ 502 गेवृ 503 ग्लेवृ 504 पेवृ 505 मेवृ 506 म्लेवृ सेवने 507 रेवृ प्लवगतौ 508 मव्य बन्धने 509 सूर्क्ष्य 510 ईर्क्ष्य 511 ईर्ष्य ईर्ष्यार्थाः 512 हय गतौ 513 शुच्य अभिषवे 514 हर्य गतिकान्त्योः 515 अल भूषणपर्याप्तिवारणेषु 516 ञिफला विशरणे 517 मील 518 श्मील 519 स्मील 520 क्ष्मील निमेषणे 521 पील प्रतिष्टम्भे 522 णील वर्णे 523 शील समाधौ 524 कील बन्धने 525 कूल आवरणे 526 शूल रुजायां सङ्घोषे च 527 तूल निष्कर्षे 528 पूल सङ्घाते 529 मूल प्रतिष्ठायाम् 530 फल निष्पत्तौ 531 चुल्ल भावकरणे 532 फुल्ल विकसने 533 चिल्ल शैथिल्ये भावकरणे च 534 तिल गतौ 535 वेलृ 536 चेलृ 537 केलृ 538 खेलृ 539 क्ष्वेलृ 540 वेल्ल चलने 541 पेलृ 542 फेलृ 543 शेलृ गतौ 544 स्खल सञ्चलने 545 खल सञ्चये 546 गल अदने 547 षल गतौ 548 दल विशरणे 549 श्वल 550 श्वल्ल आशुगमने 551 खोलृ 552 खोरृ गतिप्रतिघाते 553 धोरृ गतिचातुर्ये 554 त्सर छद्मगतौ 555 क्मर हूर्च्छने 556 अभ्र 557 वभ्र 558 मभ्र 559 चर गत्यर्थाः 560 ष्ठिवु निरसने 561 जि जये 562 जीव प्राणधारणे 563 पीव 564 मीव 565 तीव 566 णीव स्थौल्ये 567 क्षीवु 568 क्षेवु निरसने 569 उर्वी 570 तुर्वी 571 थुर्वी 572 दुर्वी 573 धुर्वी हिंसार्थाः 574 गुर्वी उद्यमने 575 मुर्वी बन्धने 576 पुर्व 577 पर्व 578 मर्व पूरणे 579 चर्व अदने 580 भर्व हिंसायाम् 581 कर्व 582 खर्व 583 गर्व दर्पे 584 अर्व 585 शर्व 586 षर्व हिंसायाम् 587 इवि व्याप्तौ 588 पिवि 589 मिवि 590 णिवि सेचने 591 हिवि 592 दिवि 593 धिवि 594 जिवि प्रीणनार्थाः 595 रिवि 596 रवि 597 धवि गत्यर्थाः 598 कृवि हिंसाकरणयोश्च 599 मव बन्धने

600 अव रक्षणगतिकान्तिप्रीतितृप्त्यवगमप्रवेश-श्रवणस्वाम्यर्थयाचनक्रियेच्छादीप्त्यवाप्त्यालिङ्गन्- अहिंसादानभागवृद्धिषु 601 धावु गतिशुद्ध्योः 602 धुक्ष 603 धिक्ष सन्दीपनक्लेशनजीवनेषु 604 वृक्ष वरणे 605 शिक्ष विद्योपादाने 606 भिक्ष भिक्षायामलाभे लाभे च 607 क्लेश अव्यक्तायां वाचि 608 दक्ष वृद्धौ शीघ्रार्थे च 609 दीक्ष मौण्ड्येज्योपनयननियमव्रतादेशेषु 610 ईक्ष दर्शने 611 ईष गतिहिंसादर्शनेषु 612 भाष व्यक्तायां वाचि 613 वर्ष स्नेहने 614 गेषृ अन्विच्छायाम् 615 पेषृ प्रयत्ने 616 जेषृ 617 णेषृ 618 एषृ 619 प्रेषृ गतौ 620 रेषृ 621 हेषृ 622 ह्रेषृ अव्यक्ते शब्दे 623 कासृ शब्दकुत्सायाम् 624 भासृ दीप्तौ 625 णासृ 626 रासृ शब्दे 627 णस कौटिल्ये 628 भ्यस भये 629 आङःशसि इच्छायाम् 630 ग्रसु 631 ग्लसु अदने 632 ईह चेष्टायाम् 633 बहि 634 महि वृद्धौ 635 अहि गतौ 636 गर्ह 637 गल्ह कुत्सायाम् 638 बर्ह 639 बल्ह प्राधान्ये 640 वर्ह 641 वल्ह परिभाषणहिंसाच्छादनेषु 642 प्लिह गतौ 643 वेहृ 644 जेहृ 645 वाहृ प्रयत्ने 646 द्राहृ निद्राक्षये 647 काशृ दीप्तौ 648 ऊह वितर्के 649 गाहू विलोडने 650 गृहू ग्रहणे 651 ग्लह च 652 घुषि कान्तिकरणे 653 घुषिर् अविशब्दने 654 अक्षू व्याप्तौ 655 तक्षू 656 त्वक्षू तनूकरणे 657 उक्ष सेचने 658 रक्ष पालने 659 णिक्ष चुम्बने 660 त्रक्ष 661 ष्ट्रक्ष 662 णक्ष गतौ 663 वक्ष रोषे 664 मृक्ष सङ्घाते 665 तक्ष त्वचने 666 सूर्क्ष आदरे 667 काक्षि 668 वाक्षि 669 माक्षि काङ्क्षायाम् 670 द्राक्षि 671 ध्राक्षि 672 ध्वाक्षि घोरवासिते च 673 चूष पाने 674 तूष तुष्टौ 675 पूष वृद्धौ 676 मूष स्तेये 677 लूष 678 रूष भूषायाम् 679 शूष प्रसवे 680 यूष हिंसायाम् 681 जूष च 682 भूष अलङ्कारे 683 ऊष रुजायाम् 684 ईष उञ्छे 685 कष 686 खष 687 शिष 688 जष 689 झष 690 शष 691 वष 692 मष 693 रुष 694 रिष हिंसार्थाः 695 भष भर्त्सने 696 उष दाहे 697 जिषु 698 विषु 699 मिषु सेचने 700 पुष पुष्टौ 701 श्रिषु 702 श्लिषु 703 प्रुषु 704 प्लुषु दाहे 705 पृषु 706 वृषु 707 मृषु सेचने 708 घृषु सङ्घर्षे 709 हृषु अलीके 710 तुस 711 ह्रस 712 ह्लस 713 रस शब्दे 714 लस श्लेषणक्रीडनयोः 715 घस्लृ अदने 716 जर्ज 717 चर्च 718 झर्झ परिभाषणहिंसातर्जनेषु 719 पिसृ 720 पेसृ गतौ 721 हसे हसने 722 णिश समाधौ 723 मिश 724 मश शब्दे रोषकृते च 725 शव गतौ 726 शश प्लुतगतौ 727 शसु हिंसायाम् 728 शंसु स्तुतौ 729 चह परिकल्कने 730 मह पूजायाम् 731 रह त्यागे 732 रहि गतौ 733 दृह 734 दृहि 735 बृह 736 बृहि वृद्धौ 737 तुहिर् 738

दुहिर् 739 उहिर् अर्दने 740 अर्ह पूजायाम् 741 द्युत दीप्तौ 742 श्विता वर्णे 743 ञिमिदा स्नेहने 744 ञिष्विदा स्नेहनमोचनयोः 745 रुच दीप्तावभिप्रीतौ च 746 घुट परिवर्तने 747 रुट 748 लुट 749 लुठ प्रतीघाते 750 शुभ दीप्तौ 751 क्षुभ सञ्चलने 752 णभ 753 तुभ हिंसायाम् 754 स्रंसु अवस्रंसने 755 ध्वंसु 756 भ्रंसु अवस्रंसने 757 स्रम्भु विश्वासे 758 वृतु वर्तने 759 वृधु वृद्धौ 760 शृधु शब्दकुत्सायाम् 761 स्यन्दू प्रस्रवणे 762 कृपू सामर्थ्ये . 763 घट चेष्टायाम् 764 व्यथ भयसञ्चलनयोः 765 प्रथ प्रख्याने 766 प्रस विस्तारे 767 म्रद मर्दने 768 स्खद स्खदने 769 क्षजि गतिदानयोः 770 दक्ष गतिहिंसनयोः 771 क्रप कृपायां गतौ च 772 कदि 773 क्रदि 774 क्लदि वैक्लब्ये 775 ञित्वरा सम्भ्रमे 776 ज्वर रोगे 777 गड सेचने 778 हेड वेष्टने 779 वट 780 भट परिभाषणे 781 णट नृत्तौ 782 ष्टक प्रतिघाते 783 चक तृप्तौ 784 कखे हसने 785 रगे शङ्कायाम् 786 लगे सङ्गे 787 ह्रगे 788 ह्लगे 789 षगे 790 ष्टगे संवरणे 791 कगे नोच्यते 792 अक 793 अग कुटिलायां गतौ 794 कण 795 रण गतौ 796 चण 797 शण 798 श्रण दाने च 799 श्रथ 800 क्नथ 801 क्रथ 802 क्लथ हिंसार्थाः 803 वन च 804 ज्वल दीप्तौ 805 ह्वल 806 ह्मल चलने 807 स्मृ आध्याने 808 दॄ भये 809 नॄ नये 810 श्रा पाके 811 मारणतोषणनिशामनेषु ज्ञा 812 कम्पने चलिः 813 छदिर् ऊर्जने 814 जिह्वोन्मथने लडिः 815 मदी हर्षग्लेपनयोः 816 ध्वन शब्दे 817 स्वन अवतंसने 818 शमोऽदर्शने 819 यमो ऽपरिवेषणे 820 स्खदिर् अवपरिभ्यां च 821 फण गतौ 822 राजृ दीप्तौ 823 टुभ्राजृ 824 टुभ्राशृ 825 टुभ्लाशृ दीप्तौ 826 स्यमु 827 स्वन 828 ध्वन शब्दे 829 षम 830 ष्टम वैक्लव्ये 831 ज्वल दीप्तौ 832 चल कम्पने 833 जल घातने 834 टल 835 ट्वल वैक्लव्ये 836 ष्ठल स्थाने 837 हल विलेखने 838 णल गन्धे 839 पल गतौ 840 बल प्राणने धान्यावरोधने च 841 पुल महत्त्वे 842 कुल संस्त्याने बन्धुषु च 843 शल 844 हुल 845 पत गॣतौ 846 क्वथे निष्पाके 847 पथे गतौ 848 मथे विलोडने 849 टुवम उद्गिरणे 850 भ्रमु चलने ... 851 क्षर सञ्चलने 852 षह मर्षणे 853 रमु क्रीडायाम् 854 षद ॣविशरणगत्यवसादनेषु 855 शद ॣशातने 856 क्रुश आह्वाने रोदने च 857 कुच सम्पर्चनकौटिल्यप्रतिष्टम्भविलेखनेषु 858 बुध अवगमने 859 रुह बीजजन्मनि प्रादुर्भावे च 860 कस गतौ 861 हिक्क अव्यक्ते शब्दे 862 अञ्चु गतौ याचने च 863 टुयाचृ याच्ञायाम् 864 रेटृ परिभाषणे 865 चते 866 चदे याचने 867 प्रोथृ पर्याप्तौ 868 मिदृ 869 मेदृ मेधाहिंसनयोः 870 मेधृ सङ्गमे च

871 णिदृ 872 णेदृ कुत्सासन्निकर्षयोः 873 शृधु 874 मृधु उन्दने 875 बुधिर् बोधने 876 उबुन्दिर् निशामने 877 वेणृ गतिज्ञानचिन्तानिशामनवादित्रग्रहणेषु 878 खनु अवदारणे 879 चीवृ आदानसंवरणयोः 880 चायृ पूजानिशामनयोः 881 व्यय गतौ 882 दाशृ दाने 883 भेषृ भये 884 भ्रेषृ 885 भ्लेषृ गतौ 886 अस गतिदीप्त्यादानेषु 887 स्पश बाधनस्पर्शनयोः 888 लष कान्तौ 889 चष भक्षणे 890 छष हिंसायाम् 891 झष आदानसंवरणयोः 892 भ्रक्ष 893 भ्लक्ष अदने 894 दासृ दाने 895 माहृ माने 896 गुहू संवरणे 897 श्रिञ् सेवायाम् 898 भृञ् भरणे 899 हृञ् हरणे 900 धृञ् धारणे 901 णीञ् प्रापणे 902 धेट् पाने 903 ग्लै 904 म्लै हर्षक्षये 905 द्यै न्यक्करणे 906 द्रै स्वप्ने 907 ध्रै तृप्तौ 908 ध्यै चिन्तायाम् 909 रै शब्दे 910 स्त्यै 911 ष्ट्यै शब्दसङ्घातयोः 912 खै खदने 913 क्षै 914 जै 915 षै क्षये 916 कै 917 गै शब्दे 918 शै 919 श्रै पाके 920 पै 921 ओवै शोषणे 922 ष्टै 923 ष्णै वेष्टने 924 दैप् शोधने 925 पा पाने 926 घ्रा गन्धोपादाने 927 ध्मा शब्दाग्निसंयोगयोः 928 ष्ठा गतिनिवृत्तौ 929 म्ना अभ्यासे 930 दाण् दाने 931 ह्वृ कौटिलये 932 स्वृ शब्दोपतापयोः 933 स्मृ चिन्तायाम् 934 ह्वृ संवरणे 935 सृ गतौ 936 ऋ गतिप्रापणयोः 937 गृ 938 घृ सेचने 939 ध्वृ हूर्च्छने 940 स्रु गतौ 941 षु प्रसवैश्वर्ययोः 942 श्रु श्रवणे . 943 ध्रु स्थैर्ये 944 दु 945 द्रु गतौ 946 जि 947 ज्रि अभिभवे 948 ष्मिङ् ईषद्धसने 949 गुङ् अव्यक्ते शब्दे 950 गाङ् गतौ 951 कुङ् 952 घुङ् 953 उङ् 954 ङुङ् शब्दे 955 च्युङ् 956 ज्युङ् 957 प्रुङ् 958 प्लुङ् गतौ 959 रुङ् गतिरेषणयोः 960 धृङ् अवध्वंसने 961 मेङ् प्रणिदाने 962 देङ् रक्षणे 963 श्यैङ् गतौ 964 प्यैङ् वृद्धौ 965 त्रैङ् पालने 966 पूङ् पवने 967 मूङ् बन्धने 968 डीङ् विहायसा गतौ 969 तॄ प्लवनतरणयोः 970 गुप गोपने 971 तिज निशाने 972 मान पूजायाम् 973 बध बन्धने 974 रभ राभस्ये 975 डुलभष् प्राप्तौ 976 ष्वञ्ज परिष्वङ्गे 977 हद पुरीषोत्सर्गे 978 ञिष्विदा अव्यक्ते शब्दे 979 स्कन्दिर् गतिशोषणयोः 980 यभ मैथुने 981 णम प्रह्वत्वे शब्दे च 982 गम 983 सृप गतौ 984 यम उपरमे 985 तप संतापे 986 त्यज हानौ 987 षञ्ज सङ्गे 988 दृशिर् प्रेक्षणे 989 दंश दशने 990 कृष विलेखने 991 दह भस्मीकरणे 992 मिह सेचने 993 कित निवासे रोगापनयने च 994 दान खण्डने 995 शान तेजने 996 डुपचष् पाके 997 षच समवाये 998 भज सेवायाम् 999 रञ्ज रागे 1000 शप आक्रोशे 1001 त्विष दीप्तौ 1002 यज देवपूजासङ्गतिकरणदानेषु 1003 डुवप बीजसन्ताने 1004 वह प्रापणे 1005 वस

निवासे 1006 वेञ् तन्तुसन्ताने 1007 व्येञ् संवरणे 1008 ह्वेञ् स्पर्धायाम् शब्दे च 1009 वद व्यक्तायां वाचि 1010 टुओश्वि गतिवृद्ध्योः 1011 अद भक्षणे 1012 हन हिंसागत्योः 1013 द्विष अप्रीतौ 1014 दुह प्रपूरणे 1015 दिह उपचये 1016 लिह आस्वादने 1017 चक्षिङ् व्यक्तायां वाचि 1018 ईर गतौ कम्पने च 1019 ईड स्तुतौ 1020 ईश ऐश्वर्ये 1021 आस उपवेशने 1022 आङःशासु इच्छायाम् 1023 वस आच्छादने 1024 कसि गतिशासनयोः 1025 णिसि चुम्बने 1026 णिजि शुद्धौ 1027 शिजि अव्यक्ते शब्दे 1028 पिजि वर्णे 1029 वृजी वर्जने 1030 पृची सम्पर्चने 1031 षूङ् प्राणिगर्भविमोचने 1032 शीङ् स्वपने 1033 यु मिश्रणेऽमिश्रणे च 1034 रु शब्दे 1035 णु स्तुतौ 1036 टुक्षु शब्दे 1037 क्ष्णु तेजने 1038 ष्णु प्रस्रवणे 1039 ऊर्णुञ् आच्छादने 1040 द्यु अभिगमने 1041 षु प्रसवैश्वर्ययोः 1042 कु शब्दे 1043 ष्टुञ् स्तुतौ 1044 ब्रूञ् व्यक्तायां वाचि 1045 इण् गतौ 1046 इङ् अध्ययने 1047 इक् स्मरणे 1048 वी गतिव्याप्तिप्रजनकान्त्यसनखादनेषु 1049 या प्रापणे 1050 वा गतिगन्धनयोः 1051 भा दीप्तौ 1052 ष्णा शौचे 1053 श्रा पाके 1054 द्रा कुत्सायां गतौ 1055 प्सा भक्षणे 1056 पा रक्षणे 1057 रा दाने 1058 ला आदाने 1059 दाप् लवने 1060 ख्या प्रकथने 1061 प्रा पूरणे 1062 मा माने 1063 वच परिभाषणे 1064 विद ज्ञाने 1065 अस भुवि 1066 मृजू शुद्धौ 1067 रुदिर् अश्रुविमोचने 1068 ञिष्वप शये 1069 श्वस प्राणने 1070 अन च 1071 जक्ष भक्षहसनयोः 1072 जागृ निद्राक्षये 1073 दरिद्रा दुर्गतौ 1074 चकासृ दीप्तौ 1075 शासु अनुशिष्टौ 1076 दीधीङ् दीप्तिदेवनयोः 1077 वेवीङ् वेतिना तुल्ये 1078 षस 1079 षस्ति स्वप्ने 1080 वश कान्तौ 1081 चर्करीतं च 1082 ह्नुङ् अपनयने 1083 हु दान-अदनयोः 1084 ञिभि भये 1085 ह्री लज्जायाम् 1086 पॄ पालनपूरणयोः 1087 डुभृञ् धारणपोषणयोः 1088 माङ् माने शब्दे च 1089 ओहाङ् गतौ 1090 ओहाक् त्यागे 1091 डुदाञ् दाने 1092 डुधाञ् धारणपोषणयोः 1093 णिजिर् शौचपोषणयोः 1094 विजिर् पृथग्भावे 1095 विष व्याप्तौ 1096 घृ क्षरणदीप्त्योः 1097 हृ प्रसह्यकरणे 1098 ऋ 1099 सृ गतौ 1100 भस भर्त्सनदीप्त्योः 1101 कि ज्ञाने 1102 तुर त्वरणे 1103 धिष शब्दे 1104 धन धान्ये 1105 जन जनने 1106 गा स्तुतौ 1107 दिवु क्रीडा-विजि-गीषा-व्यवहार-द्युति-स्तुति-मोद-मद-स्वप्न-कान्ति-गतिषु 1108 षिवु तन्तुसन्ताने 1109 स्रिवु गतिशोषणयोः 1110 ष्ठिवु निरसने 1111 ष्णुसु अदने 1112 ष्णसु निरसने 1113 क्नसु ह्वरणदीप्त्योः 1114 व्युष दाहे 1115 प्लुष च 1116 नृती

गात्रविक्षेपे 1117 त्रसी उद्वेगे 1118 कुथ पूतीभावे 1119 पुथ हिंसायाम् 1120 गुध परिवेष्टने 1121 क्षिप प्रेरणे 1122 पुष्प विकसने 1123 तिम 1124 ष्टिम 1125 ष्टीम आर्द्रीभावे 1126 व्रीड चोदने लज्जायां च 1127 इष गतौ 1128 षह 1129 षुह चक्यर्थे 1130 जॄष् 1131 झॄष् व्योहानौ 1132 षूङ् प्राणिप्रसवे 1133 दूङ् परितापे। 1134 दीङ् क्षये 1135 डीङ् विहायसा गतौ 1136 धीङ् आधारे 1137 मीङ् हिंसायाम् 1138 रीङ् श्रवणे 1139 लीङ् श्लेषणे 1140 व्रीङ् वृणोत्यर्थे 1141 पीङ् पाने 1142 माङ् माने 1143 ईङ् गतौ 1144 प्रीङ् प्रीतौ 1145 शो तनूकरणे 1146 छो छेदने 1147 षो अन्तकर्मणि 1148 दो अवखण्डने 1149 जनी प्रादुर्भावे 1150 दीपी दीप्तौ 1151 पूरी आप्यायने 1152 तूरी गतित्वरणहिंसनयोः 1153 धूरी 1154 गूरी हिंसागत्योः 1155 घूरी 1156 जूरी हिंसावयोहान्योः 1157 शूरी हिंसास्तम्भनयोः 1158 चूरी दाहे 1159 तप ऐश्वर्ये वा 1160 वृतु वरणे 1161 क्लिश उपतापे 1162 काशृ दीप्तौ 1163 वाशृ शब्दे 1164 मृष तितिक्षायाम् 1165 ईशुचिर् पूतीभावे। 1166 णह बन्धने 1167 रञ्ज रागे 1168 शप आक्रोशे 1169 पद गतौ 1170 खिद दैन्ये 1171 विद सत्तायाम् 1172 बुध अवगमने 1173 युध सम्प्रहारे 1174 अनोरुध कामे 1175 अण प्राणने 1176 मन ज्ञाने 1177 युज समाधौ 1178 सृज विसर्गे 1179 लिश अल्पीभावे 1180 राधोऽकर्मकाद्वृद्धावेव 1181 व्यध ताडने 1182 पुष पुष्टौ 1183 शुष शोषणे 1184 तुष प्रीतौ 1185 दुष वैकृत्ये 1186 श्लिष आलिङ्गने 1187 शक विभाषितो मर्षणे 1188 ष्विदा गात्रप्रक्षरणे 1189 क्रुध क्रोधे 1190 क्षुध बुभुक्षायाम् 1191 शुध शौचे 1192 षिधु संराद्धौ 1193 रध हिंसासंराद्ध्योः 1194 णश अदर्शने 1195 तृप प्रीणने 1196 दृप हर्षमोहनयोः 1197 द्रुह जिघांसायाम् 1198 मुह वैचित्ये 1199 ष्णुह उद्गिरणे 1200 ष्णिह प्रीतौ 1201 शमु उपशमे 1202 तमु काङ्क्षायाम् 1203 दमु उपशमे 1204 श्रमु तपसि खेदे च 1205 भ्रमु अनवस्थाने 1206 क्षमू सहने 1207 क्लमु ग्लानौ 1208 मदी हर्षे 1209 असु क्षेपणे 1210 यसु प्रयत्ने 1211 जसु मोक्षणे 1212 तसु उपक्षये 1213 दसु च 1214 वसु स्तम्भे 1215 व्युष विभागे 1216 प्लुष दाहे 1217 बिस प्रेरणे 1218 कुस संश्लेषणे 1219 बुस उत्सर्गे 1220 मुस खण्डने 1221 मसी परिणामे 1222 लुट विलोडने 1223 उच समवाये 1224 भृशु 1225 भ्रंशु अधःपतने 1226 वृश वरणे 1227 कृश तनूकरणे 1228 ञितृषा पिपासायाम् 1229 हृष तुष्टौ 1230 रुष 1231 रिष हिंसायाम् 1232 डिप क्षेपे 1233 कुप क्रोधे 1234 गुप व्याकुलत्वे 1235 युप 1236 रुप 1237 लुप विमोहने 1238 लुभ गार्ध्ये 1239 क्षुभ

सञ्चलने 1240 णभ 1241 तुभ हिंसायाम् 1242 क्लिदू आर्द्रीभावे 1243 ञिमिदा स्नेहने 1244 ञिक्ष्विदा स्नेहनमोचनयोः 1245 ऋधु वृद्धौ 1246 गृधु अभिकाङ्क्षायाम् 1247 षुञ् अभिषवे 1248 षिञ् बन्धने 1249 शिञ् निशाने 1250 डुमिञ् प्रक्षेपणे 1251 चिञ् चयने 1252 स्तृञ् आच्छादने 1253 कृञ् हिंसायाम् 1254 वृञ् वरणे 1255 धुञ् कम्पने 1256 टुदु उपतापे 1257 हि गतौ वृद्धौ च 1258 पृ प्रीतौ 1259 स्पृ प्रीतिपालनयोः 1260 आप ॢव्याप्तौ 1261 शकॢ शक्तौ 1262 राध 1263 साध संसिद्धौ 1264 अशू व्याप्तौ सङ्घाते च 1265 ष्टिघ आस्कन्दने 1266 तिक 1267 तिग गतौ च 1268 षघ हिंसायाम् 1269 ञिधृषा प्रागल्भ्ये 1270 दम्भु दम्भने 1271 ऋधु वृद्धौ 1272 अह व्याप्तौ 1273 दघ घातने पालने च 1274 चमु भक्षणे 1275 रि 1276 क्षि 1277 चिरि 1278 जिरि 1279 दाश 1280 दृ हिंसायाम् 1281 तुद व्यथने 1282 णुद प्रेरणे 1283 दिश अतिसर्जने 1284 भ्रस्ज पाके 1285 क्षिप प्रेरणे 1286 कृष विलेखने 1287 ऋषी गतौ 1288 जुषी प्रीतिसेवनयोः 1289 ओविजी भयचलनयोः 1290 ओलजी 1291 ओलस्जी व्रीडायाम् 1292 ओव्रश्चू छेदने 1293 व्यच व्याजीकरणे 1294 उछि उञ्छे 1295 उछी विवासे 1296 ऋच्छ गतिन्द्रिय-प्रलय-मूर्ती-भावेषु 1297 मिच्छ उत्क्लेशे 1298 जर्ज 1299 चर्च 1300 झर्झ परिभाषणभर्त्सनयोः 1301 त्वच संवरणे 1302 ऋच स्तुतौ 1303 उब्ज आर्जवे 1304 उज्झ उत्सर्गे 1305 लुभ विमोहने 1306 रिफ कत्थनयुद्धनिन्दाहिंसादानेषु 1307 तृप 1308 तृम्फ तृप्तौ 1309 तुप 1310 तुम्प 1311 तुफ 1312 तुम्फ हिंसायाम् 1313 दृप 1314 दृम्फ उत्क्लेशे 1315 ऋफ 1316 ऋम्फ हिंसायाम् 1317 गुफ 1318 गुम्फ ग्रन्थे 1319 उभ 1320 उम्भ पूरणे 1321 शुभ 1322 शुम्भ शोभार्थे 1323 दृभी ग्रन्थे 1324 चृती हिंसाश्रन्थनयोः 1325 विध विधाने 1326 जुड गतौ 1327 मृड सुखने 1328 पृड च 1329 पृण प्रीणने 1330 वृण च 1331 मृण हिंसायाम् 1332 तुण कौटिल्ये 1333 पुण कर्मणि शुभे 1334 मुण प्रतिज्ञाने 1335 कुण शब्दोपकरणयोः 1336 शुन गतौ 1337 द्रुण हिंसा-गति-कौटिल्येषु 1338 घुण 1339 घूर्ण भ्रमणे 1340 षुर ऐश्वर्यदीप्त्योः 1341 कुर शब्दे 1342 खुर छेदने 1343 मुर संवेष्टने 1344 क्षुर विलेखने 1345 घुर भीमार्थशब्दयोः 1346 पुर अग्रगमने 1347 वृहू उद्यमने 1348 तृहू 1349 स्तृहू 1350 तृन्हू हिंसार्थाः 1351 इष इच्छायाम् 1352 मिष स्पर्धायाम् 1353 किल श्वैत्यक्रीडनयोः 1354 तिल स्नेहने 1355 चिल वसने 1356 चल विलसने 1357 इल स्वप्रक्षेपणयोः 1358 विल संवरणे 1359 बिल भेदने 1360 णिल गहने

1361 हिल भावकरणे 1362 शिल 1363 षिल उञ्छे 1364 मिल श्लेषणे 1365 लिख अक्षरविन्यासे 1366 कुट कौटिल्ये 1367 पुट संश्लेषणे 1368 कुच सङ्कोचने 1369 गुज शब्दे 1370 गुड रक्षायाम् 1371 डिप क्षेपे 1372 छुर छेदने 1373 स्फुट विकसने 1374 मुट आक्षेपमर्दनयोः 1375 त्रुट छेदने 1376 तुट कलहकर्मणि 1377 चुट 1378 छुट छेदने 1379 जुड बन्धने 1380 कड मदे 1381 लुट संश्लेषणे 1382 कृड घनत्वे 1383 कुड बाल्ये 1384 पुड उत्सर्गे 1385 घुट प्रतिघाते 1386 तुड तोडने 1387 थुड 1388 स्थुड संवरणे 1389 स्फुर 1390 स्फुल सञ्चलने 1391 स्फुड 1392 चुड 1393 व्रुड संवरणे 1394 क्रुड 1395 भृड निमज्जन इत्येके 1396 गुरी उद्यमने 1397 णू स्तवने 1398 धू विधूनने 1399 गु परिषोत्सर्गे 1400 ध्रु गतिस्थैर्ययोः 1401 कुङ् शब्दे 1402 पृङ् व्यायामे 1403 मृङ् प्राणत्यागे 1404 रि 1405 पि गतौ 1406 धि धारणे 1407 क्षि निवासगत्योः 1408 षू प्रेरणे 1409 कॄ विक्षेपे 1410 गॄ निगरणे 1411 दृङ् आदरे 1412 धृङ् अवस्थाने 1413 प्रच्छ ज्ञीप्सायाम् 1414 सृज विसर्गे 1415 टुमस्जो शुद्धौ 1416 रुजो भङ्गे 1417 भुजो कौटिल्ये 1418 छुप स्पर्शे 1419 रुश 1420 रिश हिंसायाम् 1421 लिश गतौ 1422 स्पृश संस्पर्शने 1423 विच्छ गतौ 1424 विश प्रवेशने 1425 मृश आमर्शने 1426 णुद प्रेरणे 1427 षद्लृ विशरण-गति-अवसादनेषु 1428 शद्लृ शातने 1429 मिल सङ्गमे 1430 मुच्लृ मोक्षणे 1431 लुप्लृ छेदने 1432 विद्लृ लाभे 1433 लिप उपदेहे 1434 षिच क्षरणे 1435 कृती छेदने 1436 खिद परिघाते 1437 पिश अवयवे 1438 रुधिर् आवरणे 1439 भिदिर् विदारणे 1440 छिदिर् द्वैधीकरणे 1441 रिचिर् विरेचने 1442 विचिर् पृथग्भावे 1443 क्षुदिर् सम्पेषणे 1444 युजिर् योगे 1445 उछृदिर् दीप्तिदेवनयोः 1446 उतृदिर् हिंसाऽनादरयोः 1447 कृती वेष्टने 1448 ञिइन्धी दीप्तौ 1449 खिद दैन्ये 1450 विद विचारणे 1451 शिष्लृ विशेषणे 1452 पिष्लृ सञ्चूर्णने 1453 भञ्जो आमर्दने 1454 भुज पालनाभ्यवहारयोः 1455 तृह 1456 हिसि हिंसायाम् 1457 उन्दी क्लेदने 1458 अञ्जू व्यक्तिम्रक्षणकान्तिगतिषु 1459 तञ्चू सङ्कोचने 1460 ओविजी भयचलनयोः 1461 वृजी वर्जने 1462 पृची सम्पर्के 1463 तनु विस्तारे 1464 षणु दाने 1465 क्षणु हिंसायाम् 1466 क्षिणु च 1467 ऋणु गतौ 1468 तृणु अदने 1469 घृणु दीप्तौ 1470 वनु याचने 1471 मनु अवबोधने 1472 डुकृञ् करणे 1473 डुक्रीञ् द्रव्यविनिमये 1474 प्रीञ् तर्पणे कान्तौ च 1475 श्रीञ् पाके 1476 मीञ् हिंसायाम् 1477 षिञ् बन्धने 1478 स्कुञ् आप्रवणे 1479 युञ् बन्धने 1480 क्नूञ् शब्दे 1481 द्रूञ्

हिंसायाम् 1482 पूञ् पवने 1483 लूञ् छेदने 1484 स्तॄञ् आच्छादने 1485 कॄञ् हिंसायाम् 1486 वॄञ् वरणे 1487 धूञ् कम्पने 1488 शॄ हिंसायाम् 1489 पॄ पालनपूरणयोः 1490 वॄ वरणे 1491 भॄ भर्त्सने 1492 मॄ हिंसायाम् 1493 दॄ विदारणे 1494 जॄ वयोहानौ 1495 नॄ नये 1496 कॄ हिंसायाम् 1497 ॠ गतौ 1498 गॄ शब्दे 1499 ज्या वयोहानौ 1500 री गतिरेषणयोः 1501 ली श्लेषणे 1502 व्ली वरणे 1503 प्ली गतौ 1504 व्री वरणे 1505 भ्री भये 1506 क्षीष् हिंसायाम् 1507 ज्ञा अवबोधने 1508 बन्ध बन्धने 1509 वृङ् संभक्तौ 1510 श्रन्थ विमोचनप्रतिहर्षयोः 1511 मन्थ विलोडने 1512 श्रन्थ 1513 ग्रन्थ सन्दर्भे 1514 कुन्थ संश्लेषणे 1515 मृद क्षोदे 1516 मृड च 1517 गुध रोषे 1518 कुष निष्कर्षे 1519 क्षुभ सञ्चलने 1520 णभ 1521 तुभ हिंसायाम् 1522 क्लिशू विबाधने 1523 अश भोजने 1524 उध्रस उञ्छे 1525 इष आभीक्ष्ण्ये 1526 विष विप्रयोगे 1527 प्रुष 1528 प्लुष स्नेहनसेवनपूरणेषु 1529 पुष पुष्टौ 1530 मुष स्तेये 1531 खच भूतप्रादुर्भावे 1532 हिठ च 1533 ग्रह उपादाने 1534 चुर स्तेये 1535 चिति स्मृत्याम् 1536 यत्रि सङ्कोचने 1537 स्फुडि परिहासे 1538 लक्ष दर्शनाङ्कनयोः 1539 कुद्रि अनृतभाषणे 1540 लड उपसेवायाम् 1541 मिदि स्नेहने 1542 ओलडि उत्क्षेपणे 1543 जल अपवारणे 1544 पीड अवगाहने 1545 णट अवस्यन्दने 1546 श्रथ प्रयत्ने 1547 बध संयमने 1548 पॄ पूरणे 1549 ऊर्ज बलप्राणनयोः 1550 पक्ष परिग्रहे 1551 वर्ण 1552 चूर्ण प्रेरणे 1553 प्रथ प्रख्याने 1554 पृथ प्रक्षेपे 1555 षम्ब सम्बन्धने 1556 शम्ब च 1557 भक्ष अदने 1558 कुट्ट छेदनभर्त्सयोः 1559 पुट्ट 1560 चुट्ट अल्पीभावे 1561 अट्ट 1562 षुट्ट अनादरे 1563 लुण्ठ स्तेये 1564 शठ 1565 श्वठ असंस्कारगत्योः 1566 तुजि 1567 पिजि हिंसाबलादाननिकेतनेषु 1568 पिस गतौ 1569 षान्त्व सामप्रयोगे 1570 श्वल्क 1571 वल्क परिभाषणे 1572 ष्णिह स्नेहने 1573 स्मिट अनादरे 1574 श्लिष श्लेषणे 1575 पथि गतौ 1576 पिच्छ कुट्टने 1577 छदि संवरणे 1578 श्रण दाने 1579 तड आघाते 1580 खड 1581 खडि 1582 कडि भेदने 1583 कुडि रक्षणे 1584 गुडि वेष्टने 1585 खुडि खण्डने 1586 वटि विभाजने 1587 मडि भूषायां हर्षे च 1588 भडि कल्याणे 1589 छर्द वमने 1590 पुस्त 1591 बुस्त आदरानादरयोः 1592 चुद सञ्चोदने 1593 नक्क 1594 धक्क नाशने 1595 चक्क 1596 चुक्क व्यथने 1597 क्षल शौचकर्मणि 1598 तल प्रतिष्ठायाम् 1599 तुल उन्माने 1600 दुल उत्क्षेपे 1601 पुल महत्त्वे 1602 चुल समुच्छ्राये 1603 मूल रोहणे 1604 कल 1605 विल क्षेपे

1606 बिल भेदने 1607 तिल स्नेहने 1608 चल भृतौ 1609 पाल रक्षणे 1610 लूष हिंसायाम् 1611 शुल्ब माने 1612 शूर्प च 1613 चुट छेदने 1614 मुट सञ्चूर्णने 1615 पडि 1616 पसि नाशने 1617 व्रज मार्गसंस्कारगत्योः 1618 शुल्क अतिस्पर्शने 1619 चपि गत्याम् 1620 क्षपि क्षान्त्याम् 1621 छजि कृच्छ्रजीवने 1622 श्वर्त गत्याम् 1623 श्वभ्र च 1624 ज्ञप ज्ञानज्ञापनमारणतोषणनिशाननिशामनेषु 1625 यम च परिवेषणे 1626 चप परिकल्कने 1627 रह त्यागे 1628 बल प्राणने 1629 चिञ् चयने 1630 घट्ट चलने 1631 मुस्त सङ्घाते 1632 खट्ट संवरणे 1633 षट्ट 1634 स्फिट्ट 1635 चुबि हिंसायाम् 1636 पूल सङ्घाते 1637 पुंस अभिवर्धने 1638 टकि बन्धने 1639 धूस कान्तिकरणे 1640 कीट वर्णे 1641 चूर्ण सङ्कोचने 1642 पूज पूजायाम् 1643 अर्क स्तवने तपने च 1644 शुठ आलस्ये 1645 शुठि शोषणे 1646 जुड प्रेरणे 1647 गज 1648 मार्ज शब्दार्थौ 1649 मर्च च 1650 घृ प्रस्रवणे 1651 पचि विस्तारवचने 1652 तिज निशातने 1653 कृत संशब्दने 1654 वर्ध छेदनपूरणयोः 1655 कुबि आच्छादने 1656 लुबि 1657 तुबि अदर्शने 1658 ह्लप व्यक्तायां वाचि 1659 चुटि छेदने 1660 इल प्रेरणे 1661 म्रक्ष म्लेच्छने 1662 म्लेच्छ अव्यक्तायां वाचि 1663 ब्रूस 1664 बर्ह हिंसायाम् 1665 गुर्द पूर्वनिकेतने 1666 जसि रक्षणे 1667 ईड स्तुतौ 1668 जसु हिंसायाम् 1669 पिडि सङ्घाते 1670 रुष रोषे 1671 डिप क्षेपे 1672 ष्टुप समुच्छ्राये 1673 चित सञ्चेतने 1674 दशि दंशने 1675 दसि दर्शनदंशनयोः 1676 डप 1677 डिप संघाते 1678 तत्रि कुटुम्बधारणे 1679 मत्रि गुप्तपरिभाषणे 1680 स्पश ग्रहणसंश्लेषणयोः 1681 तर्ज 1682 भर्त्स तर्जने 1683 बस्त 1684 गन्ध अर्दने 1685 विष्क हिंसायाम् 1686 निष्क परिमाणे 1687 लल ईप्सायाम् 1688 कूण सङ्कोचे 1689 तूण पूरणे 1690 भ्रूण आशाविशङ्कयोः 1691 शठ श्लाघायाम् 1692 यक्ष पूजायाम् 1693 स्यम वितर्के 1694 गूर उद्यमने 1695 शम 1696 लक्ष आलोचने 1697 कुत्स अवक्षेपणे 1698 कुट छेदने 1699 गल स्रवणे 1700 भल आभण्डने 1701 कूट आप्रदाने 1702 कुट्ट प्रतापने 1703 वञ्चु प्रलम्भने 1704 वृष शक्तिबन्धने 1705 मद तृप्तियोगे 1706 दिवु परिकूजने 1707 गृ विज्ञाने 1708 विद चेतनाख्यानानिवासेषु 1709 मान (मन) स्तम्भे 1710 यु जुगुप्सायाम् 1711 कुस्म नाम्नो वा कुत्सितस्मयने 1712 चर्च अध्ययने 1713 बुक्क भाषणे 1714 शब्द उपसर्गाद्आविष्कारे च 1715 कण निमीलने 1716 जभि नाशने 1717 षूद क्षरणे 1718 जसु ताडने 1719 पश बन्धने 1720 अम रोगे 1721 चट 1722 स्फुट भेदने

1723 घट सङ्घाते । हन्त्यार्थाः च 1724 दिवु मर्दने 1725 अर्ज प्रतियत्ने 1726 घुषिर् विशब्दने 1727 आङःक्रन्द सातत्ये 1728 लस शिल्पयोगे 1729 तसि 1730 भूष अलङ्करणे 1731 अर्ह पूजायाम् 1732 ज्ञा नियोगे 1733 भज विश्राणने 1734 शृधु प्रसहने 1735 यत निकारोपस्कारयोः 1736 रक 1737 लग आस्वादने 1738 अञ्चु विशेषणे 1739 लिगि चित्रीकरणे 1740 मुद संसर्गे 1741 त्रस धारणे 1742 उध्रस उञ्छे 1743 मुच प्रमोचने मोदने च 1744 वस स्नेहच्छेदापहरणेषु 1745 चर संशये 1746 च्यु सहने 1747 भू अवकल्कने 1748 कृप च 1749 ग्रस ग्रहणे 1750 पुष धारणे 1751 दल विदारणे 1752 पट 1753 पुट 1754 लुट 1755 तुजि 1756 मिजि 1757 पिजि 1758 लुजि 1759 भजि 1760 लघि 1761 त्रसि 1762 पिसि 1763 कुसि 1764 दशि 1765 कुशि 1766 घट 1767 घटि 1768 बृहि 1769 बर्ह 1770 बल्ह 1771 गुप 1772 धूप 1773 विच्छ 1774 चीव 1775 पुथ 1776 लोकृ 1777 लोचृ 1778 णद 1779 कुप 1780 तर्क 1781 वृतु 1782 वृधु भाषार्थाः भासार्थाः वा 1783 रुट 1784 लजि 1785 अजि 1786 दसि 1787 भृशि 1788 रुशि 1789 शीक 1790 रुसि 1791 नट 1792 पुटि 1793 जि 1794 चि 1795 रघि 1796 लघि 1797 अहि 1798 रहि 1799 महि च 1800 लडि 1801 तड 1802 नल च 1803 पूरी आप्यायने 1804 रुज हिंसायाम् 1805 ष्वद आस्वादने 1806 युज 1807 पृच संयमने 1808 अर्च पूजायाम् 1809 षह मर्षणे 1810 ईर क्षेपे 1811 ली द्रवीकरणे 1812 वृजी वर्जने 1813 वृञ् आवरणे 1814 जॄ वयोहानौ 1815 ज्रि च 1816 रिच वियोजनसम्पर्चनयोः 1817 शिष असर्वोपयोगे 1818 तप दाहे 1819 तृप तृप्तौ संदीपने च 1820 छृदी सन्दीपने 1821 दृभी गन्थे 1822 दृभ सन्दर्भे 1823 श्रथ मोक्षणे 1824 मी गतौ 1825 ग्रन्थ बन्धने 1826 शीक आमर्षणे 1827 चीक च 1828 अर्द हिंसायाम् 1829 हिसि हिंसायाम् 1830 अर्ह पूजायाम् 1831 आङः षद पद्यर्थे 1832 शुन्ध शौचकर्मणि 1833 छद अपवारणे 1834 जुष परितर्कणे 1835 धूञ् कम्पने 1836 प्रीञ् तर्पणे 1837 श्रन्थ 1838 ग्रन्थ सन्दर्भे 1839 आप लृम्भने 1840 तनु श्रद्धोपकरणयोः 1841 वद सन्देशवचने 1842 वच परिभाषणे 1843 मान पूजायाम् 1844 भू प्राप्तौ 1845 गर्ह विनिन्दने 1846 मार्ग अन्वेषणे 1847 कठि शोके 1848 मृजू शौचालङ्करणयोः 1849 मृष तितिक्षायाम् 1850 धृष प्रसहने 1851 कथ वाक्यप्रबन्धे 1852 वर ईप्सायाम् 1853 गण सङ्ख्याने 1854 शठ 1855 श्वठ सम्यगवभाषणे 1856 पट 1857 वट ग्रन्थे

1858 रह त्यागे 1859 स्तन 1860 गदी देवशब्दे 1861 पत गतौ वा 1862 पष अनुपसर्गात् 1863 स्वर आक्षेपे 1864 रच प्रतियत्ने 1865 कल गतौ सङ्ख्याने च 1866 चह परिकल्कने 1867 मह पूजायाम् 1868 सार 1869 कृप 1870 श्रथ दौर्बल्ये 1871 स्पृह ईप्सायाम् 1872 भाम क्रोधे 1873 सूच पैशुन्ये 1874 खेट भक्षणे 1875 क्षोट क्षेपे 1876 गोम उपलेपने 1877 कुमार क्रीडायाम् 1878 शील उपधारणे 1879 साम सान्त्वप्रयोगे 1880 वेल कालोपदेशे 1881 पल्पूल लवनपवनयोः 1882 वात सुखसेवनयोः 1883 गवेष मार्गणे 1884 वास उपसेवायाम् 1885 निवास आच्छादने 1886 भाज पृथक्कर्मणि 1887 सभाज प्रीतिदर्शनयोः 1888 ऊन परिहाणे 1889 ध्वन शब्दे 1890 कूट परितापे । 1891 सङ्केत 1892 ग्राम 1893 कुण 1894 गुण चामन्त्रणे 1895 केत श्रावणे निमन्त्रणे च 1896 कूट सङ्कोचनेऽपि 1897 स्तेन चौर्ये । 1898 पद गतौ 1899 गृह ग्रहणे 1900 मृग अन्वेषणे 1901 कुह विस्मापने 1902 शूर 1903 वीर विक्रान्तौ 1904 स्थूल परिबृंहणे 1905 अर्थ उपयाच्ञायाम् 1906 सत्र सन्तानक्रियायाम् 1907 गर्व माने 1908 सूत्र वेष्टने 1909 मूत्र प्रस्रवणे 1910 रुक्ष पारुष्ये 1911 पार 1912 तीर कर्मसमाप्तौ 1913 पुट संसर्गे 1914 धेक दर्शन इत्येके 1915 कत्र शैथिल्ये 1916 वल्क दर्शने 1917 चित्र चित्रीकरणे 1918 अंस समाघाते 1919 वट विभाजने 1920 लज प्रकाशने 1921 मिश्र सम्पर्के 1922 सङ्ग्राम युद्धे 1923 स्तोम श्लाघायाम् 1924 छिद्र कर्णभेदने 1925 अन्ध दृष्ट्युपघाते 1926 दण्ड दण्डनिपातने 1927 अङ्क पदे लक्षणे च 1928 अङ्ग च 1929 सुख 1930 दुःख तत्क्रियायाम् 1931 रस आस्वादनस्नेहनयोः 1932 व्यय वित्तसमुत्सर्गे 1933 रूप रूपक्रियायाम् 1934 छेद द्वैधीकरणे 1935 छद अपवारणे 1936 लाभ प्रेरणे 1937 व्रण गात्रविचूर्णने 1938 वर्ण वर्णक्रियाविस्तारगुणवचनेषु 1939 पर्ण हरितभावे 1940 विष्क दर्शने 1941 क्षिप प्रेरणे 1942 वस निवासे 1943 तुत्थ आवरणे ॥

ॐ

अथ धातु-अनुक्रमणिका

Alphabetical Index of Dhatus

Contains 2056 Dhatus

Indexed on Original Dhatu as in Dhatu Sutra by Panini

Col 1	Col 2		Col 3
Conjugation Group No	SN	a	धातु

The SN given here is a Dhatu Number that is unique throughout the book. It also matches the Dhatu Number given in most published dhatupatha books and as such makes it easy to locate any Dhatu precisely.

The commonly occurring dhatus in Sanskrit literature have been marked by a highlight (on their conjugation group no, so that the dhatu is clearly readable).
Such dhatus are 662 in number.
Most school and beginner grammar books list only these.

जय गुरुदेव

		अ
10	1918	अंस
1	792	अक
1	87	अकि
1	654	अक्षू
1	793	अग
1	146	अगि
1	109	अघि
10	1927	अङ्क
10	1928	अङ्ग
1	862 c	अचि
1	862 b	अचु
1	230	अज
10	1785	अजि
1	188	अञ्चु
1	862 a	अञ्चु
10	1738	अञ्चु
7	1458	अञ्जू
1	295	अट
1	254	अट्ट
10	1561	अट्ट
1	261	अठि
1	358	अड
1	348	अड्ड
1	444	अण
4	1175	अण
1	38	अत

1	61	अति
2	1011	अद
1	62	अदि
2	1070	अन
4	1174	अनोरुध
10	1925	अन्ध
1	378	अबि
1	385 b	अभि
1	556	अभ्र
1	465	अम
10	1720	अम
1	474	अय
10	1643	अर्क
1	204	अर्च
10	1808	अर्च
1	224	अर्ज
10	1725	अर्ज
10	1905	अर्थ
1	55	अर्द
10	1828	अर्द
1	415	अर्ब
1	584	अर्व
1	740	अर्ह
10	1731	अर्ह
10	1830	अर्ह
1	515	अल
1	600	अव

9	1523	अश
5	1264	अशू
1	886 b	अष
1	886 a	अस
2	1065	अस
4	1209	असु
5	1272	अह
1	635	अहि
10	1797	अहि
		आ
10	1831	आङःषद
10	1727	आङःक्रन्द
1	629	आङःशसि
2	1022	आङःशासु
1	209	आछि
5	1260	आपॢ
10	1839	आपॢ
2	1021	आस
		इ
2	1047	इक्
1	140	इख
1	141	इखि
1	153	इगि
2	1046	इङ्
1	318	इट
2	1045	इण्
1	63	इदि

6	1357	इल
10	1660	इल
1	587	इवि
4	1127	इष
6	1351	इष
9	1525	इष

ई

1	610	ईक्ष
1	142	ईखि
4	1143	ईङ्
1	182	ईज
2	1019	ईड
10	1667	ईड
2	1018	ईर
10	1810	ईर
1	510	ईर्क्ष्य
1	511	ईर्ष्य
2	1020	ईश
4	1165	ईशुचिर्
1	611	ईष
1	684	ईष
1	632	ईह

उ

1	657	उक्ष
1	128	उख
1	129	उखि
1	953	उङ्
1	954 b	उङ्
4	1223	उच
1	215	उछि
6	1294	उछि
1	216	उछी
6	1295	उछी
7	1445	उछृदिर्
6	1304	उज्झ
1	338 a	उठ
7	1446	उतृदिर्
9	1524	उध्रस
10	1742	उध्रस
7	1457	उन्दी
1	876	उबुन्दिर्
6	1303	उब्ज
6	1319	उभ
6	1320	उम्भ
1	20	उर्द
1	569	उर्वी
1	696	उष
1	739	उहिर्

ऊ

1	338 b	ऊठ
10	1888	ऊन
1	483	ऊयी
10	1549	ऊर्ज
2	1039	ऊर्णुञ्
1	683	ऊष
1	648	ऊह

ऋ

1	936	ऋ
3	1098	ऋ
6	1302	ऋच
6	1296	ऋच्छ
1	176	ऋज
1	177	ऋजि
8	1467	ऋणु
4	1245	ऋधु
5	1271 a	ऋधु
6	1315	ऋफ
6	1316	ऋम्फ
6	1287	ऋषी

ॠ

9	1497	ॠ

ऌ

no entry

ए

1	179	एजृ
1	234	एजृ
1	267	एठ
1	2	एध
1	618	एषृ

		ऐ
		no entry
		ओ
1	121	ओखृ
1	454	ओणृ
1	488	ओप्यायी
6	1290	ओलजी
10	1542	ओलडि
6	1291	ओलस्जी
6	1289	ओविजी
7	1460	ओविजी
1	921	ओवै
6	1292	ओव्रश्चू
3	1090	ओहाक्
3	1089	ओहाङ्
		औ
		no entry
		क
1	90	कक
1	94	ककि
1	120	कख
1	784	कखे
1	791	कगे
1	168	कच
1	169	कचि
1	320	कटी
1	294 a	कटे
1	333	कठ
1	264	कठि
10	1847	कठि
1	360 a	कड
6	1380	कड
1	282	कडि
1	360 b	कडि
10	1582	कडि
1	349	कड्ड
1	449	कण
1	794	कण
10	1715	कण
1	37	कत्थ
10	1915 a	कत्र
10	1851	कथ
1	70	कदि
1	772	कदि
1	460	कनी
1	375	कपि
1	380	कबृ
1	443	कमु
1	228	कर्ज
10	1924 b	कर्ण
10	1915 b	कर्त
1	59	कर्द
1	420	कर्ब
1	581	कर्व
1	497	कल
10	1604	कल
10	1865	कल
1	498	कल्ल
2	1024 c	कश
1	685	कष
1	860	कस
2	1024 b	कस
2	1024 a	कसि
1	667	काङ्क्षि
1	170	काचि
10	1880 b	काल
1	647	काशृ
4	1162	काशृ
1	623	कासृ
3	1101	कि
1	301	किट
1	319	किट
1	993	कित
6	1353	किल
10	1640	कीट
1	524	कील
2	1042	कु
1	91	कुक
1	951	कुङ्
1	954 c	कुङ्
6	1401 a	कुङ्

1	184	कुच
1	857	कुच
6	1368	कुच
1	199	कुजु
1	185	कुञ्च
6	1366	कुट
10	1698 a	कुट
10	1558	कुट्ट
10	1702	कुट्ट
1	342	कुठि
10	1584 b	कुठि
6	1383	कुड
1	270	कुडि
1	322	कुडि
10	1583	कुडि
6	1335	कुण
10	1893	कुण
10	1697	कुत्स
4	1118	कुथ
9	1514 b	कुथ
1	43	कुथि
10	1539	कुद्रि
9	1514 a	कुन्थ
4	1233	कुप
10	1779	कुप
1	426	कुबि
10	1655 a	कुबि
10	1655 b	कुभि
10	1877	कुमार
6	1341	कुर
1	21	कुर्द
1	842	कुल
10	1765	कुशि
9	1518	कुष
4	1218	कुस
10	1763	कुसि
10	1711	कुस्म
10	1901	कुह
6	1401 b	कूङ्
1	223	कूज
10	1701	कूट
10	1890	कूट
10	1896	कूट
10	1688	कूण
1	525	कूल
5	1253	कृञ्
6	1382	कृड
6	1435	कृती
7	1447	कृती
10	1869	कृप
1	762	कृपू
1	598	कृवि
4	1227	कृश
1	990	कृष
6	1286	कृष
6	1409	कॄ
9	1496	कॄ
9	1485	कॄञ्
10	1653	कॄत
10	1748	कॢप
10	1895	केत
1	368	केपृ
1	537	केलृ
1	916	कै
1	800	क्नथ
4	1113	क्नसु
9	1480	क्नूञ्
1	485	क्नूयी
1	555	क्मर
1	801	क्रथ
1	71	क्रदि
1	773	क्रदि
1	771	क्रप
1	473	क्रमु
1	350	क्रीडृ
1	186	क्रुञ्च
6	1394	क्रुड
4	1189	क्रुध
1	856	क्रुश

1	802	क्लथ
1	72	क्लदि
1	774	क्लदि
10	1658 b	क्लप
4	1207	क्लमु
1	15	क्लिदि
1	73	क्लिदि
4	1242	क्लिदू
4	1161	क्लिश
9	1522	क्लिशू
1	381	क्लीबृ
1	958 b	क्लुङ्
1	506 d	क्लेवृ
1	607	क्लेश
1	450	क्वण
1	846	क्वथे

क्ष

1	769	क्षजि
8	1465	क्षणु
10	1620	क्षपि
4	1206	क्षमू
1	442	क्षमूष्
1	851	क्षर
10	1597	क्षल
1	236	क्षि
5	1276	क्षि
6	1407	क्षि
8	1466	क्षिणु
4	1121	क्षिप
6	1285	क्षिप
10	1941	क्षिप
1	567 b	क्षिवु
1	237	क्षीज
1	382	क्षीबृ
1	567 a	क्षीवु
9	1506	क्षीष्
7	1443	क्षुदिर्
4	1190	क्षुध
1	751	क्षुभ
4	1239	क्षुभ
9	1519	क्षुभ
6	1344	क्षुर
1	568	क्षेवु
1	816 e	क्षै
1	913	क्षै
10	1875	क्षोट
2	1037	क्ष्णु
1	486	क्ष्मायी
1	520	क्ष्मील
1	539	क्ष्वेलृ

ख

9	1531	खच
1	232	खज
1	233	खजि
1	309	खट
10	1632	खट्ट
10	1580	खड
1	283	खडि
10	1581	खडि
1	50	खद
1	878	खनु
1	229	खर्ज
1	60	खर्द
1	421	खर्ब
1	582	खर्व
1	545	खल
1	686	खष
1	49	खादृ
1	302	खिट
4	1170	खिद
6	1436	खिद
7	1449	खिद

1	954 d	खुङ्
1	200	खुजु
6	1388 b	खुड
10	1585	खुडि
6	1342	खुर
1	22	खुर्द
10	1874 a	खेट
10	1874 b	खेड
1	538	खेलृ
1	506 c	खेवृ
1	912	खै
1	552	खोरृ
1	551	खोलृ
2	1060	ख्या

ग

1	246	गज
10	1647	गज
1	247	गजि
1	777	गड
1	65	गडि
1	361	गडि
10	1853	गण
1	52	गद
10	1860	गदी
10	1684	गन्ध
1	982	गमॢ
1	226	गर्ज
10	1664 b	गर्ज
1	57	गर्द
10	1664 c	गर्द
10	1664 d	गर्ध
1	422	गर्ब
1	583	गर्व
10	1907	गर्व
1	636	गर्ह
10	1845	गर्ह
1	546	गल
10	1699	गल
1	392	गल्भ
1	637	गल्ह
10	1883	गवेष
3	1106	गा
1	950	गाङ्
1	4	गाधृ
1	649	गाहू
6	1399	गु
1	949	गुङ्
1	954 e	गुङ्
6	1369	गुज
1	203	गुजि
10	1584 c	गुठि
6	1370	गुड
10	1584 a	गुडि
10	1894	गुण
1	24	गुद
4	1120	गुध
9	1517	गुध
1	970	गुप
4	1234	गुप
10	1771	गुप
1	395	गुपू
6	1317	गुफ
6	1318	गुम्फ
6	1396	गुरी
1	23	गुर्द
10	1665	गुर्द
1	574	गुर्वी
1	896	गुहू
10	1694	गूर
4	1154	गूरी
1	937	गृ
10	1707	गृ
1	248	गृज
1	249	गृजि
4	1246	गृधु
10	1899	गृह
1	650	गृहू
6	1410	गॄ
9	1498	गॄ

1	369	गेपृ
1	502	गेवृ
1	614 a	गेषृ
1	917	गै
10	1876	गोम
1	257	गोष्ट
1	36	ग्रथि
9	1513	ग्रन्थ
10	1825	ग्रन्थ
10	1838	ग्रन्थ
10	1749	ग्रस
1	630	ग्रसु
9	1533	ग्रह
10	1892	ग्राम
1	197	ग्रुचु
1	631	ग्लसु
1	651	ग्लह
1	198	ग्लुचु
1	201	ग्लुञ्चु
1	366	ग्लेपृ
1	370	ग्लेपृ
1	503	ग्लेवृ
1	614 b	ग्लेषृ
1	903	ग्लै

घ

1	159	घघ
1	763	घट
10	1723	घट
10	1766	घट
10	1767	घटि
1	259	घट्ट
10	1630	घट्ट
1	715	घसॢ
1	434	घिणि
1	952	घुङ्
1	954 f	घुङ्
1	746	घुट
6	1385	घुट
1	437	घुण
6	1338	घुण
1	435	घुणि
6	1345	घुर
1	652	घुषि
1	653	घुषिर्
10	1726	घुषिर्
4	1155	घूरी
1	438	घूर्ण
6	1339	घूर्ण
1	938	घृ
3	1096	घृ
10	1650	घृ
1	436	घृणि
8	1469	घृणु
1	708	घृषु
1	926	घ्रा

ङ

1	954 a	ङुङ्

च

1	93	चक
1	783	चक
2	1074	चकासृ
10	1595	चक्क
2	1017	चक्षिङ्
1	190	चञ्चु
10	1721	चट
1	294 b	चटे
1	278	चडि
1	796	चण
1	865	चते
1	68	चदि
1	866	चदे
10	1840 b	चन
1	399	चप
10	1626 a	चप

10	1619	चपि
1	469	चमु
5	1274	चमु
1	478	चय
1	559	चर
10	1745	चर
2	1081	चर्करीतं
1	717	चर्च
6	1299	चर्च
10	1712	चर्च
1	425	चर्ब
1	579	चर्व
1	832	चल
6	1356	चल
10	1608	चल
1	812	चलिः
1	889	चष
1	729	चह
10	1626 b	चह
10	1866	चह
1	880	चायृ
10	1794 a	चि
5	1251	चिञ्
10	1629	चिञ्
1	315	चिट
10	1673	चित
10	1535	चिति
1	39	चिती
10	1917	चित्र
5	1277	चिरि
6	1355	चिल
1	533	चिल्ल
10	1827	चीक
1	384	चीभृ
10	1774	चीव
1	879	चीवृ
10	1596	चुक्क
1	513 b	चुच्य
6	1377	चुट
10	1613	चुट
10	1659	चुटि
10	1560	चुट्ट
6	1392	चुड
1	325	चुडि
1	347	चुड्ड
10	1592	चुद
1	403	चुप
1	429	चुबि
10	1635	चुबि
10	1534	चुर
10	1602	चुल
1	531	चुल्ल
4	1158	चूरी
10	1552	चूर्ण
10	1641	चूर्ण
1	673	चूष
6	1324	चृती
10	1820 b	चृप
1	536	चेलृ
1	256	चेष्ट
10	1746 a	च्यु
1	955	च्युङ्
1	40	च्युतिर्
10	1746 b	च्युस
		छ
10	1621	छजि
10	1833	छद
10	1935	छद
10	1577	छदि
1	813	छदिर्
1	470	छमु
10	1589	छर्द
1	890	छष
7	1440	छिदिर्
10	1924 a	छिद्र

6	1378	छुट
6	1388 c	छुड
6	1418	छुप
6	1372	छुर

10	1820 a	छृदी
10	1820 c	छृप
10	1934	छेद
4	1146	छो

ज

2	1071	जक्ष
1	242	जज
1	243	जजि
1	305	जट
3	1105	जन
4	1149	जनी
1	397	जप
10	1716	जभि
1	388	जभी
1	471	जमु
1	716	जर्ज
6	1298	जर्ज
1	833	जल
10	1543	जल
1	398	जल्प
1	688	जष
10	1666	जसि
4	1211	जसु
10	1668	जसु
10	1718	जसु

2	1072	जागृ

1	561	जि
1	946	जि
10	1793	जि
5	1278	जिरि
1	594	जिवि
1	697	जिषु

1	562	जीव

1	157	जुगि
10	1794 b	जुचि
6	1326	जुड
6	1379	जुड
10	1646	जुड
1	32	जुतृ
10	1834	जुष
6	1288	जुषी
4	1156	जूरी
1	681	जूष
1	389	जृभि
9	1494 a	जॄ
10	1814	जॄ
4	1130	जॄष्

1	616	जेषृ
1	644	जेहृ

1	914	जै

ज्ञ (ज् ञ)

10	1624	ज्ञप
1	811	ज्ञा
9	1507	ज्ञा
10	1732	ज्ञा

9	1499	ज्या

1	956	ज्युङ्

1	947	ज्रि
10	1815	ज्रि

1	776	ज्वर
1	804	ज्वल
1	831	ज्वल

		झ			ट	1	968	डीङ्
1	306	झट	10	1638	टकि	4	1135	डीङ्
1	472	झमु	1	834	टल	8	1472	डुकृञ्
1	718	झर्झ	1	103	टिकृ	9	1473	डुक्रीञ्
6	1300	झर्झ	1	104	टीकृ	3	1091	डुदाञ्
1	689	झष	1	1010	टुओश्वि	3	1092	डुधाञ्
1	891	झष	1	235	टुओस्फूर्जा	1	996	डुपचष्
			2	1036	टुक्षु	3	1087	डुभृञ्
9	1494 b	झॄ	5	1256	टुदु	5	1250	डुमिञ्
4	1131	झॄष्	1	67	टुनदि	1	975	डुलभष्
			1	823	टुभ्राजृ	1	1003	डुवप्
		ञ	1	824	टुभ्राशृ			
7	1448	ञिइन्धी	1	825	टुभ्लाशृ			ढ
1	744 b	ञिक्ष्विदा	6	1415	टुमस्जो	1	98	ढौकृ
4	1244	ञिक्ष्विदा	1	863	टुयाचृ			ण
4	1228	ञितृषा	1	849	टुवम	1	662	णक्ष
1	775	ञित्वरा	1	367	टुवेपृ	1	134	णख्
5	1269	ञिधृषा	1	835	टुवल	1	135	णखि
1	516	ञिफला				1	310	णट
3	1084	ञिभि			ठ	1	781	णट
1	743	ञिमिदा			no entry	10	1545	णट
4	1243	ञिमिदा			ड	1	54	णद
2	1068	ञिष्वप	10	1676	डप	10	1778	णद
1	744 a	ञिष्विदा	4	1232	डिप	1	752	णभ
1	978	ञिष्विदा	6	1371	डिप	4	1240	णभ
4	1188 b	ञिष्विदा	10	1671	डिप	9	1520	णभ
			10	1677	डिप	1	981	णम

1	480	णय			त	1	489	तायृ
1	838	णल	1	117	तक	5	1266	तिक
4	1194	णश	1	118	तकि	1	105	तिकृ
1	627	णस	1	665	तक्ष	5	1267	तिग
4	1166	णह	1	655	तक्षू	1	971	तिज
			1	149	तगि	10	1652	तिज
1	625	णासृ	1	191	तञ्चु	1	362	तिपृ
			7	1459	तञ्चू	4	1123	तिम
1	659	णिक्ष	1	308	तट	1	534	तिल
2	1026	णिजि	10	1579	तड	6	1354	तिल
3	1093	णिजिर्	10	1801	तड	10	1607	तिल
1	66	णिदि	1	280	तडि	1	106	तीकृ
1	871	णिदृ	10	1678	तत्रि	10	1912	तीर
6	1360	णिल	8	1463	तनु	1	565	तीव
1	590	णिवि	10	1840 a	तनु	1	244	तुज
1	722	णिश	1	985	तप	10	1567 b	तुज
2	1025	णिसि	4	1159	तप	1	245	तुजि
			10	1818	तप	10	1566	तुजि
1	901	णीञ्	4	1202	तमु	10	1755	तुजि
1	522	णील	1	479	तय	6	1376	तुट
1	566	णीव	10	1780	तर्क	6	1386	तुड
2	1035	णु	1	227	तर्ज	1	276	तुडि
6	1282	णुद	10	1681	तर्ज	1	351	तुड्ड
6	1426	णुद	1	58	तर्द	6	1332	तुण
6	1397	णू	10	1598	तल	10	1943	तुत्थ
1	872	णेदृ	10	1729	तसि	6	1281	तुद
1	617	णेषृ	4	1212	तसु	1	404	तुप

6	1309	तुप
1	408	तुफ
6	1311	तुफ
1	428	तुबि
10	1657	तुबि
1	753	तुभ
4	1241	तुभ
9	1521	तुभ
1	405	तुम्प
6	1310	तुम्प
1	409	तुम्फ
6	1312	तुम्फ
3	1102	तुर
1	570	तुर्वी
10	1599	तुल
4	1184	तुष
1	710	तुस
1	737	तुहिर्
10	1689	तूण
4	1152	तूरी
1	527	तूल
1	674	तूष
1	661 b	तृक्ष
8	1468	तृणु
6	1350	तृन्हू
4	1195	तृप
5	1271 b	तृप

6	1307	तृप
10	1819	तृप
6	1308	तृम्फ
7	1455	तृह
6	1348	तृहू
1	969	तॄ
1	231	तेज
1	363	तेपृ
1	499	तेवृ
1	986	त्यज
1	97	त्रकि
1	660	त्रक्ष
1	155 c	त्रख
1	69	त्रदि
1	374	त्रपूष्
1	816 f	त्रपूष्
10	1741	त्रस
10	1761	त्रसि
4	1117	त्रसी
1	155 d	त्रिखि
6	1375	त्रुट
10	1698 b	त्रुट
1	406	त्रुप

1	410	त्रुफ
1	407	त्रुम्प
1	411	त्रुम्फ
1	965	त्रैङ्
1	99	त्रौकृ
1	656	त्वक्षू
1	150	त्वगि
6	1301	त्वच
1	192	त्वञ्चु
1	1001	त्विष
1	554	त्सर

थ

6	1387	थुड
1	571	थुर्वी

द

1	989	दंश
1	608	दक्ष
1	770	दक्ष
5	1273	दघ
10	1926	दण्ड
1	17	दद

1	8	दध
4	1203	दमु
5	1270	दम्भु
1	481	दय
2	1073	दरिद्रा
1	548	दल
1	816 b	दल
10	1751	दल
10	1674	दशि
10	1764	दशि
10	1675	दसि
10	1786	दसि
4	1213	दसु
1	991	दह
1	930	दाण्
1	994	दान
2	1059	दाप्
5	1279	दाश
1	882	दाशृ
1	894	दासृ
1	592	दिवि
4	1107	दिवु
10	1706	दिवु
10	1724	दिवु
6	1283	दिश
2	1015	दिह

1	609	दीक्ष
4	1134	दीङ्
2	1076	दीधीङ्
4	1150	दीपी
1	944	दु
10	1930	दुःख
1	572	दुर्वी
10	1600	दुल
4	1185	दुष
2	1014	दुह
1	738	दुहिर्
4	1133	दूङ्
5	1280	दृ
6	1411	दृङ्
4	1196	दृप
6	1313	दृप
10	1820 d	दृप
10	1822	दृभ
6	1323	दृभी
10	1821	दृभी
6	1314	दृम्फ
1	988	दृशिर्
1	733	दृह
1	734	दृहि

1	808	दॄ
9	1493	दॄ
1	962	देङ्
1	500	देवृ
1	924	दैप्
4	1148	दो
2	1040	द्यु
1	741	द्युत
1	905	द्यै
1	466	द्रम
2	1054	द्रा
1	670	द्राक्षि
1	124	द्राखृ
1	114 a	द्राघृ
1	287	द्राडृ
1	646	द्राह
1	945	द्रु
6	1337	द्रुण
4	1197	द्रुह
9	1481	द्रूञ्
1	78	द्रेकृ
1	906	द्रै
2	1013	द्विष

ध

10	1594	धक्क
3	1104	धन
1	597	धवि
1	601	धावु
6	1406	धि
1	603	धिक्ष
1	593	धिवि
3	1103	धिष
4	1136	धीङ्
1	602	धुक्ष
5	1255 a	धुञ्
1	573	धुर्वी
6	1398	धू
5	1255 b	धूञ्
9	1487	धूञ्
10	1835	धूञ्
1	396	धूप
10	1772	धूप
4	1153	धूरी
10	1639	धूस
1	960	धृङ्
6	1412	धृङ्
1	219	धृज
1	220	धृजि
1	900	धृञ्
10	1850	धृष
10	1914	धेक
1	902	धेट्
1	553	धोरृ
1	927	ध्मा
1	908	ध्यै
1	217	ध्रज
1	218	ध्रजि
1	459 a	ध्रण
1	671	ध्राक्षि
1	125	ध्राखृ
1	114 b	ध्राघृ
1	288	ध्राडृ
1	222 b	ध्रिज
1	943	ध्रु
6	1400 a	ध्रु
6	1400 b	ध्रुव
1	79	ध्रेकृ
1	907	ध्रै
1	755	ध्वंसु
1	221	ध्वज
1	222 a	ध्वजि
1	453	ध्वण
1	816 a	ध्वन
1	828	ध्वन
10	1889	ध्वन
1	672	ध्वाक्षि
1	939	ध्वृ

न

10	1593	नक्क
10	1791	नट
1	56	नर्द
10	1802	नल
1	6	नाथृ
1	7	नाधृ
10	1885	निवास
10	1686	निष्क
4	1116	नृती
1	809	नॄ
9	1495	नॄ

प

10	1550	पक्ष
1	174	पचि
10	1651	पचि
1	296	पट
10	1752	पट
10	1856	पट
1	330	पठ
1	281	पडि
10	1615	पडि
1	439	पण
10	1861	पत
1	845	पतॢ
10	1575	पथि
1	847	पथे
4	1169	पद
10	1898	पद
1	440	पन
1	476	पय
10	1939	पर्ण
1	29	पर्द
1	412	पर्प
1	416	पर्ब
1	577	पर्व
1	839	पल
10	1881	पल्पूल
10	1719	पश
10	1862	पष
10	1616	पसि
1	925	पा
2	1056	पा
10	1911	पार
10	1609	पाल
6	1405	पि
10	1576	पिच्छ
10	1567 c	पिज
2	1028	पिजि
10	1567 a	पिजि
10	1757	पिजि
1	311	पिट
1	339	पिठ
1	274	पिडि
10	1669	पिडि
1	588	पिवि
6	1437	पिश
7	1452	पिषॢ
10	1568	पिस
10	1762	पिसि
1	719	पिसृ
4	1141	पीङ्
10	1544	पीड
1	521	पील
1	563	पीव
10	1637	पुंस
6	1367	पुट
10	1753	पुट
10	1913	पुट
10	1792	पुटि
10	1559	पुट्ट
6	1384	पुड
1	326 b	पुडि
6	1333	पुण
4	1119	पुथ
10	1775	पुथ
1	44	पुथि
6	1346	पुर
1	576	पुर्व
1	841	पुल
10	1601	पुल
1	700	पुष
4	1182	पुष
9	1529	पुष
10	1750	पुष
4	1122	पुष्प
10	1590	पुस्त
1	966	पूङ्
10	1642	पूज
9	1482	पूञ्
1	484	पूयी
4	1151	पूरी
10	1803	पूरी

1	528	पूल
10	1636	पूल
1	675	पूष
5	1258	पृ
6	1402	पृङ्
10	1807	पृच
2	1030	पृची
7	1462	पृची
6	1328	पृड
6	1329	पृण
10	1554	पृथ
1	705	पृषु
3	1086	पॄ
9	1489	पॄ
10	1548	पॄ
1	541	पेलृ
1	504	पेवृ
1	615	पेषृ
1	720	पेसृ
1	920	पै
1	458 a	पैणृ
1	964	प्यैङ्
6	1413	प्रच्छ
1	765	प्रथ
10	1553	प्रथ
1	766	प्रस

2	1061	प्रा
4	1144	प्रीङ्
9	1474	प्रीञ्
10	1836	प्रीञ्
1	957	प्रुङ्
1	324	प्रुड
9	1527	प्रुष
1	703	प्रुषु
1	619	प्रेषृ
1	458 b	प्रैणृ
1	867	प्रोथृ
1	642	प्लिह
9	1503	प्ली
1	958 a	प्लुङ्
4	1115	प्लुष
4	1216	प्लुष
9	1528	प्लुष
1	704	प्लुषु
2	1055	प्सा

फ

1	116	फक्क
1	821	फण
1	530	फल
1	532	फुल्ल
1	542	फेलृ

ब

1	51	बद
1	973	बध
10	1547	बध
9	1508	बन्ध
1	418	बर्ब
1	638	बर्ह
10	1664 a	बर्ह
10	1769	बर्ह
1	840	बल
10	1628	बल
1	639	बल्ह
10	1770	बल्ह
10	1683	बस्त
1	633	बहि
1	286	बाडृ
1	5	बाधृ
1	645 b	बाहृ

1	317 a	बिट
1	64 a	बिदि
6	1359	बिल
10	1606	बिल
4	1217	बिस
1	119	बुक्क
10	1713	बुक्क
1	158	बुगि
1	858	बुध
4	1172	बुध
1	875	बुधिर्
4	1219	बुस
10	1591	बुस्त
1	735	बृह
1	736 a	बृहि
10	1768	बृहि
1	736 b	बृहिर्
6	1347 b	बृहू
2	1044	ब्रूञ्
10	1663	ब्रूस
		भ
10	1557	भक्ष
1	998	भज
10	1733	भज

10	1759	भजि
7	1453	भञ्जो
1	307	भट
1	780	भट
1	273	भडि
10	1588	भडि
1	447	भण
1	12	भदि
10	1682	भर्त्स
1	580	भर्व
1	495	भल
10	1700	भल
1	496	भल्ल
1	695	भष
3	1100	भस
2	1051	भा
10	1886	भाज
1	441	भाम
10	1872	भाम
1	612	भाष
1	624	भासृ
1	606	भिक्ष
1	64 b	भिदि
7	1439	भिदिर्
7	1454	भुज
6	1417	भुजो

1	1	भू
10	1747	भू
10	1844	भू
1	682	भूष
10	1730 a	भूष
1	178	भृजी
1	898	भृञ्
6	1395	भृड
10	1787	भृशि
4	1224	भृशु
9	1491	भॄ
1	883	भेषृ
1	628	भ्यस
1	756 b	भ्रंशु
4	1225	भ्रंशु
1	756 a	भ्रंसु
1	892	भ्रक्ष
1	452	भ्रण
1	850	भ्रमु
4	1205	भ्रमु
6	1284	भ्रस्ज
1	181	भ्राजृ

9	1505	भ्री
10	1690	भ्रूण
1	180	भ्रेजृ
1	884	भ्रेषृ
1	893	भ्लक्ष
1	885	भ्लेषृ
		म
1	89	मकि
1	132	मख
1	133	मखि
1	148	मगि
1	111	मघि
1	160	मघि
1	171	मच
1	173	मचि
1	332	मठ
1	263	मठि
1	272	मडि
1	321	मडि
10	1587	मडि
1	448	मण
10	1679	मत्रि
1	46	मथि
1	848	मथे
10	1705	मद

1	13	मदि
1	815	मदी
4	1208	मदी
4	1176	मन
8	1471	मनु
1	42	मन्थ
9	1511	मन्थ
1	558	मभ्र
1	477	मय
10	1649	मर्च
1	419	मर्ब
1	578	मर्व
1	493	मल
1	494	मल्ल
1	599	मव
1	508	मव्य
1	724	मश
1	692	मष
4	1221	मसी
1	102	मस्क
1	730	मह
10	1867	मह
1	634	महि
10	1799	महि
2	1062	मा
1	669	माक्षि
3	1088	माङ्

4	1142	माङ्
1	972	मान
10	1709	मान
10	1843	मान
10	1846	मार्ग
10	1648	मार्ज
1	895	माहृ
6	1297	मिच्छ
10	1756	मिजि
10	1541	मिदि
1	868	मिदृ
6	1364	मिल
6	1429	मिल
1	589	मिवि
1	723	मिश
10	1921	मिश्र
6	1352	मिष
1	699	मिषु
1	992	मिह
10	1824	मी
4	1137	मीङ्
9	1476	मीञ्
1	468	मीमृ
1	517	मील
1	564	मीव
10	1743	मुच
1	172	मुचि

6	1430	मुच्लृ
1	250	मुज
1	251	मुजि
6	1374	मुट
10	1614	मुट
1	265	मुठि
1	323	मुड
1	275	मुडि
1	326 a	मुडि
6	1334	मुण
1	16	मुद
10	1740	मुद
6	1343	मुर
1	212	मुर्च्छा
1	575	मुर्वी
9	1530	मुष
4	1220	मुस
10	1631	मुस्त
4	1198	मुह

1	967	मूङ्
10	1909	मूत्र
1	529	मूल
10	1603	मूल
1	676	मूष
1	664	मृक्ष
10	1900	मृग
6	1403	मृङ्
2	1066	मृजू
10	1848	मृजू
6	1327	मृड
9	1516	मृड
6	1331	मृण
9	1515	मृद
1	874	मृधु
6	1425	मृश
4	1164	मृष
10	1849	मृष
1	707	मृषु

9	1492	मॄ

1	961	मेङ्
1	869	मेदृ
1	870	मेधृ
1	371	मेपृ
1	505	मेवृ

10	1730 b	मोक्ष
1	929	म्ना
10	1661	म्रक्ष
1	767	म्रद
1	195	म्रुचु
1	193	म्रुञ्चु
1	293	म्रेडृ

1	196	म्लुचु
1	194	म्लुञ्चु

1	205	म्लेच्छ
10	1662	म्लेच्छ
1	292	म्लेटृ
1	506 a	म्लेवृ

1	904	म्लै

य

10	1692	यक्ष
1	1002	यज
10	1735	यत
1	30	यती
10	1536	यत्रि
1	980	यभ
1	984	यम
10	1625	यम
1	819	यमो
4	1210	यसु
2	1049	या
2	1033	यु
10	1710	यु
1	156	युगि

1	214	युच्छ
4	1177	युज
10	1806	युज
7	1444	युजिर्
9	1479	युञ्
1	31	युतृ
4	1173	युध
4	1235	युप
1	680	यूष
1	291	यौटृ

र

10	1736	रक
1	658	रक्ष
1	136	रख
1	137	रखि
10	1737 c	रग
1	144	रगि
1	785	रगे
10	1737 b	रघ
1	107	रघि
10	1795	रघि
10	1864	रच
1	999	रञ्ज
4	1167	रञ्ज
1	297	रट
1	334 a	रट
1	334 b	रठ
1	445	रण
1	795	रण
1	53	रद
4	1193	रध
1	401	रप
1	413	रफ
1	414	रफि
1	376	रबि
1	974	रभ
1	385 c	रभि
1	853	रमु
1	482	रय
1	596	रवि
1	713	रस
10	1931	रस
1	731	रह
10	1627	रह
10	1858	रह
1	732	रहि
10	1798	रहि
2	1057	रा
1	122	राखृ
1	112	राघृ
1	822	राजृ
4	1180	राध
5	1262	राध
1	626	रासृ
5	1275	रि
6	1404	रि
1	155 b	रिख
1	154	रिगि
10	1816	रिच
7	1441	रिचिर्
6	1306	रिफ
1	595	रिवि
6	1420	रिश
1	694	रिष
4	1231	रिष
9	1500	री
4	1138	रीङ्
2	1034	रु
10	1910	रुक्ष
1	959	रुङ्
1	745	रुच
10	1804	रुज
6	1416	रुजो
1	747	रुट
10	1670 b	रुट
10	1783	रुट
1	327	रुटि
1	336	रुठ
1	328 b	रुठि
1	345	रुठि

1	328 d	रुडि
2	1067	रुदिर्
7	1438	रुधिर्
4	1236	रुप
6	1419	रुश
10	1788	रुशि
1	693	रुष
4	1230	रुष
10	1670 a	रुष
10	1790	रुसि
1	859	रुह
10	1933	रूप
1	678	रूष
1	80	रेकृ
1	864	रेटृ
1	372	रेपृ
1	385 a	रेभृ
1	507	रेवृ
1	620	रेषृ
1	909	रै
1	356	रोडृ
1	355	रौडृ

ल

10	1538	लक्ष
10	1696	लक्ष
1	138	लख
1	139	लखि
10	1737 a	लग
1	145	लगि
1	786	लगे
1	108	लघि
10	1760	लघि
10	1796	लघि
1	206	लछ
1	238	लज
10	1920 a	लज
1	239	लजि
10	1567 d	लजि
10	1784	लजि
10	1920 c	लजि
1	298	लट
1	359 a	लड
10	1540	लड
10	1800	लडि
1	814	लडिः
1	402	लप
1	377	लबि
1	379	लबि
1	385 d	लभि
1	417	लर्ब
1	359 b	लल
10	1687	लल
1	888	लष

1	714	लस
10	1728	लस
2	1058	ला
1	123	लाखृ
1	113	लाघृ
1	207	लाछि
1	240	लाज
1	241	लाजि
10	1936	लाभ
6	1365	लिख
1	155 a	लिगि
10	1739	लिगि
6	1433	लिप
4	1179	लिश
6	1421	लिश
2	1016	लिह
9	1501	ली
10	1811	ली
4	1139	लीङ्
10	1567 e	लुजि
10	1758	लुजि
1	187	लुञ्चृ
1	314	लुट
1	748	लुट
4	1222	लुट
6	1381 a	लुट
10	1754	लुट

1	328 a	लुटि
1	337	लुठ
1	749	लुठ
6	1381 b	लुठ
1	328 c	लुठि
1	343	लुठि
1	346	लुठि
6	1381 c	लुड
1	328 e	लुडि
10	1563 b	लुण्ट
10	1563 a	लुण्ठ
1	45	लुथि
4	1237	लुप
6	1431	लुपॢ
1	427	लुबि
10	1656	लुबि
4	1238	लुभ
6	1305	लुभ
9	1483	लूञ्
1	677	लूष
10	1610	लूष
1	373	लेपृ
1	76	लोकृ
10	1776	लोकृ
1	164	लोचृ
10	1777	लोचृ
1	357	लोडृ
1	258	लोष्ट

व

1	88	वकि
1	95	वकि
1	663	वक्ष
1	130	वख
1	131	वखि
1	147	वगि
1	110	वघि
2	1063	वच
10	1842	वच
1	252	वज
1	189	वञ्चु
10	1703	वञ्चु
1	300	वट
1	779	वट
10	1857	वट
10	1919	वट
10	1586 a	वटि
10	1920 b	वटि
1	331	वठ
1	262	वठि
1	271	वडि
10	1586 b	वडि
1	446	वण
1	459 b	वण
1	1009	वद
10	1841	वद
1	11	वदि
1	462	वन
1	463	वन
1	803	वन
8	1470	वनु
1	557	वभ्र
1	475	वय
10	1852	वर
1	162	वर्च
10	1551	वर्ण
10	1938	वर्ण
10	1654	वर्ध
1	613	वर्ष
1	640	वर्ह
1	491	वल
1	816 c	वल
10	1571	वल्क
10	1916	वल्क
1	143	वल्ग
1	391	वल्भ
1	492	वल्ल
1	641	वल्ह
2	1080	वश
1	691	वष

1	1005	वस
2	1023	वस
10	1744	वस
10	1942	वस
4	1214	वसु
1	101	वस्क
1	1004	वह
2	1050	वा
1	668	वाक्षि
1	208	वाछि
10	1882	वात
4	1160 b	वावृतु
4	1163	वाशृ
10	1884	वास
1	645 a	वाहृ
7	1442	विचिर्
6	1423	विच्छ
10	1773	विच्छ
3	1094	विजिर्
1	316	विट
1	33	विथृ
2	1064	विद
4	1171	विद
7	1450	विद
10	1708	विद
6	1432	विदॢ
6	1325	विध
6	1358	विल
10	1605	विल
6	1424	विश
9	1526	विष
1	698	विषु
3	1095	विषॢ
10	1685 a	विष्क
10	1940	विष्क
2	1048	वी
10	1903	वीर
1	92	वृक
1	604	वृक्ष
9	1509	वृङ्
2	1029 b	वृजि
2	1029 a	वृजी
7	1461	वृजी
10	1812	वृजी
5	1254	वृञ्
10	1813	वृञ्
6	1330	वृण
1	758	वृतु
4	1160 a	वृतु
10	1781	वृतु
1	759	वृधु
10	1782	वृधु
4	1226	वृश
10	1704	वृष
1	706	वृषु
6	1347 a	वृहू
9	1490	वॄ
9	1486	वृञ्
1	1006	वेञ्
1	877	वेणृ
1	34	वेथृ
10	1880 a	वेल
1	535	वेलृ
1	540	वेल्ल
2	1077	वेवीङ्
1	255	वेष्ट
1	643	वेहृ
6	1293	व्यच
1	764	व्यथ
4	1181	व्यध
1	881	व्यय
10	1932	व्यय
4	1114	व्युष
4	1215	व्युष
1	1007	व्येञ्
1	253	व्रज
10	1617	व्रज
1	451	व्रण
10	1937	व्रण

9	1504	व्री
4	1140	व्रीङ्
4	1126	व्रीड
6	1393	व्रुड
9	1502	व्ली

श

1	728	शंसु
4	1187	शक
1	86	शकि
5	1261	शकॢ
1	165	शच
1	299	शट
1	340	शठ
10	1564	शठ
10	1691	शठ
10	1854	शठ
1	279	शडि
1	797	शण
1	855	शदॢ
6	1428	शदॢ
1	1000	शप
4	1168	शप
10	1714	शब्द
10	1695	शम
4	1201	शमु
1	818	शमो
10	1556	शम्ब
1	423	शर्ब
1	585	शर्व
1	490	शल
1	843	शल
1	390	शल्भ
1	725	शव
1	726	शश
1	690	शष
1	727	शसु
1	126	शाखृ
1	289	शाडृ
1	995	शान
2	1075	शासु
1	605	शिक्ष
1	155 e	शिखि
1	161	शिघि
2	1027	शिजि
5	1249	शिञ्
1	303	शिट
6	1362	शिल
1	687	शिष
10	1817	शिष
7	1451	शिषॢ
10	1789	शीक
10	1826	शीक
1	75	शीकृ
2	1032	शीङ्
1	383	शीभृ
1	523	शील
10	1878	शील
1	183	शुच
1	513 a	शुच्य
1	341	शुठ
10	1644	शुठ
1	344	शुठि
10	1645	शुठि
4	1191	शुध
6	1336	शुन
1	74	शुन्ध
10	1832	शुन्ध
1	432	शुभ
1	750	शुभ
6	1321	शुभ
1	433	शुम्भ
6	1322	शुम्भ
10	1618	शुल्क
10	1611	शुल्ब
4	1183	शुष
10	1902	शूर
4	1157	शूरी
10	1612	शूर्प
1	526	शूल

1	679	शूष
1	760	शृधु
1	873	शृधु
10	1734	शृधु
9	1488	शॄ
1	543	शेलृ
1	506 b	शेवृ
1	918	शै
4	1145	शो
1	455	शोणृ
1	290	शौटृ
1	41	श्च्युतिर्
1	518	श्मील
1	963	श्यैङ्

श्र (श्र

1	84	श्रकि
1	151	श्रगि
1	798	श्रण
10	1578	श्रण
1	799	श्रथ
10	1546	श्रथ
10	1823	श्रथ
10	1870	श्रथ
1	35	श्रथि
9	1510	श्रन्थ
9	1512	श्रन्थ
10	1837	श्रन्थ
4	1204	श्रमु
1	393	श्रम्भु
1	810	श्रा
2	1053	श्रा
1	897	श्रिञ्
1	701	श्रिषु
9	1475	श्रीञ्
1	942	श्रु
1	919	श्रै
1	456	श्रोणृ

1	85	श्लकि
1	152	श्लगि
1	127	श्लाखृ
1	115	श्लाघृ
4	1186	श्लिष
10	1574	श्लिष
1	702	श्लिषु
1	77	श्लोकृ
1	457	श्लोणृ
1	96	श्वकि
1	166	श्वच
1	167	श्वचि
10	1565 a	श्वठ
10	1855	श्वठ
10	1565 b	श्वठि
10	1623	श्वभ्र
10	1622	श्वर्त
1	549	श्वल
10	1570	श्वल्क
1	550	श्वल्ल
2	1069	श्वस
1	742	श्विता
1	10	श्विदि

		ष	6	1434	षिच	1	782	ष्टक
1	789	षगे	5	1248	षिञ्	1	790	ष्टगे
5	1268	षघ	9	1477	षिञ्	1	461	ष्टन
1	163	षच	1	304	षिट	1	386	ष्टभि
1	997	षच	1	47	षिध	1	830	ष्टम
1	987	षञ्ज	4	1192	षिधु	5	1265	ष्टिघ
1	313	षट	1	48	षिधू	1	364	ष्टिपृ
10	1633	षट्ट	1	431 b	षिभु	4	1124	ष्टिम
1	464	षण	1	431 c	षिम्भु	4	1125	ष्टीम
8	1464	षणु	6	1363	षिल	1	175	ष्टुच
1	854	षद्लृ	4	1108	षिवु	2	1043	ष्टुञ्
6	1427	षद्लृ	1	941	षु	10	1672	ष्टुप
1	400	षप	2	1041	षु	1	394	ष्टुभु
1	829	षम	5	1247	षुञ्			
10	1555	षम्ब	10	1562	षुट्ट	1	661 c	ष्ट्रक्ष
1	225	षर्ज	6	1340	षुर			
1	424	षर्ब	4	1129	षुह	1	365	ष्टेपृ
1	586	षर्व	6	1408	षू	1	922	ष्टै
1	547	षल	2	1031	षूङ्	1	911	ष्ट्यै
2	1078	षस	4	1132	षूङ्			
1	202	षस्ज	1	25	षूद	1	661 a	ष्ट्रक्ष
2	1079	षस्ति	10	1717	षूद			
1	852	षह	1	430	षृभु	1	836	ष्ठल
4	1128	षह	1	431 a	षृम्भु	1	928	ष्ठा
10	1809	षह	1	501	षेवृ	1	560	ष्ठिवु
			1	915	षै	4	1110	ष्ठिवु
10	1569	षान्त्व	4	1147	षो			

4	1112	ष्णसु
2	1052	ष्णा
4	1200	ष्णिह
10	1572 a	ष्णिह
2	1038	ष्णु
4	1111	ष्णुसु
4	1199	ष्णुह
1	923	ष्णै
1	948	ष्मिङ्
10	1573 b	ष्मिङ्
1	976	ष्वञ्ज
1	18	ष्वद
10	1805 a	ष्वद
1	100	ष्वष्क
4	1188 a	ष्विदा

स

10	1891	सङ्केत
10	1922	सङ्ग्राम
10	1906	सत्र
10	1887	सभाज
5	1263	साध
10	1879	साम
10	1868	सार
10	1929	सुख
10	1873	सूच
10	1908	सूत्र
1	666	सूर्क्ष
1	509	सूर्क्ष्य
1	935	सृ
3	1099	सृ
4	1178	सृज
6	1414	सृज
1	983	सृपॢ
1	81	सेकृ
1	979	स्कन्दिर्
1	387	स्कभि
9	1478 d	स्कम्भु
9	1478 a	स्कुञ्
1	9	स्कुदि
9	1478 e	स्कुम्भु
1	768	स्खद
1	820	स्खदिर्

1	544	स्खल
1	816 d	स्खल
10	1859	स्तन
9	1478 b	स्तम्भु
9	1478 c	स्तुम्भु
5	1252	स्तृञ्
6	1349	स्तृहू
9	1484	स्तॄञ्
10	1897	स्तेन
10	1923	स्तोम
1	910	स्त्यै
6	1388 a	स्थुड
10	1904	स्थूल
1	14	स्पदि
1	3	स्पर्ध
1	887	स्पश
10	1680	स्पश
5	1259	स्पृ
6	1422	स्पृश
10	1871	स्पृह
6	1390 d	स्फर
6	1390 c	स्फल
1	487	स्फायी
10	1572 b	स्फिट
10	1634	स्फिट्ट
1	260	स्फुट
6	1373	स्फुट

10	1722	स्फुट
1	329 b	स्फुटि
1	329 a	स्फुटिर्
6	1391	स्फुड
10	1537	स्फुडि
6	1389	स्फुर
6	1390 b	स्फुर
1	213	स्फुर्छा
6	1390 a	स्फुल
10	1573 a	स्मिट
1	519	स्मील
1	807	स्मृ
1	933	स्मृ
1	761	स्यन्दू
10	1693	स्यम
1	826	स्यमु
1	754	स्रंसु
1	83	स्रकि
1	757	स्रम्भु
4	1109	स्रिवु
1	940	स्रु
1	82	स्रेकृ
1	817	स्वन
1	827	स्वन
10	1863	स्वर
1	19	स्वर्द
1	28	स्वाद
10	1805 b	स्वाद
1	932	स्वृ

		ह
1	312	हट
1	335	हठ
1	977	हद
2	1012	हन
1	467	हम्म
1	512	हय
1	514	हर्य
1	837	हल
1	721	हसे
5	1257	हि
1	861	हिक्क
1	317 b	हिट
9	1532 a	हिठ
1	268	हिडि
6	1361	हिल
1	591	हिवि
10	1685 b	हिष्क
7	1456	हिसि
10	1829	हिसि
3	1083	हु
1	269	हुडि
1	277	हुडि
1	352	हुडृ
1	211	हुर्छा
1	844	हुल
1	353	हूडृ
3	1097	हृ
1	899	हृञ्
4	1229	हृष
1	709	हृषु
1	266	हेठ
9	1532 b	हेठ
1	778	हेड
1	284	हेडृ
1	621	हेषृ
1	285	होडृ
1	354	होडृ
2	1082	ह्नुङ्
1	806	ह्मल
1	787	ह्रगे
1	711	ह्रस
1	26	ह्राद
3	1085	ह्री
1	210	ह्रीछ
1	622	ह्रेषृ
1	788	ह्लगे
10	1658 a	ह्लप
1	712	ह्लस
1	27	ह्लादी
10	1658 c	ह्वप
1	805	ह्वल
1	931	ह्वृ
1	934	ह्वॄ
1	1008	ह्वेञ्

ॐ

Appendix
The Adventurous Dhatus

Dhatus that behave both Transitive as well as Intransitive द्विकर्मकाः धात्वः

दुह् – याच् – पच् – दण्ड् – रुधि – प्रच्छ – चि – ब्रू – शासु - जिःमथ् मुषाम् ।

कर्मयुक् स्यादकथितं तथा स्यात् नी – हृ – कृष् – वहाम् ॥ (कौमुदि)

Dhatus that change rupa रूपः form, under certain conditions.

eg गमॢ to गच्छ्, ब्रूञ् to वच्

Dhatus that undergo सम्प्रसारणम् ie their semi-vowel is replaced with an equivalent इक् vowel, in a specific context. By 6.1.15 Ashtadhyayi Sutra, such dhatus are 1063. वच् 1068. स्वप् 1002. यज् वप् वह् वस् वेञ् व्येञ् ह्वेञ् वद् टुओश्वि

By 6.1.16 Ashtadhyayi Sutra, ग्रह् ज्या वय व्यध वश व्यच ओव्रश्चू प्रच्छ भ्रस्ज

Actual Dhatu Count - Are these 2056 the ony Dhatus?

A traditional dhatupatha has 1943 sutras, and hence we have 1943 Dhatus. Some sutras have alternate dhatus listed therein, so most grammar books list approx 2056 dhatus. Others list 2156 dhatus, that are by various dhatupathas. However, the ones highlighted in Index are 662 in number, and these are common. Rest are rare. We also have the following Dhatus

- Sraut Dhatus सौत्र धात्वः Dhatus that are listed in the Ashtadhyayi (and not in the Dhatupatha)
- Noun Dhatu नामधातुः There is the possibility of making new secondary dhatus from noun stems प्रातिपदिकाः
- Then there are the possibilities of new Dhatu formation using the सन् – आदि affixes, using verb stems, as in Ashtadhyayi Sutra 3.1.32 सनाद्यन्ता धातवः Thus, this is a continuous process that keeps the Sanskrit language alive to new words and new usages and current trends in civilisation and evolution.

जय गुरुदेव

ॐ

Appendix
The Devanagari Alphabet

अ आ इ ई उ ऊ ऋ ॠ ऌ ॡ ए ऐ ओ औ अं अः

क	ख	ग	घ	ङ	The Shiva Sounds
च	छ	ज	झ	ञ	
ट	ठ	ड	ढ	ण	The Brahma Sounds
त	थ	द	ध	न	
प	फ	ब	भ	म	The Vishnu

य र ल व   श ष स   ह   Sounds

Pronounciation of Sanskrit Letters

अ son आ father इ it ई beat उ full ऊ pool ऋ rhythm ॠ marine ऌ revelry ॡ
ए play ऐ aisle ओ go औ loud
अं nasalisation of vowel अः aspiration of vowel

क seeK	ख KHan	ग Get	घ loGHut	ङ sing
च Chunk	छ catchhim	ज Jump	झ heDGEhog	ञ bunch
ट True	ठ anTHill	ड Drum	ढ goDHead	ण under
त Tamil	थ THunder	द THat	ध breaTHE	न nut
प Put	फ Fruit	ब Bin	भ abhor	म much

य loYal र Red ल Luck व Vase
श Sure ष Shun स So Hum ह

जय गुरुदेव

ॐ

Appendix
Place & Effort of Enunciation

Place of speech	Vowels स्वर		Class Consonants व्यञ्जन					Semi vowel	Sibilant	
	Short	Long	1st	2nd	3rd	4th	5th			
कण्ठ	अ	आ	क	ख	ग	घ	ङ			Throat
तालु	इ	ई	च	छ	ज	झ	ञ	य	श	Palate
मूर्धन्य	ऋ	ॠ	ट	ठ	ड	ढ	ण	र	ष	Cerebral
दन्त	ऌ		त	थ	द	ध	न	ल	स	Teeth
ओष्ठ	उ	ऊ	प	फ	ब	भ	म			Lips

कण्ठ - तालु	ए	ऐ		नासिका	अं	अँ	Nasal
कण्ठ - ओष्ठ	ओ	औ					
दन्त - ओष्ठ	व						

कण्ठ Soft, Mahaprana	अः	Visarga	ह	Aspirated
ओष्ठ Hard, Alpaprana	ᳶ	Upadhmaniya		
	ᳵ	Jihvamuliya		

Note – The 5th of class consonants, ie ङ ञ ण न म are pronounced from their respective places as given and also from the Nose, hence called Nasals.

जय गुरुदेव

ॐ

Appendix
The Various Characters in use

अ(अ) आ इ ई उ ऊ ऋ(ऋ) ॠ ऌ ॡ ए ऐ ओ औ अं अः

क्	ख्	ग्	घ्	ङ्
च्	छ्	ज्	झ् (भ)	ञ्
ट्	ठ्	ड्	ढ्	ण् (ण)
त्	थ्	द्	ध्	न्
प्	फ्	ब्	भ्	म्

य् र् ल् व् श् ष् स् ह्

ज्ञ श्र क्ष(क्ष) ॐ ळ (letters in brackets are those seen in ancient texts)

Matras मात्राः ◌ा ◌ि ◌ी ◌ु ◌ू ◌ृ ◌ॄ ◌ॢ ◌ॅ ◌े ◌ै ◌ो ◌ौ ◌्	Punctuation । ॥ ०
Additional Symbols अयोगवाहः ◌ं ◌ः ◌ँ ऽ ꣳ ᳵ	Accent स्वरः ◌ ◌॒ । ॥

जय गुरुदेव

ॐ

Appendix
Googling

Chowkhamba Surbharati Prakashan, Varanasi www.chaukhamba.co.in
Samskrita Bharati, New Delhi www.samskritabharati.in
Pushpa Dikshit, Bilaspur www.pushpadikshit.com
Rachna Sagar, New Delhi www.rachnasagar.in
Digital Library of India http://dli.serc.iisc.ernet.in/   Internet Archives www.archive.org
Devnagari fonts http://fonthindi.blogspot.ch/ Spoken Sanskrit http://spokensanskrit.de/

Panini's work and the C Programming Language
We have seen an explosion of computing and software in the current era. The modern apps, languages and scripts have a likeness to an early code named the C programming language. A sample geek vocab looks like

> 'class   variables   constants   arrays   inheritance   domain   scope   functions   calls   libraries   interrupts   Sub routines   syntax   exceptions   steps   sequence'.

And there is always an exactness and precision in coding.

Similarly, when we look at the Dhatupatha or the Ashtadhyayi, many of these techniques are already there, given by Panini thousands of years ago! Sanskrit is becoming a torch in its own light, with renewed interest across the globe. Many schools are beginning to teach it, and iphone, android apps are flourishing.

जय गुरुदेव

ॐ

Appendix References

Author	Title	Year	Ed	Publisher
Sankar Ram Sastri	अष्टाध्याययीसूत्रपाठः	1937	2nd	Sri Balamanorama, Madras
Kanakalal Sharma	श्रीमत्पाणिनिमुनिप्रणीतः धातुपाठः	1969	2nd	Chowkhamba Sanskrit Series
Pushpa Dikshit	पाणिनीयधातुपाठः सार्थः	2011	1st	Samskrita Bharati, New Delhi
C Srikanthasastri	धातुरूपप्रकाशिका प्रथमो भागः	2009	1st	Avadhuta Prakshanam, Chikkamagalur
Saroja Bhate	Makers of Indian Literature PANINI	2002	1st	1st Sahitya Akademi, New Delhi
K L V Sastri	Dhaturupa Manjari	2010	8th	R S Vadhyar & Sons, Palghat
Pushpa Dikshit	अष्टाध्यायी सहजबोध Vol 1	2011	3rd	Pratibha Prakashan, Delhi
Avanindra Kumar	पाणिनीय धात्वनुक्रम-कोश	2009	1st	Parimal Publications, Delhi
Vijaypal Vidyavaridhi	माधवीया धातुवृत्तिः	2009	2nd	Ram Lal Kapoor Trust, Sonipat
T R Krishnacharya	बृहद्-धातु-रुपावलिः	2005	1st	Shringeri Math, Karnataka
William D Whitney	Roots, Verb Forms & Primary Derivatives	1885	1st	Leipzig
Sumitra M Katre	Ashtadhyayi of Panini	1987	1st	Univ of Texas Press, Austin
Naresh Jha	महामुनि पाणिनि प्रणीतः धातुपाठः	2012	1st	Chaukhamba Surbharati Prakashan
V S Apte	संस्कृत हिन्दी कोश(1890 Ed)	1997	1st	Oriental Book Center, Delhi
Janardana Hegde	धातु-रूप-नन्दिनी	2013	1st	Samskrita Bharati, New Delhi
H R Vishwasa	गीताधातुरुपावलिः	2010	1st	Samskrita Bharati, New Delhi
Sri Sri Ravi Shankar	Bhagavad Gita (Chapter 1 to 6)	2013	1st	The Art of Living, Bangalore

जय गुरुदेव

ॐ

Appendix
Maheshwarani Sutrani

Sounds that represent the source of Paninian grammar. And the Sanskrit alphabet

	The Maheshwar Sutras heard by Panini – primordial Sounds that gave birth to a structure			
1	अ इ उ ण्	All vowels = अ च् letters	All vowels	simple
2	ऋ ऌ क्	Simple vowels = अ क् letters		conjunct
3	ए ओ ङ्	Dipthongs = ए च् letters		dipthong
4	ऐ औ च्	Semivowels = य ण् letters		
5	ह य व र ट्	All consonants = ह ल् letters	All conso -nants	Aspirate & Semi vowels. ल, ळ, ळ्ह
6	लँ ण्	=ल्+अँ, [nasal ल्=ल्~], Repha no nasal equiv		
7	ञ म ङ ण न म्	5th of row = all Nasals = ञ म् letters		nasals
8	झ भ ञ्	4th of row = झ ष् letters		Maha prana
9	घ ढ ध ष्	are all soft consonants		
10	ज ब ग ड द श्	3rd of row = ज श् letters (soft consonants)		Alpa prana
11	ख फ छ ठ थ च ट त व्	1st and 2nd of row = ख य् letters		All mouth pos.
12	क प य्	are all hard consonants		Guttural,Labial
13	श ष स र्	Sibilants are hard consonants = श र् letters		Hot
14	ह ल्	Aspirate is soft consonant, ह्न pronounced as न्ह्		odd man

जय गुरुदेव

Appendix
About the Sage Panini

It is said that the sage Panini lived in the land of western Punjab around 600 BC. His father's name was Panin and his mother's Dakshi. His birthplace is attributed to be the village of Lahur or Shalatur. Also, it is mentioned that he hailed from Gandhar. A panchatantra story tells that the life of the sage Panini was carried away by a lion, or perhaps a tiger.

A postage stamp was issued on 30/08/2004 to commemorate Panini.

The texts attributed to Panini are - The Maheshwar Sutras, The Ashtadhyayi, The Dhatupatha, The Ganapatha, The Unadikosha, The Lingaanushasanam and the Paniniyashiksha. A contemporary or later grammarian to Panini named Katyayan, also called Vararuchi, wrote a gloss on the Ashtadhyayi, and that came to be known as the Vartika.

```
Suggested Timeline              Vikrami      Saka
                                  Era         Era
o-------o-----------o--------o---------- --o----------o------o------o------o-------------~
5500    3200        600      500           200        56     0      78     700
Lord    Lord        Sage     Lord          Maharshi                        Kashika
Rama    Krishna     Panini   Buddha        Patanjali                       Vritti


          o----------------o----------------o-------------------------------o------->
          1600             1890             1964                            2016
          Siddhanta        V S Apte's       PrathmaVritti
          Kaumudi          Works            of Pt. Jignasu
```

जय गुरुदेव

ॐ

Epilogue

Ashtadhyayi = 8 sections + 10 sections of the Dhatupatha = we get the number 18. Traditionally, this number 18 spells Victory. Just as the Mahabharata has 18 chapters, or the Bhagavad Gita has 18 chapters, the number 18 stands for Jaya जय, a mastery over one's mind.

सर्वे भवन्तु सुखिनः । सर्वे सन्तु निरामयाः ।
सर्वे भद्राणि पश्यन्तु । मा कश्चित् दुःख भाग् भवेत् ॥
ॐ शान्तिः शान्तिः शान्तिः

When faith has blossomed in life, Every step is led by the Divine
Sri Sri Ravi Shankar

Om Namah Shivaya

जय गुरुदेव